Die schönsten

WEINROUTEN

Deutschland · Österreich · Schweiz

Im österreichischen Südburgenland laden Kellerstöckl zum Verweilen ein und dazu, den dortigen Wein und die herrliche Natur zu genießen.

Die schönsten

WEINROUTEN

Deutschland · Österreich · Schweiz

Steil fallen die großteils terrassierten Weinhänge des Lavaux zum Genfer See hin ab. See und Alpen bilden eine einzigartige Kulisse.

Bei Bremm an der Mosel liegt Europas steilster Weinberg, der Calmont. Muskelkraft und Handarbeit sind hier immer noch zum Bewirtschaften der Reben nötig.

Der Weinanbau hat in Deutschland, Österreich und der Schweiz eine lange Tradition. Über die Jahrhunderte bildeten sich regionale Traditionen heraus, die auch heute noch in den Weingebieten der drei Länder präsent sind.

Das Buch bereist die schönsten Anbaugebiete von der Saale bis nach Baden-Württemberg, von Niederösterreich bis nach Kärnten und vom Schweizer Rheintal bis ins Wallis. Jede der 18 Routen stellt historische Dörfer und quirlige Städte entlang der Weinstraßen vor, präsentiert typische Rebsorten, gibt Tipps zu Weinfesten und Weingütern und inspiriert zu Reisen in die schönsten Weinlandschaften Deutschlands, Österreichs und der Schweiz.

In den nachfolgenden Kapiteln, die in die jeweiligen Länder aufgeteilt sind, werden insgesamt 18 Reiserouten vorgestellt, die durch herrliche Weinanbaugebiete sowie zu den schönsten Städten und Dörfern der Regionen führen. Die Übersichtskarte unten zeigt den Verlauf aller Touren auf einen Blick. Ein Einleitungstext zu jeder Tour gibt einen Abriss über die Reiseroute und die jeweiligen Länder und Regionen sowie ihre landschaftlichen, historischen und kulturellen Besonderheiten. Wichtige Reiseinformationen über Zeitbedarf und Länge der Tour werden ebenfalls aufgeführt. Ergänzt durch eine Vielzahl brillanter Farbfotos, werden bedeutende Orte und

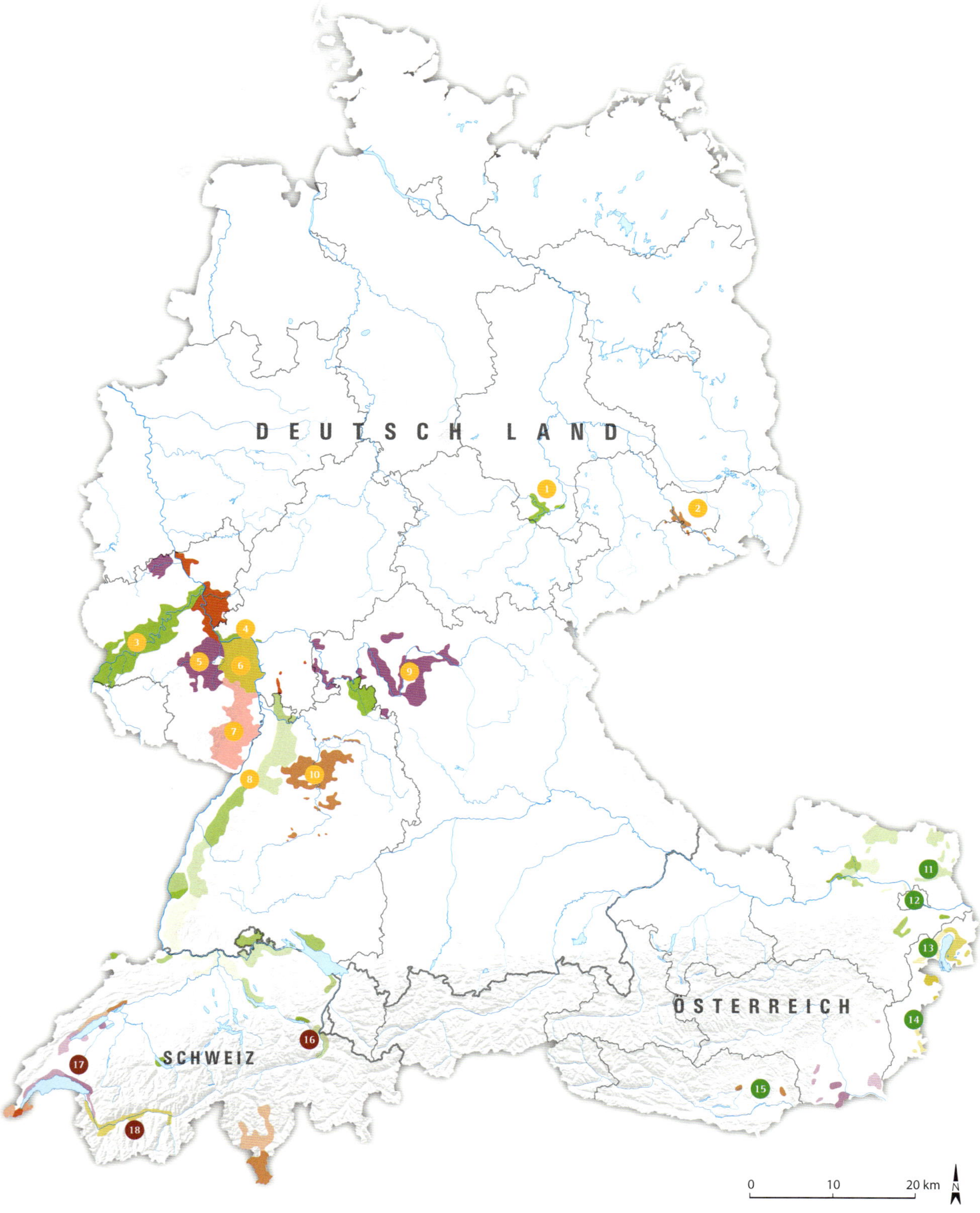

Sehenswürdigkeiten unter Angabe von Routenverlauf und Straßenführung beschrieben. Die Nummern der Orte und Sehenswürdigkeiten findet man in den Karten am Anfang der jeweiligen Routenkapitel wieder. Die Hauptroute ist dabei deutlich abgesetzt und wird durch einige Vorschläge für interessante Abstecher ergänzt. Piktogramme kennzeichnen Lage und Art bedeutender Sehenswürdigkeiten entlang der Route. Interessante Aspekte zu Kultur und Natur werden in gesonderten Textfeldern erläutert. Auf lohnenswerte Feste und Weingüter weisen farbig unterlegte Boxen hin. Am Ende jedes Kapitels wird eine Auswahl an Weingütern präsentiert.

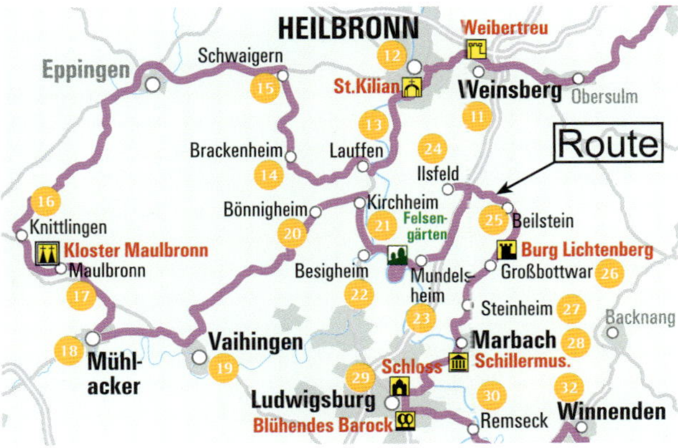

Naturlandschaften und Naturmonumente

- Felslandschaft
- Schlucht/Canyon
- Höhle
- Flusslandschaft
- Seenlandschaft
- Nationalpark (Fauna)
- Naturpark
- Botanischer Garten
- Küstenlandschaft
- Insel
- Strand
- Quelle

Kulturmonumente und -veranstaltungen

- UNESCO-Weltkulturerbe
- Vor- und Frühgeschichte
- Prähistorische Felsbilder
- Etruskische Kultur
- Griechische Antike
- Römische Antike
- Christliche Kulturstätte
- Romanische Kirche
- Gotische Kirche
- Renaissancekirche
- Barockkirche
- Byzantinische/Orthodoxe Kirche
- Christliches Kloster
- Kulturlandschaft
- Historisches Stadtbild
- Burg/Festung/Wehranlage
- Burgruine
- Palast/Schloss
- Sehenswerter Turm
- Herausragendes Gebäude
- Windmühle
- Sehenswerter Leuchtturm
- Herausragende Brücke
- Technisches/industr. Monument
- Museum
- Freilichtmuseum
- Denkmal
- Kriegsschauplatz/Schlachtfelder
- Bergwerk (in Betrieb)
- Bergwerk (aufgelassen)

Sport- und Freizeitziele

- Golf
- Segeln
- Wellenreiten
- Mineralbad/Therme
- Badeort
- Spielcasino
- Aussichtspunkt
- Wandergebiet
- Museumsbahn
- Flusskreuzfahrt

DEUTSCHLAND

Die Rebsorten sind so vielfältig wie ihre Anbaugebiete: vom Riesling in Hessen über den Rivaner in Baden und Franken zum Spätburgunder in Sachsen.

WEINREGIONEN

DEUTSCHLAND

Schleswig-
Kiel
Holstein
Hamburg
Elbe
Schwerin
Mecklenburg-
Vorpommern
sachsen
Hannover
BERLIN
Brandenburg
Magdeburg
Sachsen-
Anhalt
SAALE-UNSTRUT
Kassel
Unstrut
Saale
Elbe
SACHSEN
Dresden
Erfurt
Thüringen
Sachsen
FRANKEN
Bamberg
Main
Würzburg
Tauberfranken
Nürnberg
WÜRTTEMBERG
Regensburg
Donau
Bayern
Isar
München

DEUTSCHE WEIN- UND

RIESLING

Anbau: Das Aushängeschild des deutschen Weinbaus entstand im Mittelalter aus einer Kreuzung zwischen Wildrebe, Heunisch und Traminer. Gute Rieslinge gedeihen am besten in den steilen, sonnigen Lagen am Rhein, der Mosel und der Pfalz.

Genuss: Die Palette der angebotenen Weine reicht vom unkomplizierten, leichten Essensbegleiter bis hin zu edelsten Trockenbeerenauslesen. Charakteristisch ist eine frische Säure, das Bukett ist je nach Boden höchst unterschiedlich und reicht von erfrischend bis komplex-rund. Kaum eine Rebsorte bietet geschmacklich ein breiteres Spektrum. Mittlerweile erfreut sich ihr Anbau auch internationaler Beliebtheit.

SILVANER

Anbau: Die Rebe stammt aus Österreich, ist in Deutschland aber weitaus beliebter, besonders in Rheinhessen und Franken.

Genuss: Die meisten Silvaner sind leichte Sommerweine mit dezentem Kräuteraroma und milder Säure. Bei entsprechendem Boden und handwerklichem Können entstehen auch elegante, körperreiche Tropfen.

KERNER

Anbau: Die nach einem schwäbischen Dichter benannte Weinsorte wurde 1929 aus rotem Trollinger und weißem Riesling gezüchtet. Heute wird sie vor allem in Rheinhessen und der Pfalz, aber auch in der Schweiz und in Südtirol angebaut.

Genuss: Mit der frischen Säure des Rieslings, aber einem fruchtigeren Bukett ist dieser ein beliebter Schoppenwein, der gut zu leichten Sommergerichten passt. In Württemberg wird er oft edel ausgebaut. Das Aroma erinnert oftmals an Ananas und frische Sommerwiesenblumen.

BACCHUS

Anbau: Die nach dem römischen Weingott benannte Rebe wurde 1933 aus Silvaner, Riesling und Rivaner gezüchtet. Sie wird in Rheinhessen und Franken dort angebaut, wo der anspruchsvolle Riesling nicht gedeiht.

Genuss: Bacchus-Weine haben ein sehr aromatisches, fruchtiges Bukett, aber relativ wenig Säure. Sie passen gut zu asiatischen Gerichten, werden aber auch gerne für Cuvées benutzt, u.a. für die süße Liebfrauenmilch.

HUXELREBE

Anbau: Die nach dem ersten Anbauer benannte Rebe wurde 1927 in der Pfalz aus Elbling und Coutillier Musqué gezüchtet. Sie wird fast nur in Deutschland und dort gern in der Pfalz und Rheinhessen angebaut.

Genuss: Lässt man die Rebe vollen Ertrag bringen, erhält man Rekordernten niederer Qualität. Richtig angebaut, entstehen Weine mit Muskataroma sowie erstklassige Süßweine.

GRAUBURGUNDER

Anbau: In Italien vor allem als Pinot Grigio bekannt, erfreut sich die Rebsorte, die eigentlich aus dem Burgund stammt, auch in Deutschland großer Beliebtheit. Mittlerweile wird der einst süß ausgebaute Ruländer trocken-spritzig auf den Markt gebracht. Das liegt vor allem an der früheren Lese. Die Säure hält sich in der Regel in Grenzen.

Genuss: Der Wein ist ein Begleiter für beinahe alle Lebenslagen. Auf der Terrasse schmeckt er mit seinem Aroma nach Zitrusfrüchten, Apfel oder Birne genauso wie als Essensbegleiter, wenn leichtere Gerichte wie Nudeln, Fisch oder Geflügel auf den Tisch kommen.

MÜLLER THURGAU/ RIVANER

Anbau: Eine Renaissance erlebte in den vergangenen Jahren der Müller Thurgau in Deutschland. Denn lange Zeit galt die Rebsorte als wenig begeisterungswürdig. Die Trauben reifen früh, entsprechend frisch und spritzig zeigt sich der Wein in der Regel im Charakter. Den Namen verdankt die Rebsorte Professor Hermann Müller aus dem Kanton Thurgau in der Schweiz, wo er sie gezüchtet hat.

Genuss: Die Weine sind meist unkompliziert und eignen sich beim Essen insbesondere bei leichten, gerne auch vegetarischen Gerichten, lockeren Fischsorten und Sommersalaten als Begleiter.

REBSORTEN

SPÄTBURGUNDER

Anbau: Deutschlands beliebteste Rotweinrebe wurde schon von den Römern im Burgund angebaut und im 9. Jahrhundert ins heutige Baden gebracht. Am liebsten wird sie rund um den Kaiserstuhl angebaut.

Genuss: Die Weine haben einen vollmundigen Geschmack nach roten Früchten. Sie werden oft im Barrique ausgebaut und zu Wild und Braten gegessen. Nach dem Weißweinverfahren gekeltert, ergeben sie spritzigen Weißherbst.

DORNFELDER

Anbau: Der Newcomer wurde 1955 in Schwaben aus Heroldsrebe und Blauem Weinsberger gezüchtet. Die ertragreiche Sorte gedeiht vor allem in der Pfalz und in Rheinhessen.

Genuss: Junge Dornfelder sind mit ihrem ausgeprägtem Beerenaroma als leichte Sommerweine beliebt. Durch einen sorgfältigen Ausbau im Barrique können auch edle Tropfen entstehen, die gut zu Wild und Braten passen.

TROLLINGER

Anbau: Das »schwäbische Nationalgetränk« wird fast ausschließlich in Württemberg angebaut. Die Rebe gedeiht auf kargem Boden, braucht aber lange Sommer zum Reifen.

Genuss: Trollinger werden selten edel ausgebaut, sondern sind süffige Alltagsweine, die zu fast jedem Essen und zu einer herzhaften Brotzeit passen.

SCHWARZRIESLING

Anbau: Mit dem Riesling hat die bereits im 17. Jahrhundert bekannte Rebe nichts zu tun. Sie ist eher eine Mutation des Spätburgunders. In Deutschland wird sie vor allem in Württemberg angebaut. Anderswo ist sie als Pinot Meunier oder Miller's Burgundy bekannt.

Genuss: Der Schwarzriesling ähnelt im Geschmack dem Spätburgunder, ist aber leichter. Deswegen wird er selten hochwertig ausgebaut, sondern ist ein beliebter Schoppen- und Tischwein.

REGENT

Anbau: Die Kreuzung aus der weißen Diana-Rebe mit dem roten Chambourcir wurde vornehmlich auf Pilztoleranz hin gezüchtet und ergibt südländisch anmutende, hochwertige Rotweine, die in Rheinhessen, der Pfalz und Baden gekeltert werden.

Genuss: Der Regent ähnelt dem Merlot und passt mit seinem kräftigen, tanninreichen Geschmack gut zu aromatischen Würsten, Käse oder Braten.

PORTUGIESER

Anbau: Im Anbau stellt die Rebsorte wenige Ansprüche, ist früh erntereif und sorgt für sichere Erträge. Meist entstanden früher aus den Trauben eher langweilige Weine. Mittlerweile hat der Portugieser aber eine Kehrtwende vollzogen. Anbaugebiete sind vor allem die Pfalz und Rheinhessen.

Genuss: Oftmals eher dünn im Geschmack mit kaum Säure und ideal als leichter Schoppenwein zu genießen. Teilweise werden die Weine auch noch mit Restsüße abgefüllt. Da er wenig Tannin besitzt, wird er auch gerne etwas kühler getrunken. Mittlerweile gibt es einige Winzer, die das Potenzial erkannt haben.

LEMBERGER

Anbau: In Österreich vor allem als Blaufränkisch bekannt, bringen in Deutschland insbesondere württembergische Winzer immer wieder Top-Weine auf den Markt. Die Erträge sind weniger üppig, was auch am Anspruch der Rebsorte an die Lage liegt.

Genuss: Die teils markante Säure macht den Lemberger zu einem willkommenen Begleiter bei zahlreichen Gelegenheiten. Die jungen, frischen Weine dürfen auch mal an einem Sommerabend auf der Terrasse getrunken werden. Nehmen die Tannine zu, passt der Lemberger auch ausgezeichnet zu kräftigen Fleischmahlzeiten.

MERLOT

Anbau: Mittlerweile trauen sich auch deutsche Winzer zusehend an diese Rebsorte heran, um sortenreine Weine zu machen oder in Cuvées zu verschneiden. Aus Frankreich kommend, wird Merlot in Deutschland erst seit 1997 angebaut.

Genuss: Im Aroma erinnert der Merlot vor allem an dunkle Früchte wie Pflaumen oder Brombeeren. Je nach Ausbau eignet sich der Wein als Essensbegleiter, aber auch als Single-Genuss am Abend.

WEINSTRASSE SAALE-UNSTRUT

Rund um Saale und Unstrut findet sich eine wunderschöne und abwechslungsreiche Kulturlandschaft.

WEINROUTE 1

Diese Kulturlandschaft spielte als östlicher Ausläufer der fruchtbaren Goldenen Aue schon im frühen Mittelalter eine bedeutende Rolle. Eine Schenkung Kaiser Ottos III. von Rebbergen an das Kloster Memleben im Jahr 998 ist der älteste Nachweis für den Weinanbau. Folgerichtig ist die schöne Klosterruine Ausgangspunkt der Weinstraße, auch wenn heute dort nicht mehr viele Reben zu finden sind. Hinter Nebra jedoch weichen die sanften Hügel entlang der Unstrut allmählich steilen Hängen, die von uralten Trockensteinmauern und idyllischen Weinberghäuschen gesäumt sind, die teilweise auch als Feriendomizile vermietet werden. Von allen deutschen Weinregionen zeichnet sich diese durch die größte Vielfalt aus: Hier werden weit über 50 Rebsorten angebaut, darunter viele Neuzüchtungen. Den André etwa, eine charaktervolle Kreuzung zwischen Lemberger und St. Laurent, findet man in Deutschland nur hier. Andere Sorten, die immer mehr Liebhaber finden, sind Bacchus, Johanniter, Hölder oder Blauer Silvaner. Auch die Böden sind abwechslungsreich: Neben dem dominierenden Muschelkalk gibt es Buntsandstein, Löß und Schiefer. Vielfältig sind auch die Möglichkeiten, sich fortzubewegen: Radwege und Bahnlinien entlang der Flüsse machen es leicht, das Auto stehen zu lassen. Sogar die eine Tour im Paddelboot lässt sich mit Weinverkostungen am Wegesrand kombinieren.

Routenlänge: 60 km
Zeitbedarf: ca. 1–2 Tage
Start: Memleben
Ziel: Jena
Routenverlauf: Entlang der Unstrut bis Naumburg, dann saaleabwärts bis Weißenfels, danach saaleaufwärts bis Jena mit einem Abstecher über Bad Sulza.

Besondere Hinweise: Zwischen Freyburg und Naumburg-Blütengrund verkehren Ausflugsschiffe.

Auskünfte:
Saale-Unstrut-Tourismus e. V.
Lindenring 34, 05518 Naumburg
Tel. +49 3445/233 790
info@saale-unstrut-tourismus.de
www.weinregion-saale-unstrut.de

1 Memleben

Kloster und Pfalz waren einst die Wiege des Weinbaus an der Unstrut. Von der mächtigen Kaiserpfalz sind keine Reste mehr erhalten, aber die romantische Ruine der Klosterkirche inmitten eines wunderschönen Gartens sollte man sich auf keinen Fall entgehen lassen. Außerdem gibt es auf dem ehemaligen Klostergelände ein Museum, ein Café und ein kleines Hotel sowie ein spirituelles Kursangebot und gelegentlich auch Führungen und Workshops im Klosterweinberg.

2 Nebra-Wangen

Der Fund der bronzezeitlichen Himmelsscheibe hat den kleinen Ort berühmt gemacht. Das Original befindet sich zwar im Landesmuseum für Vorgeschichte in Halle, doch mit der Arche Nebra gibt es ein Besucherzentrum und Planetarium, das multimedial über die Himmelscheibe und die frühgeschichtliche Astronomie informiert. Zum Fundort der Scheibe auf dem Mittelberg führt ein Wanderweg. Oben findet man Infotafeln und einen Aussichtsturm. Daneben sind auch das Neue und Alte Schloss, die Stadtkirche und der Bienenlehrgarten sehenswert.

3 Vitzenburg

Der kleine Ort wird von einem mächtigen Renaissanceschloss dominiert. Die malerischen Gebäude dienten wiederholt als Filmkulisse. Die zum Schloss gehörenden Weinberge zählen zu den ältesten der Region. Allerdings ist die weitere Nutzung ungeklärt, sodass weder das Schloss noch die weitläufigen Parkanlagen besichtigt werden können. Kletterfreunde finden hier einen der größten Hochseilgärten Ostdeutschlands.

4 Burgscheidungen

In dem schönen Barockschloss lebte Anna Constantia von Cosel, die berühmte Mätresse Augusts des Starken, während ihrer unglücklichen ersten Ehe. Heute befinden sich ein Hotel sowie ein Café und Restaurant in dem alten Gemäuer. In Letzterem gibt es auch Weinverkostungen. Öffentlich zugänglich ist der Schlosspark mit den Überresten eines barocken Terrassengartens, der einen wunderbaren Blick über das Unstruttal bietet. Knapp unterhalb des Schlosses findet sich eine spätromanische Kirche mit eigenwilliger Architektur.

4 Kirchscheidungen

Herzstück des Ortes ist ein über 1200 Jahre altes Rittergut. Im urigen Kellergewölbe kann man die gutseigenen Gutedel-, Silvaner- und Portugieser-Weine probieren. Außerdem gibt es ein Heimatmuseum mit angeschlossener Galerie und Ferienwohnung. Im August findet ein Weinfest auf dem Weingut Klaus Böhme statt. Sehenswert ist auch die romanische Kirche.

5 Laucha

Innerhalb der alten Stadtmauer findet man einen schönen historischen Ortskern. Der Marktplatz ist von der mächtigen spätgotischen Marienkirche und dem Rathaus gesäumt, dessen Front ein ungewöhnlicher doppelläufiger Treppenaufgang schmückt. Im Ratskeller gibt es historische Wandgemälde.

Das Romantikerherz schlägt beim Anblick von Schloss Vitzenburg (oben) hoch. Kleines Bild oben: Krypta des Benediktinerklosters Memleben.

ABSTECHER: Merseburg

Über Bad Dürrenberg mit seinem Kurpark und dem längsten Gradierwerk Europas lohnt sich die Fahrt nach Merseburg mit idyllischer Altstadt und grandiosem Dom.

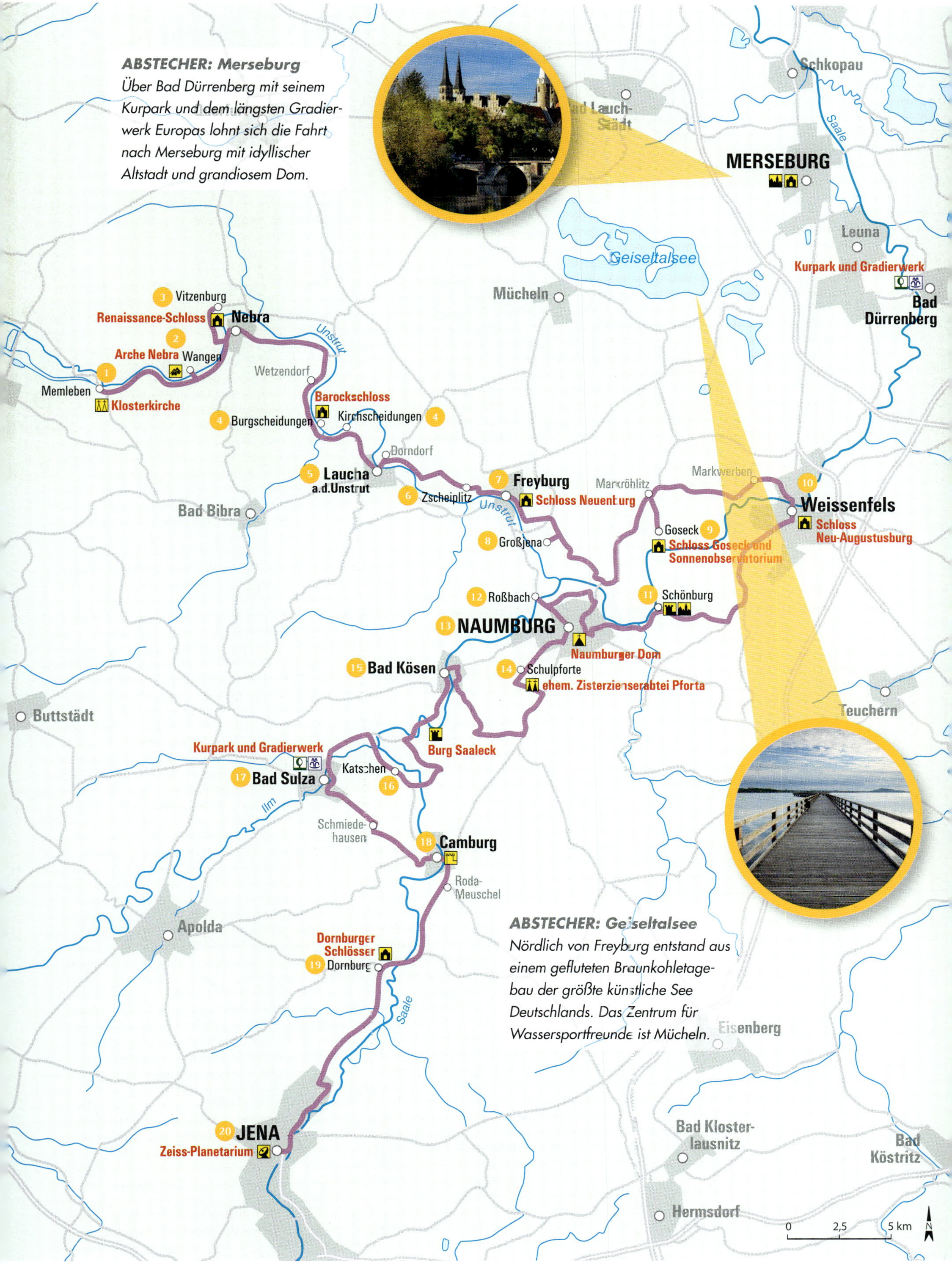

ABSTECHER: Geiseltalsee

Nördlich von Freyburg entstand aus einem gefluteten Braunkohletagebau der größte künstliche See Deutschlands. Das Zentrum für Wassersportfreunde ist Mücheln.

In den Räumlichkeiten einer alten Glockengießerei ist das Glockenmuseum eingerichtet, das über die traditionelle Glockenherstellung aufklärt.

6 Zscheiplitz

Im frühen Mittelalter thronte hier die Burg der Pfalzgrafen von Sachsen. Doch 1085 wurde sie in ein Benediktinerinnenkloster umgewandelt, von dem heute nur noch die Klosterkirche erhalten ist. Sie wurde von einer privaten Initiative saniert und bietet einen wunderbaren Ausblick über das Unstruttal. Der malerische alte Gutshof ist heute ein Weingut mit Straußwirtschaft. An der Straße Richtung Freyburg findet sich in Zeddenbach die einzige noch arbeitende Unstrutmühle mit Mühlenladen und Gaststätte. Für angemeldete Gruppen gibt es Führungen.

7 Freyburg

Malerisch in die Rebhänge eingebettet, ist Freyburg das Zentrum des Weinbaus an der Unstrut. Die hier erzeugten Tropfen können in der großen Vinothek der Winzervereinigung Freyburg-Unstrut oder im wunderschönen herzoglichen Weinberg verkostet werden. Ein Publikumsmagnet ist auch die Rotkäppchen-Sektkellerei, die regelmäßig Führungen durch ihre historischen Produktionsanlagen anbietet. Über der Stadt thront Schloss Neuenburg, die einstmals größte Residenz der Landgrafen von Thüringen. Außer einem interessanten Gemäuer und einem wunderbaren Ausblick bietet sie ständig wechselnde Ausstellungen. Ebenfalls sehenswert sind die historische Altstadt mit einer gut erhaltenen Stadtmauer und der mächtigen Marienkirche sowie das Turnvater-Jahn-Museum.

8 Großjena

Von der Burg der Meißener Markgrafen, die hier einst stand, ist nichts mehr zu sehen. Dafür hat der Ort ein altes Rittergut mit klassizistischem Schlösschen und schönem Gutspark zu bieten. Vor allem aber tut sich südlich von Großjena zwischen Saaleufer und steilen Weinbergterrassen der malerische Blütengrund auf. Größte Sehenswürdigkeit ist das »Steinerne Bilderbuch«: zwölf übermannshohe Reliefs mit vor allem alttestamentarischen Szenen rund um den Wein, die der Naumburger Juwelier Johann Christian Steinauer 1720 nach dem Erwerb eines Weinbergs in den Felsen hauen ließ. Ebenfalls sehenswert ist das ehemalige Wohnhaus des Malers und Bildhauers Max Klinger, das im Sommer als Museum geöffnet ist.

9 Goseck

Auf den ersten Blick unspektakulär wirkt die hölzerne Kreisanlage bei dem Örtchen Goseck. Doch eine gut gemachte Ausstellung im Schloss offenbart die spektakulären Hintergründe. Durch Öffnungen in der Ringanlage konnten die Menschen vor knapp 7000 Jahren Sommer- und Wintersonnwende präzise bestimmen. Die Ausgrabungen weisen auf religiöse Riten und Opfer zu diesen Festen hin. Nicht versäumen sollte man zudem einen Besuch in der eigenwilligen Schlosskirche, deren Geschichte ebenfalls äußerst aufwendig und sachkundig aufbereitet wurde.

10 Weißenfels

In den Ortsteilen Burgwerben und Kriechau finden sich die nordöstlichs-

»HIMMELSWEGE«

Nur gut 20 Kilometer, aber rund 3000 Jahre trennen die Himmelscheibe von Nebra und das Sonnenobservatorium von Goseck. Beide dienten der Bestimmung von Sommer- und Wintersonnenwende und gehören zu den spektakulärsten Funden im Bereich der frühgeschichtlichen Astronomie. Sachsen-Anhalt nannte die touristische Route deswegen »Himmelswege« (www.himmelswege.de).

ten Weinberge des Saale-Unstrut-Gebietes. In der Stadt selbst ist das mächtige Schloss Neu-Augustusburg einen Besuch wert. Die einstige Residenz der Herzöge von Sachsen-Weißenfels beherbergt mehrere Museen und wechselnde Sonderausstellungen. Weitere Museen in der Stadt sind dem Dichter Novalis, dem Komponisten Heinrich Schütz und der Schlacht bei Lützen im Jahr 1632 gewidmet, die im historischen Geleitshaus mit rund 10000 Zinnfiguren nachgestellt wurde.

11 Schönburg

Mit seiner malerischen Burg macht der kleine Ort seinem Namen alle Ehre. Burghof und Schänke sind im Sommer täglich geöffnet, der mächtige Bergfried mit seiner sehenswerten Turmstube allerdings nur unregelmäßig. Der Ort selbst wartet mit schönen Fachwerkhäuschen und dem barocken Mosesbrunnen auf. Südlich des Ortes beim Landgasthof Neue Welt mündet das reizvolle Kroppental mit kleinen Weinbergen und mehreren Mühlen.

12 Roßbach

In dem malerischen kleinen Winzerort gibt es gleich mehrere besuchenswerte Weingüter. Außerdem ist er Ausgangspunkt eines wunderschönen Wander- und Fahrradwegs, der sich am Fuß der Weinberge bis nach Bad Kösen zieht. Gesäumt ist dieser nicht nur von Reben, sondern auch von zahlreichen kleinen und mittelgroßen Weingütern sowie Straußwirtschaften. Am schönsten Aussichtspunkt unterhalb des Göttersitzes in den Saalbergen gibt es auch Informationen über die zahlreichen an Saale und Unstrut angebauten Rebsorten.

13 Naumburg

Der Publikumsmagnet der Stadt am Zusammenfluss von Saale und Unstrut ist der Dom, wo der geheimnisvolle Naumburger Meister die weltberühmte Statue der schönen Markgräfin Uta und zahlreiche andere Kunstwerke hinterlassen hat. Eine gut gemachte Ausstellung im Kreuzgang informiert über sein Schaffen. Daneben wartet Naumburg auch mit einer sehr sehenswerten Altstadt auf. Eine interessante Auswahl regionaler Weine findet man im kleinen Weinladen am Dom.

14 Schulpforte

Das mächtige Ensemble zwischen Naumburg und Bad Kösen geht auf ein altes Zisterzienserkloster zurück, das den Namen St. Maria ad Portam trug. Von dort gingen bereits im Mittelalter entscheidende Impulse zur Kultivierung der Region und auch für den Weinbau aus, worüber eine Ausstellung in der Kirche informiert. Nach der Reformation wandelte der sächsische Herzog Moritz das Kloster in eine Landesschule um, die noch heute besteht. Ebenfalls in dem alten Gemäuer untergebracht ist die Vinothek des Landesweingutes Kloster Pforta.

WEINFESTE

1. MAI
»Freyburger Weinfrühling«

PFINGSTEN
»Saale-Weinmeile« zwischen Bad Kösen und Roßbach

AUGUST
Tage der offenen Weinkeller und -berge

SEPTEMBER
»Freyburger Winzerfest«, größtes Weinfest in Mitteldeutschland

Mehr Informationen zu den Weinfesten sind unter www.saale-unstrut-tourismus.de/veranstaltungskalender zu finden.

15 Bad Kösen

Das einstige Vorwerk des Klosters Pforta war ab 1730 durch die Salzsiederei wohlhabend geworden. Als diese nach gut 120 Jahren unrentabel wurde, kamen Erholungsuchende, um im Schatten des großen Gradierwerks gesunde Soleluft einzuatmen. Heute finden Touristen immer noch einen schönen historischen Kurpark, aber auch ein modernes Thermalbad vor. Im Romanischen Haus, dem alten Wirtschaftshof des Vorwerks, informiert eine Ausstellung über die Stadtgeschichte und die Salzsiederei. Auf große und kleine Spielzeugfans warten sowohl das Käthe-Kruse-Museum wie die daraus hervorgegangene Kösener Spielzeug-Manufaktur, die Plüschtiere produziert. Hoch über dem Ort bietet die Rudelsburg einen weiten Ausblick und ein malerisches Burgrestaurant.

Linke Seite oben: Naumburger Dom St. Peter und Paul unter einem tiefblauen Nachthimmel. Links: Schloss Neuenburg mit Wohnturm und Westtoranlage.

16 Katschen

Eingezwängt zwischen steile Weinberge und das Saale-Ufer, ist der malerische kleine Winzerort vor allem ein gern genutzter Rastplatz für Radfahrer und Kanuten. Vom Dorf aus führen zwei Weinpfade in die terrassierten Rebhänge, von denen aus sich ein wunderbarer Ausblick über Saale und Ilm bietet. Ein besonderer Service: Beim örtlichen Weingut Zahn lassen sich Picknickkörbe mit temperiertem Wein und regionalen Spezialitäten vorbestellen.

EXKLAVE IN BRANDENBURG

Im Süden von Werder an der Havel liegt der Werderaner Wachtelberg. Auf seinen mit Lehrpfaden durchzogenen Hängen gedeihen vor allem Müller-Thurgau und Regent. Der Berg ist die nördlichste eingetragene Lage für Qualitätsweinbau in Deutschland und obwohl er geografisch rein gar nichts mit Saale und Unstrut zu tun hat, gehört er formal zu dieser Weinbauregion.

17 Bad Sulza

An diesem Ort macht die Saale-Unstrut-Weinstraße einen Abstecher nach Thüringen an die Ilm. Auch hier entwickelte sich der Kurbetrieb einst aus der Salzsiederei. Die traditionellen Verfahren können sowohl anhand der alten technischen Anlagen als auch im Saline- und Heimatmuseum nachempfunden werden. Daneben informiert das Museum ausführlich über die Schlacht von Jena und Auerstädt, die im Jahr 1806 rund um Bad Sulza geschlagen wurde. Das Kurviertel verbreitet mit der alten Trinkhalle, dem Gradierwerk, einem historischem Inhalatorium, aber auch einem Nachbau von Goethes Gartenhaus nostalgisches Flair, verfügt aber auch über die schicke Toskana-Therme.

18 Camburg

In einem engen Abschnitt des Saaletals zwischen schroffen Felsen und steilen Hängen gelegen, hatte die Stadt Camburg seit jeher strategische Bedeutung. Davon zeugt die mächtige Burgruine, deren gut erhaltener Bergfried im Sommer zu besteigen ist. Die Geschichte des Ortes von der Jungsteinzeit über das Mittelalter und traditionelle Handwerksberufe wie etwa die Blaudruckerei ist im Stadtmuseum zu studieren.

19 Dornburg

Gleich drei Schlösser krönen den mit Wein bewachsenen Kalkrücken oberhalb von Dornburg. Als spätmittelalterliche Burg, Renaissanceschloss und Rokokoschlösschen errichtet, präsentieren sie die Vielfalt herrschaftlichen Residierens auf engstem Raum. Zudem sind die Schlösser durch einen Park verbunden, der ebenfalls die verschiedensten Stile der Gartenbaukunst vom Barockgarten bis zum Landschaftspark aufweist.

20 Jena

Im Talkessel der mittleren Saale liegt die traditionsreiche Universitätsstadt, die im Zweiten Weltkrieg schwer zerstört wurde. Erhalten blieb der historische Marktplatz mit dem gotischen Rathaus, dem »Romantikerhaus« mit Literaturmuseum und der spätgotischen Michaelskirche mit bemerkenswerter Ausstattung. Außerdem sehenswert sind das Collegium Jenense, erste Heimat der 1558 gegründeten Universität, die Friedenskirche, das Zeiss-Planetarium mit Multivisionsshows, das Optische Museum, Schillers Gartenhaus, das Ernst-Abbe-Denkmal und das Ernst-Haeckel-Haus.

Das schöne Rokokoschloss Dornburg ist das jüngste der drei Schlösser. Es wurde 1747 fertiggestellt. Hier weilte auch schon Johann Wolfgang von Goethe.

WEINGÜTER

Weingut Klaus Böhme
Der Gault-Millau lobt die vollkommene Klarheit und sortentypische Frucht dieser Böhme-Weine.
Lindenstraße 42
06636 Kirchscheidungen
Tel. +49 34462/203 95
www.weingut-klaus-boehme.de

Weingut Bernard Pawis
Auf einem romantischen alten Rittergut keltert dieser Familienbetrieb blitzsaubere Tropfen.
Auf dem Gut 2
06632 Freyburg-Zscheiplitz
Tel. +49 34464/283 15
www.weingut-pawis.de

Weinbau »Der Steinmeister« – Prof. Wartenberg & Prof. Sauer
Was als Hobby eines Arztehepaares begann, hat sich längst zu einem Geheimtipp gemausert. Auf einigen der steilsten Terrassen der Region baut die Familie gern neue Rebsorten wie Johanniter oder Regent an – ohne Pflanzenschutz.
Weinberge 75
06618 Naumburg-Roßbach
Tel. +49 3445/204 661
www.der-steinmeister.de

Landesweingut Kloster Pforta
Die Mönche dieses Klosters etablierten einst den Weinbau an Saale und Unstrut. Ihre Nachfolger verstehen sich als Musterweingut.
Saalberge 73
06628 Naumburg-Bad Kösen
Tel. +49 34463/30 00 oder
www.kloster-pforta.de

Thüringer Weingut Bad Sulza
Aus einer Agrargenossenschaft entstand das größte private Weingut der Region.
Sonnendorf 17
99518 Bad Sulza
Tel. +49 3641/208 61
info@thueringer-wein.de
www.thueringer-wein.de

Weingut Thürkind
Weinproben, Kulinarisches und Weinbergführungen kann man auf diesem kleinen Weingut mit Voranmeldung buchen.
Neue Dorfstraße 9
06632 Gröst
Tel. +49 34633/228 78
www.weingut-thuerkind.de

Naumburger Wein & Sekt Manufaktur
Eine der ältesten Schaumweinfabriken Deutschland. Das imposante Hauptgebäude existiert noch heute. Führungen durch den ältesten Gewölbekeller der Region.
Blütengrund 35
06618 Naumburg
Tel. +49 34 45/202 042
www.naumburger.com

Weingut Deckert
Weinprobe im 1822 erbauten Kreuzgewölbe (bis 60 Personen) und/oder im Weinberg. Ferienwohnung auf dem Hof und im Weinberg.
Schützenstraße 5
06632 Freyburg
Tel. +49 34464/272 27
www.weingut-deckert.de

Weingut Rollsdorfer Mühle
Seit 2000 gibt es einen Weinberg auf einer ehemaligen Braunkohleabraumhalde. Ausschließlich Handlese.
Raststätte 1
06317 Seegebiet Mansfelder Land
OT Rollsdorf
Tel. +49 34774/417 44
www.weingut-rollsdorfer-muehle.de

Weinmanufaktur Alte Zuckerfabrik
Die Trauben stammen von verschiedensten Parzellen der umliegenden Weinberge an Saale und Unstrut, meist bewirtschaftet von Hobbyweinbauern. In der Zuckerfabrik wurde bis 1946 Zucker aus Rüben produziert. Ferienwohnungen und Restaurant für Gäste.
Zur Zuckerfabrik 5,
06636 Laucha
Tel. +49 178/476 89 90
www.wein-zuckerfabrik.de

Rechts: Weinernte bei Bad Sulza; Trockenmauern und Weinberghaus in den Weinbergen bei Naumburg.

SÄCHSISCHE WEINSTRASSE

Idyllische Elbweindörfer, verschwenderische Barockanlagen und lebhafte Städte reihen sich hier neben beschauliche Weinberge.

WEINROUTE 2

Elbflorenz wird Dresden gern genannt und auch die Landschaft, in die die Barockstadt eingebettet ist, versprüht mediterranen Charme. Rund um Dresden und Meißen mäandert die Elbe durch einen lang gezogenen Talkessel, in dem das Klima deutlich wärmer und trockener ist als in den umliegenden Hochlagen. Zudem speichern die Granit-, Löß- und Sandböden die Sonne gut. Ein idealer Ort, um Wein und Edelobst anzubauen, und für wohlhabende Bürger und Adlige, sich prächtige Villen und Schlösser zu errichten. Beides ist jahrhundertelang geschehen und hat eine malerische Kulturlandschaft entstehen lassen, die im Elbsandsteingebirge der Sächsischen Schweiz ihren Höhepunkt findet. Eine der schönsten und geruhsamsten Möglichkeiten, das alles zu genießen, ist eine Wanderung auf dem 92 Kilometer langen Weinwanderweg, der manchmal direkt an der Elbe, oft aber durch die Weinberge verläuft, und für passionierte Wanderer in sechs Tagen gut zu absolvieren ist. Kürzer und schneller geht es mit dem Auto oder dem Fahrrad. Zu kosten gibt es unterwegs eine breite Palette an Weinen und Sekten. Denn im Gegensatz zu vielen anderen Weingebieten dominiert in Sachsen keine Rebsorte. Zwar spielen Müller-Thurgau, Riesling und Weißburgunder die Hauptrolle, daneben werden viele alte und neue Trauben gekeltert wie der feinwürzige Goldriesling.

Routenlänge: 55 km
Zeitbedarf: ca. 1–2 Tage
Start: Diesbar-Seußlitz
Ziel: Pirna
Routenverlauf: Die Straße folgt den Windungen des Flusses. Die überwiegende Zahl der Weinorte liegt am rechten Ufer.

Besondere Hinweise: Die Sächsische Dampfschifffahrt verkehrt, außer montags, nachmittags zwischen Seußlitz und Dresden und täglich zwischen Dresden und Pirna.

Auskünfte:
Tourismusverein Sächsisches Elbland e.V.
Fabrikstraße 16, 01662 Meißen
Tel. +49 3521/763 50
info@elbland.de
www.saechsische-weinstrasse.net
www.elbland.de

1 Diesbar-Seußlitz

Eingebettet in Rebhänge und durch eine imposante Felswand, den »Bösen Bruder«, getrennt, findet sich in den Elbweindörfern nordwestlich von Meißen der Doppelort Diesbar-Seußlitz. Im Mittelalter gehörte er Sachsens erstem Klarissenkloster, das u. a. vom Weinbau lebte. Im frühen 18. Jahrhundert wurde das Kloster von George Bähr, dem Baumeister der Dresdner Frauenkirche, zum Barockschloss umgebaut, dessen schöner Garten frei zugänglich ist. Ebenfalls von Bähr gestaltet wurden die Schlosskirche und die Heinrichsburg, das heute der Weinbauverein für Ausstellungen nutzt. Viele Wandermöglichkeiten bietet der Seußlitzer Grund.

2 Hirschstein

Zu der Gemeinde gehört eine prächtige Feste: Auf der linken Elbseite erhebt sich das majestätische Schloss Hirschstein, das auf eine mittelalterliche Höhenburg zurückgeht. Nachdem es lange als Sanatorium diente, soll es jetzt als Kultur- und Veranstaltungsort wiederbelebt werden und ist im Rahmen von Führungen nach Voranmeldung zugänglich. Außerdem sehr sehenswert sind der Schlossgarten, das Schulmuseum Prausitz, der Museumshof Loose in Boritz sowie die Mühle und der Mühlgarten in Pahrenz.

3 Diera-Zehren

Der Doppelort besteht aus fast zwei Dutzend Dörfchen rechts und links der Elbe. In Zehren sind vor allem die barocke Michaeliskirche und das Heimat- und Schulmuseum besuchenswert. In Schieritz finden sich eine alte Wassermühle und ein imposantes Renaissanceschloss, das heute allerdings in Privatbesitz ist, in Keilbusch besonders schöne Fachwerkbauten, in Seilitz das kleinste Bergwerk Europas, in dem die weiße Kaolinerde für das berühmte Meißner Porzellan abgebaut wird. Für Kinder interessant ist das Naturerlebniszentrum Elbepark in Hebelei mit Streichelzoo, Spielplatz und vom Aussterben bedrohten Nutztierrassen.

4 Zadel

Das Dorf, dessen sorbischer Name »hinter dem Berg« bedeutet, wurde 1193 von dem bedeutenden Zisterzienserkloster Altzella bei Nossen erworben, um Wein anzubauen. Damit ist es das älteste nachweisbare Winzerdorf der Region. Heute gehören die Weinberge zum neobarocken Schloss Proschwitz, das – ebenso wie das Weingut Proschwitz in Zadel – im Besitz der Familie zur Lippe ist und als Veranstaltungsort genutzt wird. Ebenfalls sehenswert ist die neugotische St.-Andreas-Kirche, in der mehrere alte Kunstwerke und sogar ein sorbisches Kultbild zu bewundern sind.

5 Meißen

Von Kaiser Heinrich I. gegründet, war Meißen ab dem Jahr 968 als Bischofssitz geistliches Zentrum, mit Unterbrechungen bis 1485 auch Residenz der Wettiner und damit Hauptstadt Sachsens. Der Dom auf dem Burgberg gilt als eines der stilreinsten Zeugnisse der Gotik im Osten Deutschlands. Die spätgotische Albrechtsburg ist Deutschlands erster Schlossbau. Die 1710 gegründete Staatliche Porzellan Manufaktur mit Schauhalle und zwei Schauwerkstätten lohnt ebenso einen Besuch wie der Jahnaische Friedhof oder die mittelalterliche und barocke Altstadt mit gotischer Frauenkirche und spätgotischem Rathaus.

Rechts: Sonnenuntergang über dem Seußlitzer Schlossweinberg. Der gesamte Ort Diesbar-Seußlitz ist von Weinbergen umgeben.

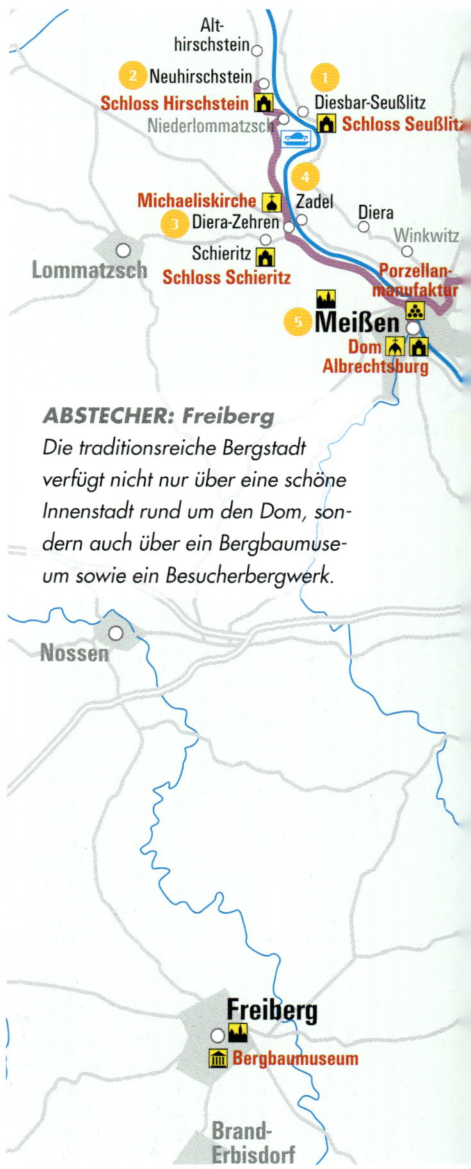

ABSTECHER: Freiberg

Die traditionsreiche Bergstadt verfügt nicht nur über eine schöne Innenstadt rund um den Dom, sondern auch über ein Bergbaumuseum sowie ein Besucherbergwerk.

REICHSGRAF WACKERBARTH

Nachdem ihm Kurfürst August der Große 1723 seinen geplanten Alterssitz Großsedlitz abgekauft hatte, ließ sich August Christoph von Wackerbarth (1662–1734), verdienter sächsischer Generalfeldmarschall und Staatsminister, von dem Architekten Johann Christoph Knöffel in den Weinbergen der Niederlößnitz ein neues Schlöschen mit dem schönen Namen »Wackerbarths Ruh'« erbauen. Nach seinem Tod wurde es zugunsten der Dresdner Witwen und Waisen versteigert und nach diversen Nutzungen im Jahr 1852 zu einem volkseigenen Weingut gemacht. Heute ist es sächsisches Staatsweingut mit Sachsens ältester Sektkellerei.

ABSTECHER:
Sächsische Schweiz
Gleich hinter Pirna beginnen die malerischen Formationen des Elbsandsteingebirges, den Fluss zu umrahmen. Am schönsten sind sie zwischen Rathen und Stadt Wehlen.

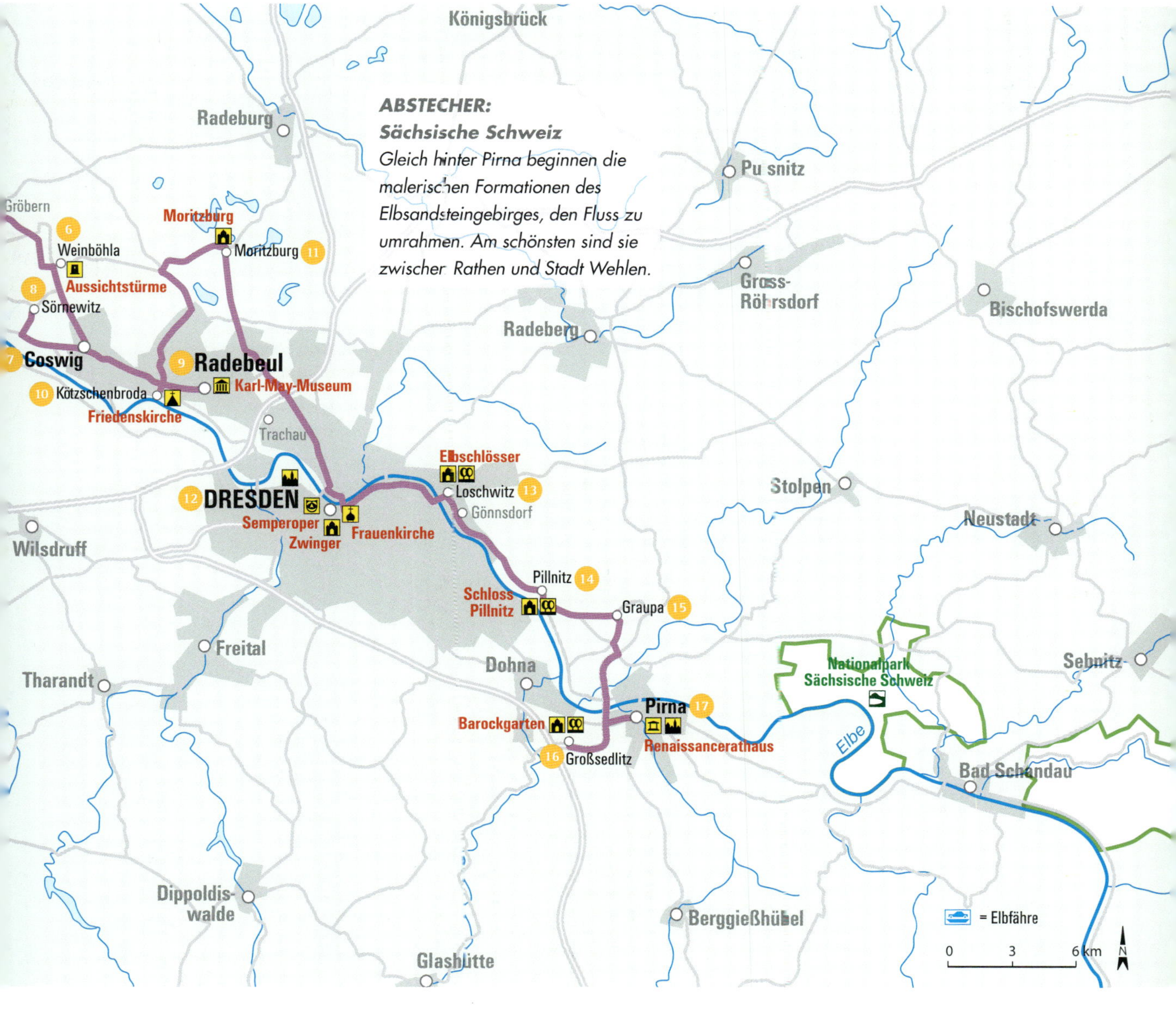

6 Weinböhla

Idyllisch in die Hänge des Elbtalkessels eingebettet, erlebte Weinböhla Ende des 19. Jahrhunderts einen Boom, als sich viele Bürger aus Dresden und Meißen hier Villen im Grünen errichteten. Im historischen Weingut Peterkeller findet sich ein Heimatmuseum mit Schulzimmer und Bauernstube, aber auch Spielzeugsammlung und Kunstgalerie. Außerdem führt ein Ortslehrpfad zu allen Sehenswürdigkeiten. Besonders berühmt ist Weinböhla aber für seine historischen Aussichtstürme auf den Höhen rings um den Ort – König-Albert-Turm, Friedensturm und Wartturm –, von denen sich ein wunderbarer Blick über das Elbtal bietet.

7 Coswig

Die Kreisstadt an der Elbe ist aus mehreren kleinen Dörfern zusammengewachsen. Heute findet man dort viele alte Villen, Bauernhäuser und prächtige Winzergüter, aber auch beeindruckende historische Industriebauten und alte Sanatorien. Als besonders schön gelten das ehemalige Winzeranwesen Rote Presse und die Villa Teresa, die einst dem Pianistenpaar Eugen d'Albert und Teresa Carreño gehörte und heute als Veranstaltungsraum dient. Sehenswert sind auch – gerade im Kontrast – die alte Kirche Coswig, die als eine der schönsten sächsischen Dorfkirchen gilt, und die Barockkirche im Ortsteil Brockwitz. Ein Museum in der alten Wasserburg Karrasburg informiert über die Ortsgeschichte. In der Blaudruckerei Folprecht kann man altes Handwerk erleben.

8 Sörnewitz

Im westlichsten Ortsteil von Coswig beginnt das Spaargebirge, ein Höhenzug, der sich bis zum Meißner Stadtteil Spaar erstreckt. Er gilt als kleinstes Gebirge Sachsens, obwohl er im geologischen Sinne kein Gebirge ist. Wegen des warmen, trockenen

Links oben: der Weinberg Radebeuler Goldener Wagen; darunter: Porzellanmanufaktur Meissen.

Mikroklimas haben Botaniker der TU Dresden hier schon 1910 einen kleinen botanischen Garten für besonders wärmeliebende Pflanzen angelegt, den Boselgarten. Aus dem gleichen Grund sind die Hänge seit jeher mit Obstplantagen und Rebgärten sowie malerischen Winzergütern und Weinberghäusern bestanden. Höchste Erhebung ist der Aussichtspunkt Juchhöh. In Sörnewitz selbst ist die Heimatstube mit zahlreichen Modellen traditioneller Gebäude besuchenswert. Im alten Handwerkerhof sind Ferienwohnungen eingerichtet.

DIE LÖSSNITZ

Als Lößnitz wird die Landschaft rund um Radebeul bezeichnet. Der Lößnitzbach, der hier in die Elbe mündet, hat sich tief in das weiche Gestein gegraben und trennt die Ortsteile Niederlößnitz und Oberlößnitz durch den Lößnitzgrund. An seinen Hängen finden sich die Rebhänge der Großlage Radebeuler Lößnitz. Durch die milden Temperaturen im Talkessel eignen sich diese für den Anbau von Wein und Edelobst.

9 Radebeul

Die von Villen geprägte Stadt Radebeul am Rand der Weinberge entstand aus dem Zusammenschluss mehrerer Winzerdörfer. Auch heute ist sie noch das Zentrum des sächsischen Weinbaus. Die Hoflößnitz mit holzgetäfeltem Festsaal war früher einmal das Weingut der Kurfürsten. Das Schloss Wackerbarth ist heute Sitz des Sächsischen Staatsweinguts. Daneben gibt es mehrere private Weinerzeuger. Bekannt ist Radebeul auch für die Villa des berühmten Abenteuerschriftstellers Karl May; sein Haus ist heute ein Museum. Die Schmalspurbahn »Lößnitzdackel«, die über Schloss Moritzburg nach Radeburg fährt, zählt ebenfalls zu den touristischen Attraktionen des Ortes.

10 Kötzschenbroda

Der älteste Teil von Radebeul ging aus einem Rittergut hervor, in dem im Mittelalter Wein und Obst angebaut wurden. Noch heute ist der traditionelle Anger mit seinen giebelständigen Bauernhäusern und denkmalgeschützten Schänken erhalten. Sehenswert ist die Friedenskirche, deren älteste Teile aus dem 13. Jahrhundert stammen. Hier wurde 1645 ein Waffenstillstand mit den Schweden geschlossen, der für Sachsen den Dreißigjährigen Krieg beendete. Am letzten Septemberwochenende findet auf dem Dorfanger jedes Jahr das Herbst- und Weinfest statt, in das seit 1996 das Internationale Wandertheaterfestival integriert ist.

11 Moritzburg

Das von August dem Starken umgebaute Jagdschloss wurde als Märchenfilmkulisse und Postkartenmotiv weltberühmt. Ihnen sind nicht nur barocke Prachträume mit Ledertapeten und Bettvorhängen aus Pfauenfedern sowie eine große Porzellan- und Jagdtrophäensammlung zu bewundern, sondern immer wieder auch Sonderausstellungen. Neben Schloss und Schlosspark sind vor allem das Käthe-Kollwitz-Haus, das Landgestüt Moritzburg und der Wildpark einen Besuch wert.

12 Dresden

In der Dresdner Altstadt reiht sich ein Höhepunkt an den anderen: Das Albertinum beherbergt die Gemäldegalerie Neue Meister und die Skulpturensammlung. Der barocke Zwinger mit der angeschlossenen Sempergalerie der Alten Meister, die Semperoper und das Residenzschloss umrahmen den Theaterplatz. Erst nach der Wende wiederaufgebaut wurden die Frauenkirche und ein Teil der barocken Bürgerhäuser am Neumarkt. Von der Augustusbrücke fällt der Blick auf die Elbsilhouette. Prachtbauten wie die Kunstakademie oder die Kathedrale St. Trinitatis überragen die Stadtbefestigung mit der Brühl'schen Terrasse.

Unten: Belvedere im Weinberg von Schloss Wackerbarth. Kleines Bild: Meissener Porzellan. Nachfolgende Seiten: Theaterplatz in Dresden.

Mensch!

Sehenswert auch die Innere Neustadt mit Barockgebäuden wie dem Japanischen Palais. Die Äußere Neustadt mit geschlossener Gründerzeitbebauung ist ein Szeneviertel. Einen Abstecher wert sind auch die Kreuzkirche am Altmarkt, das Deutsche Hygiene-Museum und der Große Garten mit dem ältesten Barockpalais der Stadt.

13 Loschwitz

Die beeindruckenden Elbschlösser Albrechtsberg, Lingnerschloss und Eckberg sowie zahlreiche prächtige Villen zeugen davon, dass sich hier schon seit dem 18. Jahrhundert reiche Dresdner ihre repräsentativen Wohnsitze in den Weinbergen errichten ließen.

WEINFESTE

AUGUST
»Tage des offenen Weingutes« in der Region

SEPTEMBER
Weinböhlaer »Winzerstraßenfest«, »Federweißerfest« auf Schloss Wackerbarth, »Weinfest« in Meißen (größtes Volksfest der Region)

OKTOBER
»Federweißenmeile« in Diesbar-Seußlitz

Bereits 1901 wurde hier die älteste Bergschwebebahn der Welt errichtet. Zusammen mit einer Standseilbahn befördert sie Ausflügler auf den »Balkon Dresdens«. Ganz in der Nähe der Bergstation der Seilbahn befindet sich mit dem Luisenhof eines der traditionsreichsten Restaurants Dresdens. Mit dem Schillerhäuschen, dem Josef-Hegenbarth-Kunstmuseum und der Leonhardi-Galerie in der Hentschelmühle besitzt der Ort drei Museen.

14 Pillnitz

Eingebettet zwischen Weinbergen und Elbufer findet sich eine der pompösesten Schlossanlagen Sachsens. August der Starke ließ das Rittergut für seine Mätresse Gräfin Cosel zu einem Schauplatz für rauschende Feste umbauen. In der Gartenanlage liegen gleich drei Paläste: das Bergpalais, das Wasserpalais und das Neue Palais, das im frühen 19. Jahrhundert das abgebrannte Schloss ersetzte. Heute sind in den Gebäuden das Schlossmuseum und das Kunstgewerbemuseum untergebracht. Dazu kommen zahlreiche Pavillons, das große Palmenhaus und die 230 Jahre alte Pillnitzer Kamelie. Einen Besuch wert sind auch die Weinbergkirche und der Friedrichsgrund, wo Kurfürst Friedrich August III. Wanderwege anlegen ließ.

15 Graupa

In der reizendsten Gegend der Sächsischen Schweiz sei er und finge an, als Mensch und Künstler aufzuatmen, schrieb der Komponist Richard Wagner 1846 von seinem Urlaub in Graupa. Heute heißt das Bauerngut, in dem er an seinem »Lohengrin« schrieb, nach der Oper. Das alte Jagdschloss enthält ein Wagner-Museum und einen Konzertsaal, in dem nicht nur Wagner erklingt. Außerdem gibt es einen Kulturweg auf den Spuren des Meisters. Sehenswert sind auch die von dem Dresdner Architekten Emil Rudolf Kolbe errichtete Kirche und Sternwarte.

16 Großsedlitz

Hier erfreut ein in seiner Substanz fast unverändertes spätbarockes Gartenkunstwerk mit Terrassen, Treppen, Orangerien, Skulpturen, Brunnen, Wasserspielen und Hunderten von Kübelpflanzen, darunter unglaubliche 150 Bitterorangen, das Auge. Die Anlage war bereits im Jahr 1719 im Auftrag von Reichsgraf von Wackerbarth als Landsitz begonnen, aber dann schon im Jahr 1723 von August dem Starken übernommen worden, der das Schloss und den Garten von seinen besten Architekten vergrößern und auch umgestalten ließ. Der Garten und ein Teil der Gebäude sind zu besichtigen, außerdem finden den Sommer über dort regelmäßig Veranstaltungen statt.

17 Pirna

Der Marktplatz mit dem Renaissancerathaus und zahlreichen historischen Bürgerhäusern sieht immer noch aus wie einst von Canaletto gemalt. Die spätgotische Marienkirche (1502 bis 1546) entfaltet im Inneren ihre ganze Pracht, mit dem Renaissancesandsteinaltar als Hauptwerk. Im alten Dominikanerkloster ist das Stadtmuseum untergebracht. Außerdem gibt es ein Richard-Wagner-, ein DDR- und ein Fahrzeugmuseum. Sehenswert ist auch das Landschloss Zuschendorf.

Schloss Moritzburg ist auch durch den tschechischen Filmklassiker »Drei Nüsse für Aschenbrödel« (1973) bekannt geworden.

WEINGÜTER

Weingut Schloss Proschwitz
Die Familie zur Lippe betreibt auf historischem Grund das älteste und größte private Weingut in Sachsen.
Dorfanger 19
01665 Diera-Zehren/Zadel
Tel. +49 3521/767 60
www.schloss-proschwitz.de

Sächsische Winzergenossenschaft Meißen
Hinter der Genossenschaft stehen mehr als 1500 Winzer, die rund die Hälfte der sächsischen Anbaufläche kultivieren. Die Vinothek bietet Kellerführungen und Weinproben an.
Bennoweg 9
01662 Meißen
Tel. +49 351/780 970
www.winzer-meissen.de

Sächsisches Staatsweingut Schloss Wackerbarth
Das Staatsweingut mit der ältesten Sektkellerei Sachsens bietet zahlreiche Events rund um den Wein an.
Wackerbarthstraße 1
01445 Radebeul
Tel. +49 351/895 50
www.schloss-wackerbarth.de

Weingut Hoflößnitz
Das ehemalige kurfürstliche Weingut hat seit 1992 auf bio umgestellt. Die prächtigen historischen Gebäude können teilweise besichtigt werden und beherbergen neben Vinothek, Restaurant und Gästehaus auch das einzige Weinbaumuseum Sachsens.
Knohllweg 37
01445 Radebeul
Tel. +49 351/839 833 33
www.hofloessnitz.de

Weingut Drei Herren
Das Weingut von Kunsthistoriker Rainer Beck wurde von der DLG 2016 als bestes sächsisches Weingut ausgezeichnet und bietet auch einen Kunstwanderweg, Ausstellungen und Kunstführungen an.
Weinbergstraße 34
01445 Radebeul
Tel. +49 351/795 60 99
www.weingutdreiherren.de

Weingut Jan Ulrich
Mit viel Engagement gehen Jan und Carola Ulrich ihrer Arbeit nach. Übernachtungs- und Verkostungsmöglichkeiten.
Am Brummochsenloch 21
01612 Diesbar-Seußlitz
Tel. +49 35267/510 11
www.weingut-jan-ulrich.de

Rothes Gut Meißen
Rassige und spritzige Weine. Beeindruckend auf dem Hof sind die hohen Ziegelmauern. 15 Minuten sind es nur zu Fuß bis zu Meißner Albrechtsburg. Die Vinothek befindet sich in einem Backhaus von 1526, das 2016 liebevoll saniert wurde.
Lehmberg 4
01662 Meißen
Tel. +49 3521/754 54 67
https://rothesgut.de

Weingut Schuh
Sympathisches Winzerpaar, dessen Weine nach eigenem Anspruch Charakter und Seele haben sollen. Gutseigenes Weinrestaurant und Gästezimmer.
Dresdner Straße 314
01640 Sörnewitz
Tel. +49 9352/384 810
www.weingut-schuh.de

Weingut Kastler Friedland
Anspruchsvolle Steillagen mit teils knackigen Weinen.
Coswiger Straße 23
01445 Radebeul
Tel. +49 1751/780 763
www.kastlerfriedland.de

Weingut Klaus Zimmerling
Eine wahre Ikone des Weinanbaus in Sachsen mit kleinen Flaschenmengen. Gehört zum Verband der deutschen Prädikats- und Qualitätsweingüter. Kunstvolle Etiketten und Skulpturengalerie.
Bergweg 27
01326 Dresden
Tel. +49 351/261 87 52
www.weingut-zimmerling.de

Schloss Wackerbarth und Schloss Proschwitz sind herausragende Beispiele der hiesigen Weinkultur.

MOSELWEINSTRASSE

Diese genussvolle Weinroute an der Mosel
führt durch die älteste Weinregion Deutschlands.

WEINROUTE 3

Kein anderer deutscher Fluss kann mit so malerischen Windungen aufwarten. Tief hat sich die Mosel zwischen Hunsrück und Eifel gegraben und so das größte Steillagenweinbaugebiet der Welt geschaffen. Nach jeder Flussschleife tut sich eine noch schönere auf, gesäumt von schier endlosen Rebgärten. Und am Ufer reihen sich wie Perlen an der Schnur pittoreske Weinorte. Meist laden mehr als ein Dutzend Weingüter zu Verkostungen, Weinbergführungen und Weinfesten ein. Für ausgiebige Erkundungen bietet sich die Route entlang der Mosel an. Wer es sportlich angehen will, der nimmt das Fahrrad. Auch der Moselradweg folgt immer dem Fluss. Zu Fuß kann man sich auch auf den Moselhöhenweg begeben, der sich von Schweich nach Koblenz zieht. Direkt hinter der deutsch-französisch-luxemburgischen Grenze ist die Landschaft noch lieblicher, sind die Hänge weniger steil. Hier werden im Anbaugebiet Südliche Weinmosel die verschiedensten Weißweine angebaut, vor allem der sehr alte Elbling. Hinter Trier beginnen dann die steilen Schieferhänge der Mittelmosel, auf deren Lagen von Weltruf fast ausschließlich Riesling wächst. Hinter Zell werden die Hänge noch steiler, sie wurden schon in alter Zeit in mühsamer Handarbeit terrassiert. Auch hier, an der Terrassenmosel, herrscht der Riesling vor. Die steilen Hänge führten auch dazu, dass in alten Zeiten allerorts Burgen gebaut wurden, deren malerische Relikte man auf Schritt und Tritt finden kann.

Routenlänge: ca. 250 km
Zeitbedarf: mind. 3 Tage
Start: Koblenz
Ziel: Perl
Routenverlauf: Die Straße folgt den Windungen des Flusses, mal rechts-, mal linksseitig.

Besondere Hinweise: Vor allem für Fahrradfahrer lohnt sich in Trier ein Abstecher ins Ruwertal.

Auskünfte:
Mosellandtouristik GmbH
Kordelweg 1, 54470 Bernkastel-Kues
Tel. +49 6531/973 30
info@mosellandtouristik.de
www.mosellandtouristik.de

1 Koblenz

Auf einer Landzunge direkt an der Mündung der Mosel in den Rhein liegt das Deutsche Eck mit dem Kaiser-Wilhelm-Denkmal. Neben der Basilika St. Castor sind die ursprünglich mittelalterliche Alte Burg, der Münzplatz mit dem Geburtshaus des Fürsten Metternich, die Liebfrauenkirche (12./13. Jh.) und die Florinskirche (12. Jh.) sowie am Rheinufer das klassizistische Kurfürstliche Schloss (18. Jh.) weitere Sehenswürdigkeiten. Auf der rechten Rheinseite liegt Ehrenbreitstein, eine der größten Festungsanlagen Europas mit dem Landesmuseum Koblenz.

2 Winningen

Der hübsche Ort verfügt über Top-Weinlagen. Zwischen den Reben sind mehrere Themenwanderwege angelegt, die eine herrliche Aussicht bieten. Die edlen Tropfen, die dort heranreifen, können auf den Weingütern direkt oder in der örtlichen Vinothek probiert werden, die in einem ehemaligen Fachwerkspitalgebäude untergebracht ist. Ende August, Anfang September findet das älteste und mit zehn Tagen längste Weinfest Deutschlands statt. Es endet traditionell mit einem großen Feuerwerk über dem Fluss.

3 Kobern-Gondorf

Gleich vier Burgbauten hat der malerische Doppelort aufzuweisen: zwei stolze Ruinen hoch über der Mosel und zwei Märchenschlösser, von denen eines ein Weinmuseum beherbergt. Auch sonst gibt es viel Geschichtliches zu entdecken wie schöne Fachwerkhäuser, ein Erzbergwerk, einen Keltenwall oder mehrere Sauerbrunnen. Durch die Weinbergterrassen, die wie ein natürliches Amphitheater den Moselbogen säumen, sind schöne Wanderwege angelegt, die einen herrlichen Ausblick gewähren und zu zahlreichen Kulturdenkmälern führen.

Der Ausblick von der Festung Ehrenbreitstein in Koblenz auf das Deutsche Eck (oben), bei dem die Mosel in den Rhein mündet.

DER WEINBERGPFIRSICH

Die sonnenverwöhnten Weinberge waren von jeher auch ein idealer Standort für die wärmeliebenden Pfirsiche, die schon von den Römern über die Alpen gebracht wurden. Im Gegensatz zu den gelbfleischigen Früchten sind die mit pelziger Haut überzogenen rotweiß marmorierten Weinbergpfirsiche zwar weniger süß, haben aber ein deutlich intensiveres Aroma. Mit den auch als Weinbergpfirsichen im Handel angebotenen Plattpfirsichen haben sie wenig zu tun. An der Mosel hat sich nun vor einigen Jahren eine Interessengemeinschaft gebildet, die den arbeitsintensiven Anbau wiederbeleben und den Moselweinbergpfirsich zu einer Genuss-Marke machen will (www.moselweinbergpfirsich.de).

ABSTECHER: Maria Laach

Die Benediktinerabtei gilt als einer der schönsten romanischen Bauten Deutschlands. Zudem locken der Laacher See und Kunst und Spezialitäten aus den Klosterbetrieben.

ABSTECHER: Burg Eltz

Mit ihrer einmaligen Architektur gehört die nie eroberte Burg zu den schönsten Deutschlands. Innen sind wunderbare Räumlichkeiten und wertvolle Kunstschätze zu sehen.

4 Alken

Der kleine Weinort wird von der mächtigen Burg Thurandt mit ihren zwei Bergfrieden beherrscht. Zwei, weil die Burg einst halb Kölner, halb Trierer Besitzung war. Heute gewähren die Türme einen wunderbaren Ausblick über die Mosel. Daneben sind alte Prunkräume, die Verließe und der ehemalige Weinkeller zu besichtigen – und natürlich gibt es auch Wein zu probieren. Wer will, kann in einer Ferienwohnung auf der Burg übernachten. Im Ort selbst warten eine der ältesten Kirchen an der Mosel mit alten Fresken, Fachwerkhäuser und historische Winzerkeller darauf, entdeckt zu werden.

5 Treis-Karden

Dem angeblichen Ortsgründer, dem heiligen Castor (gest. um 400), wurde im 12. Jahrhundert eine mächtige ro-

Großartige Baukunst im Moseltal: Burg Cochem (oben). Bilder links: Runder Turm bei Zell und Beilsteiner Altstadt.

manische Kirche gebaut, die den Beinamen »Moseldom« trägt und das bedeutendste Sakralbauwerk zwischen Trier und Koblenz ist. Dass die Region jedoch schon vor Castors Zeiten besiedelt war, beweisen die Relikte einer ehemaligen römischen Festung auf dem nahen Martberg, die heute teilweise rekonstruiert und zu besichtigen sind. Auch das Stiftsmuseum wartet mit keltisch-römischen Funden sowie wertvoller sakraler Kunst auf.

6 Cochem

Die Stadt am linken Ufer der Mosel zählt zu den malerischsten Orten im Tal. Den Marktplatz mit seinem barocken Rathaus umgibt eine wunderschöne Altstadt mit alten Fachwerkhäusern, die noch teilweise von der historischen Stadtmauer umgeben ist. Außer der Reichsburg Cochem sind auch die Moselpromenade, das Kulturzentrum im Kapuzinerkloster, die Pestkapelle St. Rochus, die alte Senfmühle, das Edelsteinmuseum und die Ruine Winneburg einen Besuch wert. Einen einzigartigen Ausblick hat man vom 255 Meter hohen Pinnerkreuz, das bequem mit einer Sesselbahn erreichbar und Ausgangspunkt für Höhenwanderungen ist. Außerdem gibt es übers Jahr gleich mehrere Wein- und Burgfeste.

7 Beilstein

Eingebettet in eine der engsten Moselschleifen und mit seiner wunderschönen Altstadt wird Beilstein zu Recht als »Rothenburg an der Mosel« bezeichnet. Das alte Zehnthaus am Marktplatz beherbergt ein Weinmuseum und ist im Juli/August Schauplatz des Beilsteiner Märchensommers. Überragt wird der Ort von der Burg Metternich, von deren Terrasse man bei einem Schoppen oder Kaffee und Kuchen einen wunderbaren Ausblick genießt. Sehenswert ist auch die Klosterkirche St. Joseph mit ihrer »Schwarzen Madonna«, die früher als wundertätig galt.

8 Bremm

Zu den bekanntesten unter den vielen Moselschleifen zählt diejenige beim Winzerort Bremm. Dessen Weinhänge am Bremmer Calmont gelten als die steilsten Rieslingweinhänge Europas. Anfang September sind sie Schauplatz des örtlichen Weinfestes. Auf der Spitze des Hügels lässt sich ein altes römisches Heiligtum erwandern. Schwierige Passagen sind mit Leitern und Griffen gesichert. Der Ort selbst besticht mit malerischen engen Gässchen und schönen historischen Fachwerkhäusern.

★★★

REICHSBURG COCHEM

Auf einem weithin sichtbaren Kegel erhebt sich 100 Meter über der Mosel eine mächtige Burg mit markanter, vieltürmiger Silhouette. Die um 1000 von Pfalzgraf Ezzo erbaute Burg wurde nach schweren Zerstörungen im 19. Jahrhundert wiederaufgebaut. Sowohl von außen wie von innen ist sie seitdem ein Symbol deutscher Burgenromantik schlechthin. Unbedingt erlebenswert ist auch der Blick von der Terrasse der Burgschänke (www.reichsburg-cochem.de).

9 Alf

Der hübsche Ort wird von der Burg Arras überragt, die Anfang des letzten Jahrhunderts wiederaufgebaut wurde und heute ein Restaurant, ein Hotel und ein Museum beherbergt. Ein besonderes Kuriosum ist eine Sammlung von wertvollen Geschenken, die der ehemalige Bundespräsident Heinrich Lübke bei Staatsbesuchen erhielt. Der Ort selbst hat ein hübsches Zentrum mit Fachwerkhäusern, einer neugotischen Kirche und Villen aus dem 19. Jahrhundert. Das romantische Alfbachtal lädt zum Wandern ein.

10 Zell

Der bekannte Weinbauort mit Resten einer sehr alten Stadtbefestigung, der Peterskirche und einem ehemals kurfürstlichen Schloss liegt am rechten Moselufer. Die Katzenskulpturen und -abbildungen, auf die man allerorts stößt, werben für die berühmteste Weinlage des Ortes »Schwarze Katz«: Dieser kann in der Vinothek im Gewölbekeller des alten Rathauses verkostet werden. Am letzten Wochenende im Juni findet das Weinfest der Zeller Schwarzen Katz als eines der ersten an der Mosel statt.

11 Pünderich

Das Winzerdorf punktet mit seiner besonders schönen Lage an der Mosel. Direkt hinter dem Fähranleger empfangen den Besucher schon die reich verzierten alten Fachwerkhäuser des historischen Ortskerns. Außerdem gibt es eine Moselpromenade mit Liegewiese. Im alten Eichhäuschen lässt sich noch heute nachvollziehen, wie mühsam früher die großen und kleinen Weinfässer geeicht werden mussten. Im Mai und September finden hier Weinstraßenfeste statt und im August wird die Weinkirmes gefeiert. Die hoch über dem Ort thronende Marienburg ist heute eine Jugendbildungsstätte. Einen wunderbaren Fernblick hat man vom Aussichtsturm auf dem Prinzenkopf.

12 Traben-Trarbach

Das romantische Weinbaustädtchen erstreckt sich über beide Uferseiten und ist von schönen Fachwerk- und Patrizierhäusern geprägt. Mit dem Brückentor, der Huesgen-Villa, dem Schlösschen Sonora sowie dem Hotel Bellevue wartet es mit einer Reihe von Jugendstilbauten auf, die an die Blütezeit der Weinhandelsmetropole zu Beginn des 20. Jahrhunderts erinnern. Überragt wird der Doppelort von der Grevenburg. Auf dem von einer Flussschleife umschlossenen Mont Royal liegt die Ruine einer von Vauban geplanten Festungsanlage. Über deren Geschichte informiert das Mittelmoselmuseum.

13 Kröv

Die Weinlage »Kröver Nacktarsch« hat dem Ort eine etwas zweifelhafte Berühmtheit eingebracht, dabei bezog sich der Name ursprünglich nur auf die recht nackten und kahlen Felshänge. Der Ort selbst hat viele alte Repräsentationsbauten aufzuweisen, denn das einstige Königsgut »Cröver Reich« hatte im Laufe seiner Geschichte viele Besitzer, die alle ihre Höfe errichteten. Teils dienen sie immer noch als Weingüter. Mit dem alten Rathaus, dem Dreigiebelhaus, ist auch einer der schönsten Fachwerkbauten der Region hier zu finden. Nach dem Straßenweinfest im August, dem Weinlesefest im September und dem Federweißenfest Anfang Oktober wird Mitte Oktober das Nacktarsch-Weinfest in der Weinbrunnenhalle gefeiert.

14 Ürzig

»Ürziger Würzgarten« heißt die beste Weinlage dieses hübschen Ortes. 2005 wurde auf einer der Terrassen auch ein besuchenswerter Gewürzgarten angelegt, in dem Tausende von Heil- und Gewürzkräutern, Zwiebelpflanzen und alte Rosen ihren Duft verströmen. Der Ortskern ist geprägt von engen Gassen und schönen Fachwerkhäusern. Ein besonderer Hingucker ist der mächtige Himmeroder Hof, in dem einst Mönche des gleichnamigen Eifelklosters lebten. Ende Mai findet der »Tag der offenen Keller« statt.

15 Zeltingen-Rachtig

Welchem Ort ist schon eine ganze Operette gewidmet? Eigentlich hatten die Zeltinger in den 1950er-Jahren auch nur einen Wettbewerb für ein Lied auf ihre beste Weinlage, das »Zeltinger Himmelreich«, ausgelobt. Herausgekommen ist ein Singspiel, das alle zwei Jahre (in den ungeraden) mit 100 Laiendarstellern auf dem von schönen Fachwerkhäusern umrahmten Marktplatz aufgeführt wird. Ein Kulturweg führt sowohl durch die Weinberge als auch zu den Sehenswürdigkeiten der beiden Ortsteile. Interessant ist auch der Obstsortengarten, der auf einem aufgegebenen Weinberg angelegt wurde.

16 Wehlen

In dem schönen Ort, einem Stadtteil von Bernkastel-Kues, sind überall Sonnenuhren zu finden. Sie spielen auf die berühmteste Weinlage der Stadt, die »Wehlener Sonnenuhr«, an, die für ihre eleganten Gewächse berühmt ist. Ein Erlebnis – vor allem zur Blütezeit – ist aber auch das Naturschutzgebiet

Streuobstwiesen auf dem Wehlener Plateau, das auf einem mit zahlreichen Kunstobjekten gesäumten »ObstArt-Weg« durchwandert werden kann. Unbedingt besuchen sollte man auch das ehemalige Kloster Machern, das mit einem Spielzeug- und Ikonenmuseum, einem Brauhaus, einer Klosterdestille und einem Weincabinet aufwartet.

17 Bernkastel-Kues

Schöne alte Fachwerkhäuser und ein schmuckes Renaissancerathaus säumen den Marktplatz der Stadt, die sich seit 2005 »heilklimatischer Kurort« nennen darf. Am ersten Septemberwochenende ist sie Schauplatz des Weinfestes der Mittelmosel mit Festumzug und Feuerwerk. Sehenswert ist auch das spätgotische, von Nikolaus von Kues gegründete Cusanusstift mit seiner berühmten Bibliothek. Rund um den Ort finden sich Weinlagen, die zu den teuersten der Mosel gehören wie der »Bernkasteler Doktor«. Über allem thront die Burgruine Landshut, von der aus man einen wunderbaren Ausblick genießt.

18 Lieser

Alte Winzer- und Bürgerhäuser schmücken den Ort. Sehenswert sind hier der alte Posthof, die Pfarrkirche St. Peter, der mächtige Wasserbehälter mit Rundbogenblenden oder die neogotische Gruftkapelle, die sich die Familie Schorlemer im 19. Jahrhundert errichten ließ. Dieser Familie verdankt der Ort auch ein gewaltiges Schloss, in dem u. a. Kaiser Wilhelm II., der mit Clemens von Schorlemer befreundet war, mehrmals zu Besuch weilte.

19 Piesport

Der größte Weinbauort an der Mosel ist auch einer der ältesten. Schon die Römer gewannen hier den begehrten Rebensaft, wie eine 1985 entdeckte Großkelteranlage mit zehn Räumen und sieben Becken beweist. Inzwischen ist sie rekonstruiert, sodass Besucher die antike Weinherstellung lebendig vor Augen geführt bekommen. Auch der Ortsname rührt wahrscheinlich von einer Brückengottheit aus römischer Zeit her. Ein weiteres Highlight ist die »Moselloreley«, ein 85 Meter hoch über die Mosel ragender Felsen, der erwandert werden kann.

20 Neumagen-Dhron

Zahlreiche wertvolle Funde aus der Römerzeit beweisen, dass Neumagen einer der ältesten Orte im Moseltal ist. Am spektakulärsten ist das Neumagener Weinschiff, ein Grabmal eines Weinhändlers von etwa 220 n. Chr. in Schiffform, das sehr detailliert zeigt, wie damals Weinfässer auf der Mosel transportiert wurden. Eine Replik ist an der Peterskapelle aufgebaut, ein Nachbau – allerdings mit Motor – kann im Hafen gechartert werden. Im September findet hier ein Weinstraßenfest statt.

21 Leiwen

An einer der engsten Moselschleifen gelegen, soll Leiwen seinen Namen von Livia, der Gattin des Kaisers Augustus, bekommen haben, die hier einst eine Sommerresidenz hatte. Auch wenn dies nicht stimmen sollte – eine andere Deutung geht von einer Ableitung von *clivus* (lat. »steiler Hang«) aus –, hat Leiwen eine alte Geschichte. Auskunft darüber gibt das Heimat- und Weinmuseum. Sehenswert sind auch der Kurtrierer Hof, in dem sich heute ein Weingut befindet, der jüdische Friedhof und ein Skulpturengarten.

22 Klüsserath

Schmucke alte Winzerhäuser, eine Wasserburg und eine Pfarrkirche mit dem schönsten Renaissancealtar im Moseltal zieren den alten Weinort. Ende August findet das Weinfest in den Rebhängen statt. Klüsserath ist aber auch für sein Krippenmuseum mit rund 90 verschiedenen Krippen bekannt, von denen viele in detailreich ausgearbeitete Straßenszenen eingebettet sind. Bei Klüsserath mündet auch die Salm, deren schönes Tal zum Wandern und Radfahren einlädt.

WEINFESTE

AUGUST
»Weinkirmes« in Bremm, »Winzerhöfefest« in Alken

SEPTEMBER/OKTOBER
»St.-Michaels-Kirmes« in Bernkastel-Kues

NOVEMBER
»Federweißenfest« in Cochem

Nähere Informationen unter:
www.mosellandtouristik.de

23 Mehring

Noch immer werden die öffentlichen Brunnen von einer Tunnelwasserleitung gespeist, die einst die alten Römer zur Versorgung ihrer Villen anlegten. Auch die teilrekonstruierten Überreste eines römischen Gutshauses gibt es hier zu bewundern. Ein beliebtes Ausflugsziel ist das Huxlay-Plateau über der Stadt, das nicht nur einen wunderbaren Ausblick bietet, sondern mit seiner Weinhütte auch zur Rast einlädt. Anfang September findet das älteste Weinfest der Mittelmosel, das Winzerfest, mit großem Winzerspiel am Flussufer statt.

24 Longuich

Ebenfalls von den Römern geprägt zeigt sich der Ort Longuich: Wohlhabende Siedler aus der Ewigen Stadt ließen es sich hier gut gehen, wie eine prachtvolle rekonstruierte Landvilla mit großer Badeanlage beweist. Ein kulturhistorischer Rundweg führt auch noch zu vielen anderen Sehenswürdigkeiten wie schönen alten Winzergehöften oder der Alten Burg.

Romantisch zeigen sich die Lichter von Bernkastel-Kues mit der Burg Landshut am Moselufer bei Nacht.

Das Gemäuer ist mitten in der Stadt gelegen und beherbergt heute ein Hotel und ein Restaurant, in dem zünftige Rittermähler serviert werden.

25 Trier

Deutschlands älteste Stadt liegt in einer der wenigen Talweitungen der Mosel. Berühmt ist sie für ihre römischen Relikte wie die Porta Nigra, die Konstantinsbasilika und mehrere antike Thermen. Daneben gibt es aber auch den ältesten Dom Deutschlands, der unbedingt besichtigt werden sollte, wunderbare gotische Bauten, prächtige Barockschlösser und -kirchen, diverse Jugenstilhäuser, den jüdischen Friedhof und das Karl-Marx-Haus sowie mehrere besuchenswerte Museen zu entdecken. Der Hauptmarkt mit dem Marktkreuz und dem Petrusbrunnen gilt noch dazu als einer der schönsten Plätze Deutschlands.

26 Konz

Die Stadt geht auf eine alte römische Kaiservilla zurück, von der allerdings nur spärliche Reste erhalten sind. Umso interessanter sind das Freilichtmuseum Roscheider Hof, das Westwallmuseum in einem alten Bunker, das mächtige Kloster Karthaus, das heute vorwiegend als Kulturzentrum genutzt wird, sowie die beiden mit zahlreichen Kunstwerken gesäumten Spazierwege »Steine am Fluss« und »Skulpturen am Fluss«. Ebenfalls zum Spazierengehen lädt das idyllische Konzer Tälchen südöstlich der Stadt mit seinen malerischen Rieslinghängen ein.

27 Igel

Dieser kleine Ort ist für sein prächtiges 23 Meter hohes römisches Grabmal mit schönen Reliefs bekannt; der Ortsname ist eine Verballhornung des Adlers (lat. aquila) auf der Spitze der sogenannten Igler Säule. Auch bei dem malerischen Grutenhäuschen, von dem aus man einen wunderbaren Blick über das Moseltal hat, handelt es sich um einen rekonstruierten römischen Grabtem-pel. Auf den wunderschönen Weinbergen rundherum wird vor allem Elbling angebaut. Hier beginnt auch die beliebte Elbling-Route, die bis Konz teils identisch mit der Moselroute ist, teils im malerischen Hinterland verläuft.

28 Gemeinde Perl

Im Dreiländereck zwischen Deutschland, Frankreich und Luxemburg gelegen, besteht diese Gemeinde aus 14 einzelnen Dörfern, die malerisch in die Weinberge der Obermosel eingebettet sind. Sehenswert sind hier vor allem der schöne Barockgarten des Palais von Nell und die Quirinuskapelle sowie das für seinen Orchideenreichtum und die schönen Ausblicke bekannte Landschaftsschutzgebiet Hammelsberg. Der Ortsteil Nennig, etwa sieben Kilometer vor der Grenze zu Frankreich, wird von dem mächtigen Schloss Berg überragt, in dem sich ein Spielkasino und eines der führenden Gourmetrestaurants Deutschlands befinden. Ende August findet in Nennig ein Weinfest statt. Unbedingt besuchen sollte man am selben Ort außerdem die römischen Ausgrabungen mit dem mit 160 Quadratmetern größten und schönsten Fußbodenmosaik diesseits der Alpen.

Der Dom von Trier, genauer die Hohe Domkirche St. Peter zu Trier, ist die älteste Bischofskirche Deutschlands (oben). In Trier sind außerdem die Kaiserthermen (kleines Bild) sehenswert.

★★★

VOLKSKUNDE- UND FREILICHTMUSEUM ROSCHEIDER HOF

Alte Bauernhäuser aus dem Mosel-Saargebiet und dem Hunsrück gibt es auch. Aber das Museum in Konz hat weit mehr zu bieten. Hier sollen die Lebenswelten vergangener Zeiten vorgeführt werden: von den verschiedensten Handwerkerstätten über diverse alte Läden, Schule, Dorfwirtschaft, Bankfiliale, Zahnarztpraxis und Fotoatelier. Eine sehr umfassende Ausstellung zu Weinbau und Schnapsbrennerei fehlt ebenso wenig wie eine Edelsteinschleiferei, eine Kulturgeschichte des Waschens, bürgerliche Wohnwelten, Zinnfiguren und Kinderspielzeug oder eine alte Ölmühle (www.roscheiderhof.de).

WEINGÜTER

Weingut Schloss Lieser
Thomas Haag wurde im Jahr 2015 vom Gault-Millau zum deutschen Winzer des Jahres gewählt.
Am Markt 1–5
54470 Lieser
Tel. +49 6531/63 41
www.weingut-schloss-lieser.de

Weingut Reichsgraf von Kesselstatt
Die Rieslinge des Traditionsweinguts können in besonderem Ambiente verkostet werden: im Firmensitz Schloss Marienlay etwas abseits der Weinstraße, im Palais Kesselstatt in Trier oder im Kloster Machern in Wehlen.
Schloss Marienlay
54317 Morscheid
Tel. +49 6500/916 90
www.kesselstatt.com

Weingut Clemens Busch
Bereits seit 1984 werden hier Spitzen-Rieslinge biologisch-dynamisch erzeugt.
Kirchstraße 37
56862 Pünderich
Tel. +49 6542/181 40 23
www.clemens-busch.de

Stülb Weingut und Sektmanufaktur
Der Biowinzer hat ein breites Sortiment an veganen Weinen über den Riesling hinaus. Für seinen Gelben Muskateller erhielt er sogar den Internationalen Bioweinpreis in Gold.
Untere Barlstraße 20
56856 Zell-Kaimt
Tel. +49 6542/411 78
www.stuelb-wein.de

Weingut Albert Kallfelz
Das traditionsreiche Weingut wurde im Jahr 2015 von der DLG zum besten Erzeuger an der Mosel gewählt.
Hauptstraße 60–62
56856 Zell-Merl
Tel. +49 6542/938 80
www.kallfelz.de

Weingut Dr. Loosen
Erlesene Weine aus den Steillagen machen aus den Loosen-Tropfen eine weltweite Marke. Die restsüßen Rieslinge sind genauso begehrt wie die trockenen großen Gewächse. Weinverkostung nach Voranmeldung.
St. Johannishof
54470 Bernkastel-Kues
Tel. +49 6531/34 26
www.drloosen.de

Markus Molitor
Seine unverwechselbaren, lagentypischen Weine sind weltklasse und einzigartig. Erhielt von Robert Parker dreimal 100 Punkte für seine fruchtsüßen Auslesen des Jahres 2013.

Vinothek Mo–Fr 10–17 Uhr. Wochenende und Feiertage nur nach Terminvereinbarung.
Haus Klosterberg
54470 Bernkastel-Wehlen
Tel. +49 6532/954 000
markusmolitor.com

Fritz Haag
Der Familienbetrieb aus dem Jahr 1605 ist seit langer Zeit Kult. Seit 2005 haben Oliver und Jessica Haag das Zepter in der Hand. Voranmeldung erbeten.
Dusemonder Straße 44
54472 Brauneberg
Tel. +49 6534/410
http://weingut-fritz-haag.de

Nach einer Führung mit Degustation im Weinkeller von Schloss Wackerbarth in Radebeul können Besucher die guten Tropfen auch käuflich erwerben (oben). Links: Weinreben bei Zeitz.

RHEINGAUER RIESLINGROUTE

Bekannte Weinlagen sowie herrliche Schlösser und Gutshöfe befinden sich auf dieser 70 Kilometer langen Strecke.

WEINROUTE 4

Südlich von Koblenz beginnt eine der legendärsten Landschaften Deutschlands. Das Obere Mittelrheintal, wo sich der Fluss tief in das Schiefergebirge gegraben hat, gilt als Inbegriff der Rheinromantik und ist UNESCO-Weltkulturerbe. Seit der Römerzeit hinterließen hier Generationen um Generationen ihre kulturellen Spuren. Die Ufer sind gesäumt von malerischen Fachwerkstädtchen und auf den Höhen thronen stolze Burgen und Burgruinen. Aber auch die schier endlosen Weinberge gehören mit zum Kulturerbe. Hier wächst seit Römerzeiten der Rheinwein, der den deutschen Traubenerzeugnissen ihren internationalen Ruf eingetragen hat. Denn zu den steilen Hängen mit ihrer optimalen Sonneneinstrahlung und dem wärmespeichernden Gestein gesellt sich der breite Fluss, dessen große Wasserfläche ebenfalls die Sonne reflektiert und Fröste mildert. Vor allem Riesling-Freunde kommen auf ihre Kosten: Die typischste deutsche Rebsorte ist mit Abstand die am meisten angebaute. Hinter dem Bingener Knie beginnt der Oberrhein mit seinen breiten Auen und großen Flussinseln. Auch hier reiht sich an den Hängen des Rheingaugebirges eine Spitzenlage an die andere. Neben Auto oder Bahn ist das Fahrrad ein geeignetes Verkehrsmittel, den Fluss und seine Reben zu entdecken, da es überall bestens ausgebaute Fahrradwege gibt. Wer ganz beschaulich zu Fuß gehen – und dabei die zahlreichen Burgen mitnehmen – möchte, kann dies sowohl über den Rheinsteig wie den Rheinhöhenweg tun.

Routenlänge: ca. 90 km
Zeitbedarf: ca. 1–2 Tage
Start: Lahnstein
Ziel: Wiesbaden/Mainz
Routenverlauf: am Fluss entlang, nach Belieben rechts- oder linksrheinisch

Besondere Hinweise: Autofähren gibt es bei Boppard, St. Goar, Kaub, Lorch, Bingen, Ingelheim, Walluf und Wiesbaden.

Auskünfte:
Rheingau-Taunus Kultur und Tourismus GmbH
Rheinweg 30, 65375 Oestrich-Winkel
Tel. +49 6723/602 720
tourist@kulturland-rheingau.de
www.kulturland-rheingau.de

1 Lahnstein

Die schöne Kurstadt am Zusammenfluss von Rhein und Lahn ist teilweise noch von alten Stadtmauern umgeben. Im Hexenturm befindet sich ein Museum. Außerdem gibt es einen Themenweg durch die historische Altstadt. Sehenswert sind auch das Schloss Martinsburg mit Fastnachtsmuseum und das schon von Goethe gerühmte alte Wirtshaus an der Lahn sowie das Bergbaumuseum und das alte Wasserkraftwerk im Ortsteil Friedrichssegen. Auf dem Salhofplatz finden im Sommer Burgfestspiele statt. Über dem Ort thront Burg Lahneck. Sie kann im Rahmen von Führungen besichtigt werden. Außerdem gibt es ein Burgrestaurant mit schöner Panoramaterrasse.

2 Braubach

Geradezu winzig nimmt sich der Ort zu Füßen der stolzen Marksburg auf. Sie ist die einzige nie zerstörte Höhenburg am Mittelrhein und täglich im Rahmen von Führungen zu besichtigen. Mit ihren intakten Wehranlagen und typischen Innenräumen stellt sie geradezu das Idealbild einer mittelalterlichen Burg dar. Im Ort selbst findet sich auch noch das Renaissanceschloss Philippsburg, in dem heute die Deutsche Burgenvereinigung residiert. Ansonsten besticht Braubach durch seine Altstadt mit vielen schönen Fachwerkhäusern. Am ersten Oktoberwochenende wird das Winzerfest gefeiert.

3 Boppard

Dieses idyllische Städtchen ist die größte Weinbaugemeinde am Mittelrhein. Die Rebhänge finden sich nördlich in einer engen Talschlinge des Rheins, dem Bopparder Hamm. Zum schönsten Aussichtspunkt über die Gegend führt eine Sesselbahn. Außerdem gibt es Wanderwege und einen Klettersteig. In der Altstadt sind die Kurfürstliche Burg mit dem Stadtmuseum, die Reste der mittelalterlichen Stadtmauer, die Ruinen des römischen Kastells Bodobriga und die St.-Severus-Kirche (12./13. Jh.) lohnende Ziele. Weinfeste werden am letzten Sonntag im April im Bopparder Hamm und am letzten Wochenende im September auf dem Marktplatz gefeiert.

Burgenromantik pur erlebt man entlang des Rheins. Oben: die Rheinschleife bei Boppard. Links: Burg Katz. Oben rechts: Burg Lahneck. Nachfolgende Doppelseite: Burg Katz mit St. Goarshausen.

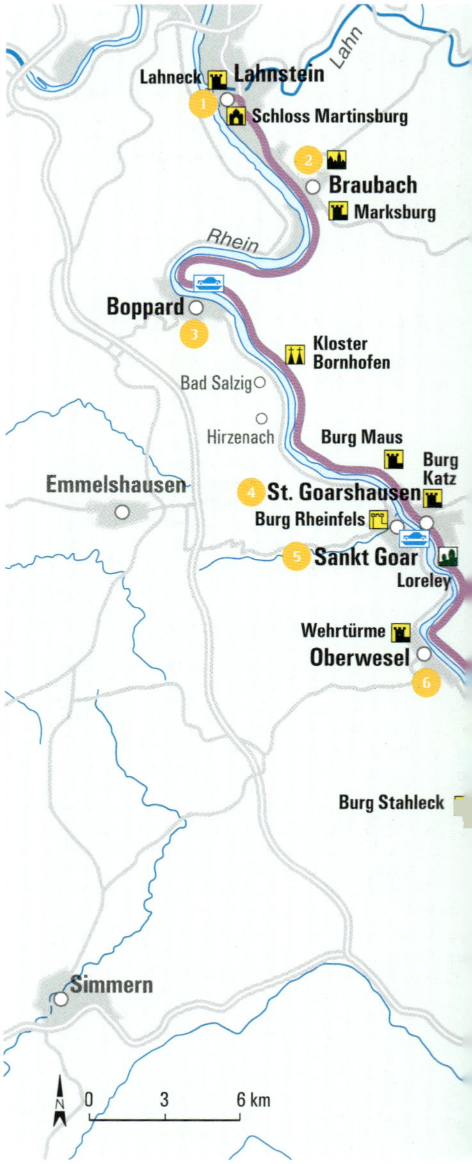

ABSTECHER: Schlangenbad
Das älteste hessische Heilbad bietet nostalgisches Kurambiente, moderne Wellnesseinrichtungen und Wanderwege durch den Taunus.
ABSTECHER: Mainz
Wenige deutsche Städte haben mehr Geschichte und Tradition zu bieten als das »Goldene Mainz«. Sein vom Barockstil geprägtes Stadtbild erhielt es im 17. und 18. Jahrhundert.
Nassau
Hahnstätten
BAD CAMBERG
Kettenbach
Michelbach
Idstein
Nastätten
Königstein
Niedernhausen
Bad Schwalbach
Taunusstein
Bad Soden
Mittelalterliche Stadtmauer
Burg Pfalzgrafenstein
Bacharach 8
Schlangenbad
WIESBADEN 23
Hattersheim
Main
Lorch 9
Kloster Eberbach
Kiedrich 20
Walluf 22
Schloss Biebrich
Burg Sooneck 10
Hattenheim 19
Eltville am Rhein 21
Hochheim 24
Flörsheim 25
Schloss Johannisberg 15
Oestrich-Winkel 16
Mariannenaue
Burg Reichenstein
Burg Rheinstein
Niederwalddenkmal
Rüdesheim 13
Rhein
Heidenfahrt
Assmannshausen 11
14
MAINZ
Bischofsheim
Burg Ehrenfels
Geisenheim
Kaiserpfalz
Bingen 12
Burg Klopp
Ingelheim 17
Ober-Olm
Gau-Algesheim 18
Stromberg
Kleinwinternheim
Rhein
= Rheinfähre

4 St. Goarshausen

Unterhalb dieses Ortes schiebt sich der sagenumwobene 133 Meter hohe Loreley-Felsen in den Strom, der deshalb früher eine gefährliche Engstelle war. Von dem Aussichtspunkt mit multimedialem Besucherzentrum bietet sich eine fantastische Sicht auf das Mittelrheintal. Die malerische Burgruine Katz der Grafen von Katzenelnbogen ist nicht zu besichtigen, auf Burg Maus jedoch, von den mit den Grafen verfeindeten Erzbischöfen von Trier errichtet, finden regelmäßig Konzerte, Weinproben und nach Anmeldung auch Führungen statt. Mitte September wird in St. Goarshausen die »Weingass« gefeiert.

5 St. Goar

Der Legende nach verdankt diese Ortschaft ihren Namen einem Einsiedler namens Goar, der sich im 6. Jahrhundert dort niederließ und ein Hospiz für die Rheinschiffer baute. Heute zieht St. Goar mit seiner malerischen Lage an einer der engsten Stellen des Mittelrheintals Ströme von Touristen an. Oberhalb des Ortes liegt – umgeben von Weinbergen – Burg Rheinfels, einst die mächtigste Festungsanlage im Rheintal. Die Reste der alten Wehranlagen können mit Taschenlampe erkundet werden. Außerdem gibt es in der Burg ein Heimatmuseum und im Ort ein Bären- und Puppen- sowie ein Lotsenmuseum.

6 Oberwesel

Immerhin 16 von den ursprünglich 21 Wehrtürmen der Ringmauer sind bis heute in dem reizvollen Städtchen mit seinen Wohnhäusern aus dem 16. bis 18. Jahrhundert erhalten. Die Frauenkirche (erbaut 1308–31) birgt eine kostbare Ausstattung, sehenswert ist vor allem die Barockorgel. Die riesige Schönburg oberhalb des Ortes ist ein Paradebeispiel für eine Ganerbenburg. Sie ist mit ihren drei Bergfrieden und Gebäuden so aufgeteilt, dass drei Zweige der Familie jeweils ihren eigenen Lebensbereich haben. Außerdem ist die Rebsorte Schönburger nach ihr benannt.

7 Kaub

Eine gut erhaltene mittelalterliche Stadtmauer umgibt den bedeutenden Weinort. Es gibt ein Lotsenmuseum und ein Museum für Feldmarschall Blücher, der hier in den Kriegen gegen Napoleon über den Rhein setzte. Überragt wird der Ort von der inmitten von Weinbergen liegenden Burg Gutenfels aus dem 13. Jahrhundert. Auf einer kleinen Felsinsel mitten im Rhein liegt der ehemalige Zollturm Pfalzgrafenstein, die »Pfalz bei Kaub«.

»ZU BACHARACH AM RHEINE…«

Mit diesen Worten beginnt die Ballade von Clemens Brentano über die Loreley, die die Schiffer mit ihrem Anblick ins Verderben lockt. Heinrich Heine hat mit seiner Ballade »Ich weiß nicht, was soll es bedeuten« Brentano den Rang abgelaufen. Der Volksmund hat seinen Liedanfang zum Dichten genutzt: »Zu Hochheim an dem Maine, zu Würzburg auf dem Steine, zu Bacharach am Rheine, das sind die besten Weine.«

8 Bacharach

Das idyllische, linksrheinisch gelegene Weinstädtchen wird von einer turmreichen Stadtmauer aus dem 16. Jahrhundert umgeben, innerhalb derer sich eine Fülle schöner Fachwerkhäuser finden; vor der Mauer reihen sich Weinstuben und Restaurants mit Panoramaterrassen. Das Wahrzeichen ist die romantische Ruine der Wernerkapelle. Über der Stadt thront Burg Stahleck, in der sich heute eine Jugendherberge befindet. Den wunderbaren Blick von der Aussichtsterrasse aus kann jedoch jeder genießen.

9 Lorch

Umrahmt von Weinbergen und Wäldern liegt das Städtchen in den Ausläufern des Rheingaus. Mitte Juli findet rund um das historische Restaurant Hilchenhaus ein Weinfest statt. Einen Besuch wert sind die Martinskirche mit einem Triumphkreuz aus dem 13. Jahrhundert und dem größten gotischen Schnitzaltar Deutschlands sowie das Robert-Struppmann-Museum, das vor allem sakrale Kunst wie die Lorcher Traubenmadonna zeigt. Im Hinterland führen Wanderwege durch das wildromantische Wispertal.

10 Trechtingshausen

Wie verschwenderisch am Rhein einst Burgen gebaut wurden, wird kaum irgendwo sonst so gut vor Augen geführt wie hier: Der hübsche kleine Ort wird nahezu erdrückt von der lang gestreckte Ruine der Burg Reichenstein, auf der sich einst der gewählte Erzbischof von Mainz gegen seine Feinde verschanzte. Südlich des Ortes liegt die kleinere, aber sehr romantische Burg Rheinstein, nördlich davon – und schon zum Nachbarort gehörend – Burg Sooneck. Alle drei können besichtigt werden und verfügen über Gastronomie; Reichenstein und Rheineck auch über ein Hotel bzw. Apartments. Oberhalb von Sooneck steht der Aussichtsturm Siebenburgenblick.

11 Assmannshausen

Das hübsche Fachwerkstädtchen ist eine von zwei Rotweininseln. In den

Linke Seite: Burg Pfalzgrafenstein, Kaub (oben); Burg Schönburg mit Liebfrauenkirche in Oberwesel (unten). Oben: Burg Stahleck, Bacharach. Kleines Bild: die Loreley. Unten: Oberes Mittelrheintal bei St. Goarshausen mit Loreleyfelsen.

Rebgärten des steilen Höllenberges, der sich hinter dem Ort erhebt, wachsen die Trauben des Spätburgunders, für den das Mikroklima hier besonders geeignet ist. Bei rund einem Dutzend örtlichen Winzern und in den zahlreichen, teils historischen Gasthäusern kann er verkostet werden. Einen Besuch wert ist auch die Pfarrkirche mit einem Altarbild aus der Schule Matthias Grünewalds. Außerdem kann man mit einer Sesselbahn in den Niederwald entschweben – ein schönes Wandergebiet, das trotz seines Namens tolle Aussichtspunkte hat.

WEINBAUGEBIETE AM RHEIN

Im Rheintal treffen gleich mehrere Weinbaugebiete aufeinander. Zum Rheingau gehören eigentlich nur die hessischen Weinlagen rechts des Flusses. Die rheinland-pfälzischen Regionen zwischen Bonn und Bingen werden zum Gebiet Mittelrhein gezählt. Linksrheinisch zwischen Bingen und Mainz erstreckt sich das Anbaugebiet Rheinhessen. Den Weintourist sollten die Grenzen jedoch nicht aufhalten.

12 Bingen

Das Wahrzeichen der Stadt an der Einmündung der Nahe in den Rhein ist Burg Klopp, deren Fundamente bis in die Römerzeit zurückreichen. Hier tritt der Rhein am Binger Loch eindrucksvoll in das Rheinische Schiefergebirge ein. Auf der linken Rheinseite thront Burg Ehrenfels (13. Jh.). Mitten im Rhein steht der Binger Mäuseturm, der in Verbindung mit Burg Ehrenfels als Wach- und Zollturm diente. Ende Mai findet auf dem Rochusberg die romantische »Nacht der Verführung« statt, ein Weinpicknick in den Rebhängen.

13 Rüdesheim

Der Weinort ist vor allem wegen der Drosselgasse berühmt, in der sich eine Weinstube an die andere reiht. Das Stadtbild prägen ehemalige Adelshöfe wie der Brömserhof und die Ruinen der Boosen-, Vorder- und Brömserburg aus dem 10. Jahrhundert. Letztere beherbergt heute das Rheingau-Weinmuseum. Hoch über dem Ort thront das Niederwalddenkmal, eine monumentale Germania-Statue, die 1883 zum Gedenken an die Reichsgründung 1871 errichtet wurde. Es kann zu Fuß, mit dem Auto oder der Zahnradbahn erreicht werden.

14 Geisenheim

Inmitten eines Weinbergs dieses schönen Rheinstädtchens steht Schloss Schönborn, ein Herrenhaus im Renaissancestil mit vier Ecktürmchen. Ein weiterer sehenswerter Renaissancebau ist das 1681–83 errichtete Schloss Kosakenberg. Das herausragende Gebäude des Weinorts, in dem auch die Forschungsanstalt für Wein- und Gartenbau angesiedelt ist, stellt der »Rheingauer Dom« dar. Der aus dem 16. Jahrhundert stammende Kirchenbau wurde 1837–39 erweitert und um die beiden neugotischen Westtürme ergänzt. Am Lindenplatz erfreut eine 700 Jahre alte Sommerlinde das Auge.

15 Johannisberg

Der Geisenheimer Stadtteil liegt inmitten der Weinberge und wird vom mächtigen Schloss Johannisberg beherrscht. Das einstige Kloster wurde im Laufe der Zeit zu einem exklusiven Weingut ausgebaut und verfügt über absolute Spitzenlagen. Im Schloss finden im Sommer Konzerte des Rheingau Musik Festivals und andere Veranstaltungen statt. Ansonsten haben Besucher Zugang zur Vinothek, dem Restaurant und der wiederaufgebauten Basilika. Der Ort verfügt außerdem über eine große Zahl anderer Weingüter und Straußwirtschaften. Zudem sind mehr als ein Dutzend Wanderwege durch die Weinberge angelegt.

16 Oestrich-Winkel

Das Wahrzeichen des fachwerkbunten Weinorts ist der historische Weinverladekran aus dem Jahr 1744. Schloss Vollrads mit Wohnturm und barockem Herrenhaus, seit Jahrhunderten Stammsitz der Familie Greiffenclau, ist heute Weingut und Restaurant mit angeschlossener Vinothek. Auf dem Friedhof der spätgotischen Kirche St. Walburga in Winkel liegt die Dichterin Karoline von Günderode begraben. Eine Besichtigung wert ist auch die weitgehend in ihrem ursprünglichen Zustand erhaltene romanische Basilika St. Aegidius im Ortsteil Mittelheim.

17 Ingelheim

Mit seiner prächtigen, einer römischen Villa nachempfundenen Kaiserpfalz war Ingelheim im frühen Mittelalter einer der wichtigsten Orte Deutschlands. Weil Karl der Große Burgunder liebte, wurde dieser hier angebaut. Darum ist Ingelheim bis heute eine Rotweinstadt. Der alten Pfalz kann man mithilfe eines gut gemachten Rundweges und eines kleinen Museums nachspüren. Die Weintradition halten gut drei Dutzend Weingüter hoch. Neben dem

Linke Seite: Burg Klopp in Bingen (oben) und Boosenburg in Rüdesheim (unten). Kleines Bild: Mäuseturminsel bei Bingen.

HILDEGARD VON BINGEN

Rund 30 Kilometer südlich von Bingen geboren, trat die berühmte Nonne ins Kloster Disibodenberg ein, dessen romantische Ruine noch heute zu besichtigen ist. Auch die alten Gewölbe des von ihr gegründeten Klosters Ruppertsberg können besucht werden. Das Erbe wird von der Benediktinerinnenabtei St. Hildegard gepflegt, die malerisch über Rüdesheim liegt und Weine vom eigenen Weinberg anbietet.

Unten: Weinkeller im Kloster Eberbach, einem ehemaligem Zisterzienserkloster bei Eltville. Auf demselben Anwesen wird der Steinberger Wein gekeltert. Kleines Bild rechte Seite: Mönchsdormitorium im Kloster Eberbach. Großes Bild rechts: Malerisch liegt das Weingut Schloss Vollrads in Oestrich-Winkel.

überregionalen Rotweinfest gibt es noch Anfang Mai das Frühlings-Weinfest und dann bis Ende August fast an jedem Wochenende irgendwo ein Hoffest.

18 Gau-Algesheim

Der charmante Ort mit seinen farbenfrohen alten Häusern liegt eingebettet in die Rebhänge am linken Rheinufer. Sehenswert sind der schöne Marktplatz, die barocke Wallfahrtskirche auf dem Laurenziberg und das Rheinhessische Fahrradmuseum. In der Umgebung gibt es viele schöne Wanderwege, z. B. auf dem geoökologischen Erlebnispfad oder durch das Naturschutzgebiet Gau-Algesheimer Kopf mit seinen Orchideen und geschützten Tierarten. Am zweiten Wochenende im Oktober wird das »Fest des jungen Weines« gefeiert.

19 Hattenheim

Hattenheim hat eine schöne Altstadt mit vielen prächtigen Winzerhöfen und anderen historischen Gebäuden zu bieten, aber auch einige der besten Weinlagen am Rhein. Eine Kuriosität sind die Rebgärten auf der Rheininsel Mariannenaue, wo das Weingut Schloss Reinhartshausen Chardonnay und Sauvignon Blanc anbaut. Vor allem aber ist das Staatsweingut Kloster Eberbach bedeutend. Das Zisterzienserkloster in einem kleinen Seitental des Rheins ist fast vollständig in seiner mittelalterlichen Anlage im romanischen und frühgotischen Stil erhalten geblieben. Nicht zuletzt deshalb war die Klosteranlage auch Drehort für die Verfilmung von Umberto Ecos Roman »Der Name der Rose«.

20 Kiedrich

Das kleine Dorf in den Hügeln des Rheingaus verfügt über erstklassige Lagen und eine Vielzahl von Weingütern mit teils fürstlichem Ursprung. Daneben weist es aber auch eine für seine Größe bemerkenswerte Anzahl von gotischen Kirchenbauten auf, so etwa die Pfarrkirche St. Valentin mit ihrer wertvollen Innenausstattung und einer der ältesten spielbaren Orgeln der Welt. Eine Besonderheit sind auch die Kiedricher Chorbuben (und -mädchen), die gregorianische Gesänge in einer altgermanischen Weise singen;

WEINFESTE

APRIL/MAI
»Rheingauer Schlemmerwochen«
Tel. +496723/99550 oder tourist@kulturland-rheingau.de

AUGUST
»Weinwoche« in Wiesbaden
Tel. +49611/313112 oder maerkteundevents@wiesbaden.de

eine weitere der Weinberg der Ehe, wo alle hier getrauten Paare einen Rebstock bekommen.

21 Eltville

Die malerisch zwischen Weinbergen gelegene Wein-, Sekt-, Rosen- und Gutenbergstadt wartet mit einer plantanenbestandenen Rheinpromenade und einer prächtigen Altstadt auf. Zu den Sehenswürdigkeiten zählen die kurfürstliche Burg mit der Gutenberggedenkstätte, die als Hotel genutzte Burg Crass, einige ehemalige Adelshöfe, viele Fachwerkhäuser und die Kirche St. Peter und Paul aus dem 14. Jahrhundert. Am ersten Novemberwochenende findet die Kappeskerb, das Weinlesefest, statt.

22 Walluf

Mit einer Erwähnung im Jahr 770 ist dieser Ort die älteste erwähnte Weinbaugemeinde im Rheingau. Auch heute noch gibt es eine Vielzahl an Weingütern und Straußwirtschaften. Beliebt ist der Weinprobierstand »Fässchen« am Rheinufer, an dem den Sommer über sechs örtliche Winzer ihre Erzeugnisse ausschenken. Walluf verfügt zudem über eine Vielzahl schöner alter Mühlen, von denen allerdings nur die Bugmühle ein noch drehendes Wasserrad besitzt.

23 Wiesbaden

Die hessische Landeshauptstadt liegt am Fuß der bewaldeten Höhen des Taunus. 20 Thermalquellen haben sie seit Römerzeiten zu einem beliebten Kurort werden lassen. Der Kurbezirk weist ein imposantes neoklassizistisches Kurhaus (1907) und die Kurhauskolonnade, die längste Säulenkolonnade Europas, auf. Nicht weit davon sind der Kochbrunnen, der 15 Thermalbrunnen zusammenführt, sowie das Kaiser-Friedrich-Bad mit hübscher Jugendstilausstattung zu finden. Im Stadtzentrum liegt das Stadtschloss, das seit 1946 der Sitz des Hessischen Landtags ist. Schräg gegenüber beeindruckt das Alte Rathaus (1610). Überragt wird das Bauensemble von der ziegelroten neugotischen Marktkirche.

24 Hochheim

In der kleinen Stadt zwischen Wiesbaden und Frankfurt ist ein Denkmal für die britische Königin Viktoria zu finden. Auch ein Weinberg ist nach ihr benannt. Die damalige Queen besuchte den Ort 1945 zusammen mit ihrem deutschen Ehemann. Seitdem ist »Hock« bei vielen Briten ein Synonym für Rheinwein. Auch die Mumm-Sekte haben hier ihre Wiege und werden in Hochheim produziert. Am ersten Juliwochenende gibt es ein Weinfest. Darüber hinaus hat Hochheim Fachwerkhäuser und die Kirche St. Peter und Paul zu bieten.

25 Flörsheim

Eingerahmt von Weinbergen, ist Flörsheim Anfangs- und Endpunkt der Rheingauer Rieslingroute. Die meisten Winzer finden sich im Ortsteil Wicker. Dort sowie in Flörsheim selbst gibt es im Sommer einen Weinprobierstand, den jede Woche ein anderer Winzer betreibt. Am ersten Augustwochenende wird ein Weinfest gefeiert. Einen Besuch wert ist auch die St.-Gallus-Kirche inmitten der historischen Altstadt.

WEINGÜTER

Wein- und Sektgut Goswin Lambrich
Das Familienweingut serviert zu edlen Tropfen passende Speisen.
Auf der Kripp 3
55430 Oberwesel-Dellhofen
Tel. +49 6744/80 66
http://weingut-lambrich.de

Weingut Peter Jakob Kühn
Das Demeter-Bio-Weingut, seit 230 Jahren in Familienbesitz, wurde zum Winzer des Jahres 2016 gewählt.
Mühlstraße 70
65375 Oestrich-Winkel
Tel. +49 6723/22 99
www.weingutpjkkuehn.de

Weingut Kloster Eberbach
Das ehemalige Zisterzienserkloster ist das renommierteste Weingut im Rheingau mit Gastronomie und Führungen durch das Klostergebäude.
65346 Eltville
Tel. +49 6723/672 360 460
http://kloster-eberbach.de

Schloss Reinhartshausen
Die Erzeugnisse können in der Vinothek im schönen Innenhof des Schlosses verkostet werden.
Hauptstr. 41
65346 Eltville-Erbach
Tel. +49 6123/750 48 13
www.schloss-reinhartshausen.de

Fleischer Weingut in Mainz
Das Traditionsweingut bietet eine umfangreiche Palette an Weinen sowie Liköre, Essig und Senf.
Rheinhessenstraße 103
55129 Mainz
Tel. +49 1631/597 97
www.weingut-fleischer.de

Weingut Künstler
Seit 1648 in Familienbesitz.
Die vielschichtigen Weine werden mit viel Engagement und großer Motivation hergestellt.
Geheimrat-Hummel-Platz 1a
65239 Hochheim am Main
Tel. +49 6146/838 60
www.weingut-kuenstler.de

Josef Spreitzer
Fanden die Weinproben vor einigen Jahren noch auf dem Wohnzimmersofa statt, gehört das Weingut mittlerweile zu den Top-Adressen im Rheingau. Riesling und etwas Spätburgunder.
Rheingaustraße 86
65375 Oestrich-Winkel
Tel. +49 6723/26 25
www.weingut-spreitzer.de

Robert Weil
Weil – der Name, der den Rheingau international bekannt gemacht hat. Zahlreiche prämierte Weine. Das puristisch-moderne Weingut lohnt einen Besuch.
Mühlberg 5
65399 Kiedrich/Rheingau
Tel. +49 6123/23 08
www.weingut-robert-weil.com

Balthasar Ress
Das alte Gutshauses bietet Platz für bis zu 120 Personen und verfügt über eine eigene Weinbar.
Rheinallee 7
65347 Eltville-Hattenheim
Tel. +49 6723/919 50
www.balthasar-ress.de

Prunkvolles Wiesbaden: Schloss Biebrich (links oben) und Innenraum der Kaiser-Friedrich-Thermen (darunter). Rechts und rechts oben: bei einer Desgustation.

NAHEWEINSTRASSE

Zwischen sonnigen Rebhängen und tiefen Wäldern verstecken sich kulturelle und historische Kleinode.

WEINROUTE 5

»Gemütlichkeit und Regionalität gepaart mit Modernität«, so wirbt das Nahegebiet für sich. Doch die Region hat weit mehr zu bieten als Wein. Entlang der Naheweinstraße gibt es zahlreiche Sehenswürdigkeiten zu bestaunen und zu entdecken. Aber auch ein ausgeprägtes Kulturprogramm lädt zum Besuch der Region ein. Tradition genießt im Nahegebiet eine große Wertschätzung. Zudem warten wahrlich historische Schätze auf die Besucher. Wer mag, kann die Naheweinstraße auch als Wanderer oder Radfahrer entdecken. Ausgeschilderte Wege machen die Orientierung einfach. Selbst mit dem Boot oder mit dem Kanu geht es auf Erkundungstour. Es muss nicht unbedingt das Auto sein – mit etwas mehr Zeit lässt sich die Naheweinstraße auch mit dem Rad erkunden. Denn die Tour ist als Rundkurs mit einigen Abstechern konzipiert und mit rund 130 Kilometern auch gut in einer Woche zu schaffen. Start- und Zielort ist Bingen, wo man sich auf die Spuren der großen Äbtissin Hildegard von Bingen begeben kann. Doch zurück zum Wein: Das Gebiet besitzt die größte Bodenvielfalt in ganz Deutschland. Experten gehen von knapp 200 Bodenvarianten aus, darunter Quarz, Phorphyr, Melaphyr und Bundsandstein an der mittleren Nahe, während im Umfeld von Bad Kreuznach Verwitterungsböden und Tonüberlagerungen aus Sandstein, Löss sowie Lehm vorherrschen.

Routenlänge: 130 km
Zeitbedarf: 2 Tage mit dem Auto, 7 Tage mit dem Fahrrad (inklusive Abstecher)
Start und Ziel: Bingen
Routenverlauf: Rundkurs; Abschnitte teils oder auch ganz mit dem Fahrrad oder auf dem Wasser möglich.
Bingen, Münster-Sarmsheim, Rümmelsheim (Burg Layen) Windesheim, Roxheim, Sponheim, Bockenau, Waldböckelheim, Daubach, Monzingen, Merxheim, Bad Sobernheim, Staudernheim, Odernheim, Bad Münster am Stein-Ebernburg, Bad Kreuznach, Langenlonsheim, Bretzenheim, Bingen

Auskünfte:
www.weinland@nahe.de
www.naheland.net

1 Bingen

Eine echte Heiligenstadt – wirkte hier doch die berühmte Äbtissin Hildegard von Bingen, der im Museum eine eigene Ausstellung und ein eigener Garten gewidmet sind und deren Leben, Werk und Wirkungsstätten an vielen Orten präsent sind. Auch sonst gibt es architektonisch und historisch viel zu entdecken in Bingen. Das beherrschende Gebäude der Stadt und der Sitz des Hauptamtes der Stadtverwaltung ist die Burg Klopp, während die Basilika Sankt Martin auf den Fundamenten eines römischen Tempels steht. Historische Überlieferungen und Legenden ranken sich um den Turm auf der kleinen Rheininsel vor Bingen. Der Name Mäuseturm, der 1516 erstmals belegt ist, leitet sich wohl von seiner Funktion als Wachturm ab. Ein anderes Wahrzeichen ist der Hafenkran – als erster nachweisbarer Landkran am Rhein zwischen Mainz und Köln wurde er 1487 errichtet. Und die Drususbrücke mit Kapelle (in einem Hohlraum östlich des ersten Brückenpfeilers am rechten Naheufer eingebaut) gilt als eine der ältesten Steinbrücken in Deutschland überhaupt. Die Kapelle kann besichtigt werden. Wer mehr in die Natur möchte, kann auf dem Erlebnispfad des Binger Waldes gehen oder beispielsweise bei der Baumgeister-Tour mitmachen.

2 Münster-Sarmsheim

In den Weinbergen, in denen der historische Turm Trutzbingen auf einem Schieferfelsen steht, gibt es fantastische Blicke ins Nahe- und ins Rheintal. Bei dem Turm handelt es sich um einen spätmittelalterlichen Geschützturm, der über eine eigene Befestigung verfügte. Dieser diente Ende des 15. Jahrhunderts als Zollsperre.

3 Rümmelsheim (Burg Layen)

Schon immer waren Rümmelsheim und die Burg Layen miteinander verbunden. Aufgabe der Burg Layen war vor allem der Schutz der Straße, die durch das verwunschene Trollbachtal vorbei an bizarren Felsformationen auf die Höhen führte. Im 12. Jahrhundert gebaut, 1680 wieder hergerichtet, stehen heute nur noch Reste der Burg. Im Burgkeller befindet sich die kleine,

Oben: Dorsheimer Goldloch; Bingen am Rhein; Binger Mäuseturm; kleines Bild: Burg Klopp.

ABSTECHER: Kirn

Am Südrand des Hunsrück liegt der Ort Kirn, der 841 erstmals urkundlich erwähnt wurde. Sein Wahrzeichen ist die Kyrburg mit einem Whiskymuseum (Tastings mit Dudelsackmusik!). In der Innenstadt finden sich Gebäude aus fünf Jahrhunderten wieder.

Simmern

Kirchberg (Hunsrück)

ABSTECHER: Simmern

Die Stadt hat einiges Sehenswertes zu bieten, z. B. das neue Schloss mit seinem Kulturzentrum. Vor allem aber kann man viele Ausflüge in die malerische Natur unternehmen. In der Nähe befindet sich mit dem Kloster Ravengiersburg ein schönes Fotomotiv.

aber feine »Trollbühne«, auf der verschiedene Kulturprogramme gezeigt werden – von Kabarett bis Theater. Für Wanderer gibt es eine Anbindung an die große Rhein-Nahe-Schleife. Auf der Rundtour geht es entlang der offenen Südhänge des Hunsrück mit Traumaussichten auf den Rhein. Die tolle Landschaft mit ihrem faszinierenden Trollbachtal bietet Ausblicke von den Höhen mit einer Fernsicht von bis zu 50 Kilometern.

4 Windesheim

Die im Guldenbachtal gelegene Weinbaugemeinde glänzt mit ihrem idyllischen Ortskern und der abwechslungsreichen Wald- und Weinlandschaft. Die hiesigen Winzer haben ihr Handwerk perfektioniert und sind international bekannt. Zu Ehren der deutschen Weinkönigin von 2014, Nadine Poss, haben die Windesheimer schließlich auch das einst so beliebte Weinfest wiederbelebt und veranstalten es alle zwei Jahre in den Weinbergen mit einer imposanten Lichtershow. Die Kultur kann sich ebenfalls sehen lassen im schmucken Windesheim, wo im orgelARTmusems Rhein-Nahe die Königin der Instrumente, die Orgel, beherbergt ist. An bestimmten Terminen treten hier Musiker von Weltruf auf. Das urige, privat geführte Uhrenmuseum ist eine einmalige Gelegenheit, die Faszination der Zeit und ihrer Messgeräte kennenzulernen. Auf dem »Baum-des-Jahres-Weg«, einem Rundweg mit von der Wodarzstiftung ausgezeichneten »Bäumen des Jahres«, kann man sich entspannen. Die Vitaltour »Wald, Wein & Horizonte«, ebenfalls in Windesheim, ist eine Alternative.

5 Roxheim

Die »Roxl-Wege« bieten schöne Rundwanderungen zu den Themen Wald oder Wein. Die netten Weinsprüche lassen einen den Weg gut gestimmt erleben. Auch zu Geologie und Entstehung der Region gibt es Wissenswertes zu erfahren. Und ein XXL-Stuhl lädt ein, die Aussicht zu genießen oder einfach nur eine Pause einzulegen. Tipp: Zum Ende hin geht es ordentlich bergauf. Für Kinderwagen oder Rollator gibt es einen längeren, dafür asphaltierten Weg in Richtung Verkehrsübungsplatz. Oben muss man dann nur noch links abbiegen.

6 Sponheim

Unbedingt sehenswert ist die Klosterkirche St. Martin und Maria. Wer die Möglichkeit zu einer Führung hat, sollte diese in jedem Fall wahrnehmen. Die Akustik in der Kirche ist einzigartig. Tipp: Vorher eine Pause einplanen und mit Glück eines der viel beachteten Konzerte erleben. Mit seinem Schlosstürmchen ist auch das alte Rathaus ein echter Hingucker. Direkt am Kleinbahn-Rundweg liegt die Kaffeemühle Sponheim. Dort geht es richtig urig zu – und zur Abwechslung gibt es Kaffee statt Wein.

7 Bockenau

Schön und historisch wertvoll ist in Bockenau das Kleinbahnmuseum mit einigen netten Exponaten, welches sich am Ortsausgang Richtung Waldböckelheim befindet. Da passt es, dass an Bockenau auch die Kleinbahn-Fahrradroute der Verbandsgemeinde vorbeiführt.

Links: Das Haus Müller in Monzingen im Renaissancestil mit seinen beiden Eckerkertürmchen und Hauben mit Spitzen.

»WEINWANDERWEG RHEIN-NAHE«

Insgesamt rund 100 Kilometer lang ist der »Weinwanderweg Rhein-Nahe«, der im Süden des Naturparks Soonwald-Nahe liegt. Er führt von Kirn bis nach Bingen an den Rhein. Man muss kein Wanderexperte sein, um die Strecke anzugehen, denn die Wege sind meist bequem zu erlaufen. Zahlreiche tolle Aussichtspunkte laden unterwegs zu einer Rast ein. Zudem gibt es schroffe Felsgruppen, sanfte Wiesenlandschaften und Wälder – und natürlich Weinberge zu bestaunen. Infos unter: www.weinland-nahe.de

8 Daubach

Durch die herrliche Natur rund um den Ort führen einige schöne Wanderwege. Neu angelegt ist der Pfad »Um die Wüstung«, der u. a. durch den Ort führt. Ein architektonischer Höhepunkt ist die evangelische Kirche, die in der zweiten Hälfte des 19. Jahrhunderts erbaut wurde. Damals prägte der Spätklassizismus die Bauweise, was bei diesem Gotteshaus aus Sandstein deutlich wird. Im Ort selbst befindet sich ein neu errichteter Glockenturm, der einen Blick wert ist.

9 Monzingen

Monzingen zählt mit seiner mehr als 1200 Jahre alten Geschichte zu den ältesten Weinorten an der mittleren Nahe. Jede Menge Charme versprüht der historische Ortskern. Die Fachwerkhäuser und die schmalen Gassen erinnern ein wenig an Rothenburg ob der Tauber. Auch wenn sich zahlreiche Fachwerkhäuser oftmals ähneln, so sind die beiden ältesten Gebäude im Ort doch sehenswert. Dabei handelt es sich um das Haus Weber (1574) und das Alt'sche Haus (1589). Tradition hat natürlich auch der Weinbau, der hier seit der Römerzeit gepflegt wird. Für Wanderer bietet sich oberhalb des Ortes ein Aussichtspunkt, der einen tollen Blick über das Nahetal ermöglicht.

10 Merxheim

Das idyllische Örtchen liegt gleich an zwei lohnenswerten Straßen: nämlich an der Naheweinstraße und der Deutschen Baum- und Alleenstraße. Das

Unten: Weinberge am Rand des beliebten Weinortes Monzingen.

alte Rathaus aus dem 15. Jahrhundert, das 2013 generalsaniert wurde, sollte auf jeden Fall einen Blick wert sein. Zwei ausgeschilderte Wege führen die Weinwanderer durch die Region.

11 Bad Sobernheim

Die Felke-Stadt Bad Sobernheim hat so einiges zu bieten. Aushängeschilder sind der Barfußpfad und das Rheinland-Pfälzische Freilichtmuseum im malerischen Nachtigallental, wo in über 40 Häusern die Geschichte und das Alltagsleben der Bevölkerung wieder lebendig werden. Dort geht es auf eine Entdeckungsreise durch rund 500 Jahre Geschichte. Ein historisches Bild bietet der Ortskern mit seinem Kopfsteinpflaster. Wer hungrig ist, dem sei das Restaurant »Denkmalz« mit Brauerei und selbstgebrautem Bier empfohlen. Anschließend könnte es in die ehemalige Kapelle gehen, in der man sehr imposante Blicke genießt, umringt von alten Kapellenfenstern.

12 Waldböckelheim

Zu den Höhepunkten von Waldböckelheim zählt die Bergkirche, die über dem Ort thront. Die neugotische Kirche mit ihren drei Schiffen, dem fünfseitig geschlossenen Chor und dem Westturm mit quadratischem Grundriss entstand in den Jahren 1863–1867 unter dem Kreuznacher Helmut Conradi. Die Orgel im Innern steht unter Denkmalschutz. Wer abends an ihr entlangfährt, wird von der imposanten Beleuchtung begeistert sein. Zeit zur Muße haben Besucher auf dem Welschberg, auf dem sich einige Sinnesbänke befinden und von wo der Blick frei über die Gemeine geht. Zwischen Waldböckelheim und Schlossböckelheim befindet sich der 29 Meter hohe Heimbergturm. Wer sich hinaufwagt, bekommt als Lohn einen fantastischen Blick über das Nahetal.

13 Staudernheim

Fortbewegung einmal anders: Wer nach Staudernheim kommt, sollte eine Sache nicht verpassen: eine Tour mit der Draisine. Auf der stillgelegten Glantal-Eisenbahnstrecke kann man mit den gemieteten Draisinen die reizvolle Landschaft zwischen Staudernheim und Altenglan genießen. Zu Fuß geht es über gut ausgeschilderte Wanderwege in die nähere und weitere Umgebung. Oder aber es geht auf den Weinbergsterrassen- und Orchideenpfad, der zu einem Aussichtsturm führt. Imposant sind auch die Bürgerhäuser aus dem 17./18. Jahrhundert im Ortskern. Ein weiteres Highlight ist die evangelische Kirche aus dem Jahr 1871. Und auf Angler wartet eine ca. acht Kilometer lange Flussstrecke.

14 Odernheim am Glan

In der Klosterruine Disibodenberg hat Hildegard von Bingen ihre ersten 39 Klosterjahre verbracht. Die Ruine liegt auf einer Anhöhe. Von hier haben Besucher eine freie Sicht über Nahe und Glan. Schon zur Zeit der Kelten gab es hier eine heilige Stätte, die Römer bauten einen Tempel. Jahrhunderte später legten Ausgrabungen in den 1980er-Jahren die Grundmauern frei und lassen erahnen, welch eine imposante Anlage der Jupitertempel einst war. Auch die Grundrisse der Klostergebäude aus der Zeit, als es Benediktinern oder später Zisterziensern diente, sind noch zu erkennen.

★★★ REMISCHEN

Hierbei handelt es sich um ein fein geblasenes, schlichtes und leicht konisches Glas, das einem halben Schoppen (0,2 Liter) entspricht und für die Naheregion üblich ist. Zur Wortherkunft: Im Französischen kann »remise« Schuppen bedeuten, und zwar einer, in dem früher der Wein in halben Schoppengläsern ausgeschenkt wurde. Remischen könnte auch vom lateinischen »remmissorium« kommen, dem Maß Wein, das die Mönche um 11 Uhr nach den Aufgaben des Vormittags trinken durften. Oder, ebenfalls aus dem Lateinischen, »remittere«, »zurückschütten«; wenn Gästen ein ganzer Schoppen zu viel war, schüttete der Wirt einfach einen Teil wieder zurück. Die französische Verkleinerungsform »remisensi-demi« stammt aus der Besatzungszeit im 18./19. Jahrhundert, als den Leuten ebenfalls ein ganzer Schoppen zu viel war.

Links: Blick nach Waldböckelheim mit seiner imposanten Kirche. Rechte Seite: Marktplatz von Bad Sobernheim (oben); Wehr mit alten Speicherhäusern in Odernheim am Glan (unten).

APOTHEKE
APOTHEKE

IDAR OBERSTEIN

Wer von Edelsteinen in Deutschland spricht, der denkt zwangsläufig auch an den Ort Idar-Oberstein. Das Deutsche Mineralienmuseum am Fuß der Felsenkirche bietet all das, was Idar-Oberstein bekannt und berühmt gemacht hat. Einheimische Gold- und Silberschmiede zeigen ihre Handwerkskunst. Zudem können Besucher die bundesweit wohl bedeutendsten Mineraliensammlungen bestaunen, u. a. mit den größten Überseemineralien Europas. Vis-à-vis der Deutschen Edelsteinbörse liegt das sehenswerte Edelsteinmuseum.

15 Bad Münster am Stein-Ebernburg

Von einem echten Kleinod der Bäderarchitektur vor der mächtigen Felsformation des Rheingrafensteins zu sprechen, ist keineswegs vermessen. Hier bietet sich im Kurmittelhaus die Möglichkeit einer Trinkkur zur Entgiftung mit den Wassern aus der Rheingrafenwelle, die bekannt ist für fluoridhaltige Natrium-Chlorid-Thermen. Die Burgstraße im historischen Burgdorf unterhalb der Ebernburg wird auch samt historischer Erlebnisgastronomie »Kurpfälzer Amtshof« die Meile der Straußwirtschaften genannt. Kultur bietet sich im Steinskulpturenpark und -museum. Dort beeindrucken große Steinskulpturen der Bildhauer Wolfgang Kubach und Anna Kubach-Wilmsen seit 1968

Besucher, mit denen der Versuch unternommen wird, den Bezug von Erde und Stein neu zu erleben. Zudem gibt es noch die Burgruine Rheingrafenstein oberhalb des Kurparks von Bad Münster am Stein.

16 Bad Kreuznach

Passend zur Route bieten im historischen »Dienheimer Hof« (Neustadt) 50 Winzer der Region jeweils drei Weine zu Hofpreisen an. Das historische Ambiente mit Gewölbekeller sorgt bei der Weinprobe für eine tolle Atmosphäre. Nur fünf Minuten entfernt befindet sich das Kulturviertel im Schlosspark mit seinem Museum und der Römerhalle samt gut erhaltenen Mosaikböden, die einmal einer Palastvilla gehörten. Stolz sind die Bürger vor allem auf ihr Wahrzeichen: die Alte Nahebrücke aus dem 15. Jahrhundert mit ihren historischen Brückenhäusern. Noch etwas Besonderes ist das Salinental zwischen Bad Kreuznach und Bad Münster am Stein. Ein wahres Freilichtmuseum der Salinengeschichte erstreckt sich auf den sechs jeweils mehr als einen Kilometer langen Gradierwerken, Wasserrädern oder Triebwerkgräben.

17 Bretzenheim

Keine 3000 Einwohner weist Bretzenheim auf, und doch reicht die Geschichte des Ortes zurück bis in die Jungsteinzeit (ca. 5000 v. Chr.). Bis heute lässt sich die Historie des Ortes nahezu lückenlos nachvollziehen. Eine der herausragenden Sehenswürdigkeiten ist die Felseneremitage. Diese Anlage diente in der Vorzeit als kultische Wohnanlage. Bis ins Jahr 1827 lebten Eremiten in den in den Felsen gehauenen Wohnungen. Unter Fachleuten gilt die Eremitage von Bretzenheim von als einmalig nördlich der Alpen. Die Anlage kann ganzjährig von außen ohne Führung besichtigt werden, oder nach vorheriger Terminabsprache (Tel. 0671/31723) auch von innen.

18 Langenlonsheim

Die historischen Wurzeln der Gemeinde Langenlonsheim reichen zurück bis ins Jahr 769. Die Naheweinstraße verläuft durch den gesamten Ort. Kleine Gassen und abgelegene Höfe gilt es zu entdecken. Natürlich prägt heute vor allem der Weinbau die Gegend um den Ort. Dennoch: Wer etwas Zeit mitbringt, kann sich auf ein ausgedehntes Wanderwegnetz freuen. Und wer mag, kann sogar eine Planwagenfahrt durch die Weinberge unternehmen.

WEINFESTE

MAI
»Sektfest« in Bingen
»Nah(e)bar« im Landhaus Markus Buchholz, Guldental

JULI
»Rebenbeben« in Wallhausen

AUGUST
»Nahegelage« in Bad Münster am Stein-Ebernburg

Die Wahrzeichen von Bad Kreuznach sind die Ende des 15. Jahrhunderts erbauten Brückenhäuser (links). Bad Münster am Stein-Ebernburg besitzt ein wunderschönes Kurmittelhaus (unten).

WEINGÜTER

Weingut Korrell Johanneshof
Die Weine sind markant und aus den Spitzenlagen rassig. Sehr gutes Preis-Leistungs-Verhältnis. Tipp: Das Weingut vermietet einen Weinbus für Feierlichkeiten.
Görzstraße 7
55545 Bad Kreuznach
Tel. +49 671/636 30
www.korrell.com
Mo–Fr 10–12 und 14–18 Uhr,
Sa 10–15 Uhr

Weingut Prinz Salm
Das Weingut der Prinzen zu Salm-Salm ist Deutschlands ältestes Weingut in Familienbesitz – seit 800 Jahren und in 32 Generationen. Es bietet Veranstaltungen und Proben, auch geführte Verkostungen in Schloss und Weingut an.
Schloss Wallhausen
Schlossstraße 3
55595 Wallhausen
Tel. +49 6706/ 94 44 11
www.prinzsalm.de
Mo–Fr 9–17, Sa 12–16 Uhr

Weingut Schlossgut Diel
Bekannt ist das Weingut vor allem für seine Top-Qualität bei Rieslingen und Burgundern und für seine sehr guten Sekte. Es befindet sich in siebter Generation in Familienbesitz.
Burg Layen 16
55452 Rümmelsheim
Tel. +49 6721/969 50
www.diel.eu
Mo–Fr 8–16 Uhr, Verkostungen nach vorheriger Absprache

Weingut Emrich-Schönleber
Das Weingut gehört zu den Spitzenbetrieben. Regelmäßig heimst die Familie mit ihren Tropfen Preise ein und erhält Top-Bewertungen.
Soonwaldstraße 10a
55569 Monzingen
Tel. +49 6751/27 33
www.emrich-schoenleber.de
Mo–Fr 8–12, 13.30–18
Sa 9–12, 13–16 Uhr

Weingut Hermann Dönnhoff
250 Jahre Tradition: Die zehn großen Lagen gehören zu den besten der Region. 80% Riesling, Reben bis zu 65 Jahre alt. Sehr elegante Weine, die weltweit einen ausgezeichneten Ruf genießen.
Bahnhofstr. 11
55585 Oberhausen an der Nahe
Tel. +49 6755/263
www.doennhoff.com
Mo–Fr 8.30–12 und 13.30–17 Uhr,
Sa. nach Vereinbarung

Weingut Tesch
Auf Wunsch gibt es Führungen und Wanderungen durch die Rieslinglagen. Weinproben werden in der eigenen Vinothek angehalten.
Naheweinstraße 99
55450 Langenlonsheim
Tel. +49 6704/930 40
www.weingut-tesch.de
Mo–Fr 8–18 Uhr und nach Vereinbarung

Weingut Joh. Bapt. Schäfer
Der puristische Weinstil zeigt schon länger Erfolg beim Jungwinzer des Jahres 2001. In vierter Generation führt Sebastian Schäfer das Weingut, das 2013 VDP-Mitglied wurde.
Burg Layen 8
55452 Rümmelsheim
Tel. +49 6721/435 52
www.jbs-wein.de
Öffnungszeiten und Besuch nach Vereinbarung

Links: Felsenberg und Felsentürmchen, Weingut H. Dönnhoff; Schloss Wallhausen, Weingut Prinz Salm. Rechts: Weingut Dönnhoff; Weingut Korrell.

RHEINHESSEN

Am linken Rheinufer reihen sich traditionsreiche Winzerorte wie Perlen an einer Schnur. Ein Streifzug durch Deutschlands größtes Weinbaugebiet.

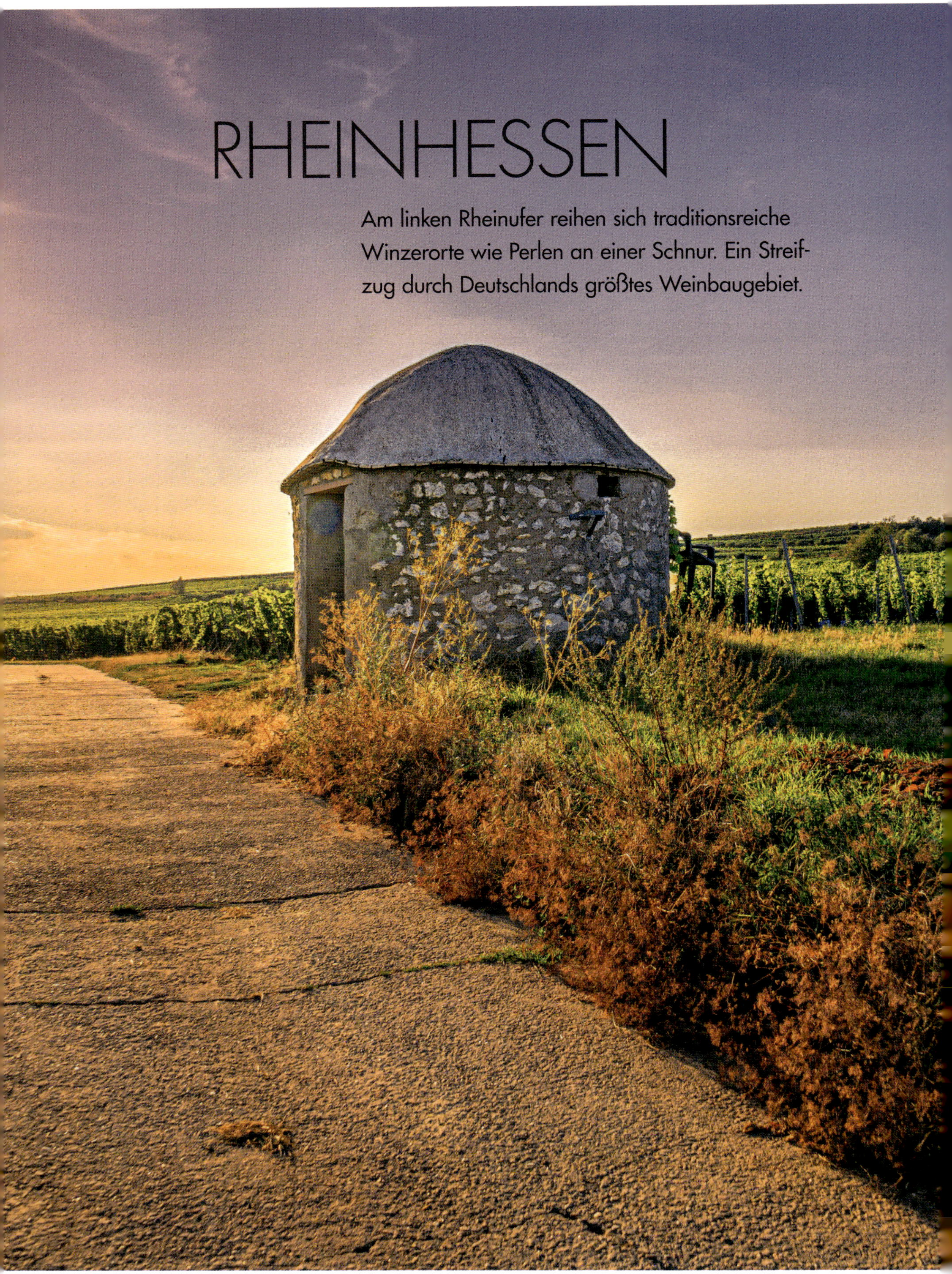

WEINROUTE 06

Das flächenmäßig größte deutsche Anbaugebiet beherbergt fast 3000 Winzer, die vor allem Weißweine (70%) produzieren. Allein Riesling, Müller-Thurgau, Grauer Burgunder und Silvaner machen 50% der Anbaufläche aus. Dornfelder und Spätburgunder dominieren bei den roten Rebsorten. Bekannt ist die Region Rheinhessen aber auch als Sekterzeuger. Mit dem Sekthaus Raumland aus Flörsheim-Dalsheim spielt Rheinhessen in der Champions League der Winzersekte. Die Weinroute startet im Norden in der rheinland-pfälzischen Landeshauptstadt Mainz, hangelt sich in Richtung Süden an der hessisch-rheinland-pfälzischen Landesgrenze sowie am Rhein entlang und streift im Westen die Naheweinstraße bei Bingen. Im »Land der tausend Hügel« warten einige Besonderheiten auf die Besucher. Allein Mainz, dessen Entstehung wie Worms auf die Römerzeit zurückgeht, ist mehr als eine Stippvisite wert. So ist hier unter anderem der Beweis des letzten Mohikaners erbracht: Im Mainzer Landesmuseum liegt ein Ur-Zahn, ca. zehn Millionen Jahre alt. Die Region gibt sich weltoffen, modern und temperamentvoll. Und wie treffend sprach der deutsche Schriftsteller Carl Zuckmayer (»Der Hauptmann von Köpenick«) von Rheinhessen von der »Völkermühle Europas« als Metapher für die wechselvollen Epochen Rheinhessens. Neben den Römern haben auch die Kelten, Franken, Juden und Franzosen die Region geprägt. Zahlreiche Sakralbauten werden heute anderweitig genutzt. So beherbergt etwa ein ehemaliges Nonnenkloster aus dem 13. Jahrhundert das Weingut Wasem.

Routenlänge: ca. 170 km
Zeitbedarf: 3 Tage
Start: Start- und Endpunkt ist Mainz
Routenverlauf: Mainz, Laubenheim, Nieder-Olm, Nierstein, Oppenheim, Dienheim, Guntersblum, Alsheim, Mettenheim, Bechtheim, Osthofen, Herrnsheim, Worms, Flörsheim-Dalsheim, Westhofen, Wonnegau, Eppelsheim, Alzey, Saulheim, Bingen, Ingelheim, Mainz

Besondere Hinweise: Mit Radwegen und Routen kombinierbar. Wer abkürzen möchte, kann von Alzey über Saulheim direkt zurück nach Mainz fahren.

1 Mainz

Der Startpunkt – und gleichzeitig auch das Ziel – der Route ist sicherlich einer der Höhepunkte, vereint die Landeshauptstadt von Rheinland-Pfalz doch jahrtausendealte Kultur und Lebensfreude. Hier sind ehemalige Kardinäle genauso Ehrenbürger wie der Schriftsteller Carl Zuckmayer, Adelsgeschlechter oder der Maler Marc Chagall. Ihren Besuchern bietet die 2000 Jahre alte Stadt römische Tempel, historische Bauwerke, Kirchen, Synagogen, Paläste und Museen. Wer mag, kann sich auch auf die Spuren des großen Erfinders Johannes Gutenberg begeben. Auf direktem Weg führt eine vom Tourismusamt ausgetüftelte virtuelle Route im Internet zu vielen Stationen Gutenbergs. Aber natürlich ist die Stadt live um einiges eindrucksvoller. Im Zentrum der Mainzer Altstadt befindet sich eines der ältesten Druckmuseen der Welt. Das im Jahr 1900 von Mainzer Bürgern gegründete Gutenberg-Museum ist dem »Mann des Jahrtausends«, seinen Erfindungen und in Sonderausstellungen auch deren Auswirkungen bis in die Gegenwart gewidmet. Erlebbar ist Mainz zudem im Rahmen von unterschiedlichen Stadtführungen. Wer auf eigene Faust unterwegs ist, der wird allein beim Anblick der blauen Fenster Marc Chagalls in der gotischen Hallenkirche St. Stephan einen meditativen Moment auskosten können. Das Mainzer Gesicht ist aber auch vor allem vom Dom St. Martin geprägt, in dem im Laufe der Zeit sieben Königskrönungen stattgefunden haben. Schließlich wurde Mainz ab dem Jahr 780 zum kirchlichen Zentrum nördlich der Alpen. Im Dom, dem der Petersdom in Rom als Vorbild diente, gibt es zahlreichen Führungen, für die man etwas Zeit mitbringen sollte. Als Gegengewicht zum Dom gedacht, ragt die 80 Meter hohe Kuppel der von Stadtbaumeister Eduard Kreyßig entworfenen Christuskirche architektonisch aus dem Stadtbild heraus.

2 Laubenheim

Laut dem »Codex Eberhardi« (12. Jahrhundert) ist Laubenheim unter dem Namen Nubenheim im Jahr 773 erstmals erwähnt. Die Gemeinde geht wie viele andere der Region wahrscheinlich auf die Franken zurück. Zudem weisen Reste von Wasserleitungen sowie Münz-, Gefäß, Grab- und Steinsargfunde auf die Römerzeit hin. Bei schönem Wetter reichen die Blicke von hier bis zum Taunus, ins Nahetal und nach Rheinhessen. An dem Ort führt auch der »Weinwanderweg Rhein-Nahe« vorbei. Diesen ein Stück weit entlang zu laufen, ist für Naturliebhaber äußerst lohnenswert.

Das Zentrum von Mainz bildet der rötlich schimmernde Dom St. Martin (rechts: Innenraum). Einen idealen Blick auf die Kathedrale bietet der weite Domplatz (großes Bild). Kleines Bild oben: Gutenberg-Museum.

ABSTECHER: Lampertheimer Altrhein *Im Dreiländereck Hessen/Baden-Württemberg/Rheinland-Pfalz gelegen, ist das Naturschutzgebiet ein Brutgebiet für zahlreiche bedrohte Vogelarten (Aussichtsplattformen zur Beobachtung oder mit der Fähre über den Altrhein).*

ABSTECHER: Hardenburg
Ein Mix aus Festung und Schloss, oder aber auch eine Burg, wie es der Name sagt: Die Hardenburg wurde Anfang des 13. Jahrhunderts als Höhenburg erbaut. Noch heute zeugen mächtige Mauern, Geschütztürme, Tore und Wehrgänge von der ehemaligen Funktion.

3 Nieder-Olm

Eine interessante und ungewöhnliche Entdeckungsreise wartet im Stadtkern. Dort sieht man zahlreiche Kunstwerke des Bildhauerehepaares Liesel und Johannes Metten, das zwischen 1977 und 2010 insgesamt acht Bronzeskulpturen im öffentlichen Raum installiert hat. Ein kleiner Kunstreiseführer zeigt die Route vom »Brezelfresser« zur »Gänseliesel«, von der »Schafherde mit Schäfer« zum Brunnen »Wasservögel« auf dem Rathausplatz und von der »Raupe« zur »Schneckenspur«. Dabei haben die Tierfiguren und Fabelwesen alle einen Bezug zur Stadt. Kultur ist auch auf dem Literaturweg erlebbar. Der Schriftsteller Wilhelm Holzamer (1870–1907) verbrachte seine Kinder- und Jugendjahre in Nieder-Olm und schrieb später u. a. in Paris und Berlin jene Erzählungen und Romane, die in seinem Heimatdorf spielen. Der »Wilhelm Holzamer-Literaturweg« soll die kulturgeschichtliche Bedeutung der Region bewusster machen. Start und Ziel der rund 18 Kilometer langen Strecke ist die Ortsmitte.

4 Nierstein

Hier wurde und wird noch immer Geschichte geschrieben. Denn ganz in der Nähe befindet sich die sogenannte »Glöck«. Dabei handelt es sich um die älteste namentlich bekannte Weinbergslage in Deutschland, vom fränkischen König Karlmann im Jahr 742 erstmals urkundlich erwähnt. International einen guten Ruf genießt das Paläontologische Museum. Bereits 1802 entdeckte man das »Sironabad«, ein keltisch-römisches Quellenbad und Heiligtum. Charakteristisch für die Gegend ist übrigens eine etwa 290 Millionen Jahre alte Tonschieferschicht, die allein schon wegen ihrer roten Farbe auffällig ist. Sehenswert sind zudem die Fachwerk-Adelshöfe rund um den Marktplatz und der Wartturm, von dem man einen schönen Blick auf die umliegenden Weinberge hat.

Links oben: Wanderweg in den Weinbergen; unten: Blick auf Oppenheim mit der Katharinenkirche.

5 Oppenheim

Die weithin sichtbare Katharinenkirche gehört sicherlich zu den schönsten gotischen Kirchen am Rhein zwischen Köln und Straßburg. Sie thront oberhalb der ehemals Freien Reichsstadt und wird nur von der Burgruine Landskron überragt. Vom Gründungsbau sind noch die Westtürme erhalten. Beeindruckend sind vor allem die mittelalterlichen Glasmalereien und die Bilder auf den Grabmälern. Auch interessant: die »Oppenheimer Unterwelt«, entstanden zwischen dem 12. und 17. Jahrhundert. In dem Kulturdenkmal führen zwei Rundwege unter dem Stadtkern durch Gänge und Keller. Die besondere Atmosphäre lässt sich bei einer Führung wunderbar erleben. Und im deutschen Weinbaumuseum gibt es Wissenswertes zum Wein.

6 Dienheim

Seit der jüngeren Steinzeit gilt Dienheim als ununterbrochene Siedlung – das belegen Gräber- und Bodenfunde. So lässt sich auch die Römerherrschaft ab dem 1. Jahrhundert lückenlos nachweisen. Und nachdem Oppenheim zerstört worden war, erhielt der Ort durch seine Posthalterei Ende des 17. Jahrhunderts zwischenzeitlich sogar überregionale Bedeutung.

7 Guntersblum

Zu den echten Besonderheiten in Deutschland zählen die sogenannten Heidenturmkirchen mit ihren charakteristischen Türmen, die ans Orientalische erinnern. Eines dieser Bauwerke steht in Guntersblum. Vor allem die zweitürmige Westfassade zeugt von Wohlstand. Der Nordturm (er steht übrigens ein wenig schief wie der Turm von Pisa) soll noch aus der Zeit des Ersten Kreuzzuges stammen: Untersuchungen haben ergeben, dass das genutzte Holz von einem im Jahr 1101 gefällten Baum stammt.

8 Alsheim

Nur ein paar Kilometer weiter südlich wartet mit St. Bonifatius in Alsheim eine weitere Heidenturmkirche. Sie ist die kleinste der vier in Rheinhessen und von einem parkähnlichen Friedhofsgelände mit altem Baumbestand umgeben. Mehr als einen Blick sind die aufwendigen Verzierungen und Dekorationen wert. Und bei einem Spaziergang durch den Friedhofspark gelangt man in eine wahrlich verwunschene Welt.

9 Mettenheim

Graf Kasimir von Wartenberg ließ im Jahr 1726 den Grundstein zu einem Residenzschloss legen, das mittlerweile zwar verschwunden ist, dessen Steine man aber eingemauert in viele Gebäude des Ortes wiederfindet. Der Umfang des Schlossgebäudes ist in dem heute als Garten, Weinberg und Wohnhaus genutzten Anwesen dagegen noch immer deutlich zu erkennen.

WEINFESTE

APRIL
»Trullo in Flammen«, Flonheim

MAI
»Scheu time«, Alzey
»Nacht der Verführung«, Bingen

JULI
»Weinfest im Kirchenstück«, Mainz-Hechtsheim

Etwas ganz Besonderes sind die sogenannten Hohlwege in Mettenheim (und auch in Alsheim). Mensch und Natur formten hier regelrechte durch Flüsse geschaffene Schluchten. Auf Wanderwegen sind nicht nur Flora und Fauna zu erleben, sondern auch teils unwirklich erscheinende, meterhohe Lößwände. Es gibt sechs Routen auf rund 30 Kilometer Länge, die mit einem Führer erlaufen werden können. Wer die Wege auf eigene Faust erkunden möchte, kann dies natürlich auch tun: In der »Krummsteighohl« und

Kleines Bild: Rathaus in Alsheim. Unten: Blick vom Rheinhöhenweg in Nierstein.

auf der »WeinAromaMeile« geben beispielsweise Infotafeln Interessantes preis.

10 Bechtheim

Zweieinhalb Kilometer westlich verläuft der Jakobspilgerweg in Richtung Santiago de Compostela, von dem zwei Wegeschleifen zum Ort führen. Wer stattdessen lieber den Weinwanderweg in Angriff nimmt, der findet entlang der Route immer wieder alte landwirtschaftliche Arbeitsgeräte mit einer kurzen Beschreibung ihres Einsatzgebietes. Dazu gibt es an einem Teilstück eine Pflanzung einzelner Reben mit den verschiedenen heimischen Weinsorten.

11 Osthofen

Ein Osthofen-Besuch mit der Besichtigung des NS-Dokumentationszentrums Rheinland-Pfalz sollte auf der Tour auf jeden Fall etwas mehr Zeit einnehmen. Kurz nach der Machtübernahme der NSDAP installierte das NS-Regime das Konzentrationslager. Vor allem politische Gegner, aber auch Juden, Zeugen Jehovas, Sinti und andere wurden zwischen dem Frühjahr 1933 und dem Sommer 1934 in einer ehemaligen Papierfabrik interniert. Im Unterschied zu anderen Konzentrationslagern, wie z. B. Dachau, wurde in Osthofen zwar niemand ermordet, gleichwohl wurden aber viele Menschen gequält und erniedrigt. Zudem mussten die Häftlinge in Worms und Umgebung als Zwangsarbeiter Dienst verrichten. Ganze Arbeitskommandos wurden außerhalb des KZ eingesetzt. Osthofen an sich eignet sich als Ausgangsbasis für Ausflüge, etwa auf dem »RheinTerrassenWeg«. Sehenswert sind auch die Kirche St. Remigius, der alte Ortskern mit historischem Rathaus und Kleiner Kirche sowie die Bergkirche mit Bergfriedhof auf dem Goldberg.

12 Herrnsheim

Das Schloss im Norden geht auf eine 1460 erbaute Burg zurück. Einige Hundert Jahre danach entstand an derselben Stelle ein barockes Schloss, das nur kurze Zeit später schwer beschädigt wurde – doch aus den Ruinen entstand das heutige Schloss im Empirestil. Es zählt zu den herausragenden seiner Art in Rheinland-Pfalz. Die Grünanlagen entsprechen einem Englischen Garten mit Wiesen, Teichen und Inseln. Im Café in der Orangerie aus dem 19. Jahrhundert lohnt eine Kaffeepause. Im gut erhaltenen Inneren des Schlosses fallen vor allem die Wand- und Deckenmalereien sowie die seltenen französischen Papiertapeten aus der ersten Hälfte des 19. Jahrhunderts mit einem Panorama von Paris ins Auge. Einzel- und Gruppenführungen sind möglich.

13 Worms

In der Nibelungen-Stadt ist Geschichte allgegenwärtig. Denn der Sage nach versenkte Hagen den Nibelungenschatz bei Worms im Rhein. So bietet sich die Nibelungenbrücke als idealer Ausgangspunkt für einen Stadtspaziergang an. An der Rheinpromenade, nur wenige Minuten vom Nibelungenturm entfernt, erinnert das Hagendenkmal an die berühmte Geschichte. Und natürlich gibt es auch ein passendes Museum. Nicht weniger prachtvoll sind der sehenswerte Dalberg-Hochaltar und der gotische Kreuzgang in der Kirche St. Paul aus dem 11.–13. Jahrhundert. Eine der ältesten Reformationskirchen Südwestdeutschlands ist die Magnuskirche, die in der Zeit um das 9. Jahrhundert gebaut worden sein soll. Und natürlich darf der Dom St. Peter nicht fehlen. Neben Speyer und Mainz ist die romanische Basilika einer von drei Kaiserdomen am Rhein. Am nördlichen Kaiserportal soll übrigens der legendäre Streit zwischen den Nibelungenköniginnen Kriemhild und Brünhild stattgefunden haben, der schließlich zur Ermordung Siegfried des Drachentöters führte. Wer etwas mehr Zeit hat, der sollte einmal im Leben die Nibelungen-Festspiele besuchen. In Worms gibt es darüber hinaus eine Menge weiterer historischer Kostbarkeiten. So ist der »Heilige Sand« der älteste jüdische Friedhof Europas. Mehr als 32 000 Grabinschriften sind dort erhalten. Und im Heylshofpark stand einst der Bischofspalast, wo sich Martin Luther 1521 gegenüber Kaiser Karl V. weigerte, seine Thesen zu widerrufen.

14 Flörsheim-Dalsheim

Die Gemeinde hat zwar nur 3000 Einwohner – dafür aber 30 Winzer. Welches Thema hier die Hauptrolle spielt, dürfte damit klar sein. Doch wer mag, kann in Flörsheim-Dalsheim mit der Frau des Nachtwächters an der Seite das Rheinhessen des 19. Jahrhunderts kennenlernen. Mit Laterne und Korb ist die junge Frau dabei unterwegs, weil sie mal wieder ihren Mann nicht finden kann, der eigentlich für Ruhe und Ordnung sorgen sollte. Aber auch

Links: der Dom St. Peter zu Worms. Oben: Weinberg Dalsheimer Hubacker mit Turm der Fleckenmauer.

WEINFESTE

AUGUST
»Herrnsheimer Weinsommer«, Worms
»Burgberg Under Vibes«, Ingelheim

SEPTEMBER
»Alzeyer Winzerfest«
»Binger Winzerfest«
»Rotweinfest«, Ingelheim

OKTOBER
»Fest des jungen Weines«, Gau-Algesheim

die Angetraute weiß eine Menge über den Ort. So zum Beispiel, dass Dalsheim einst keine Stadt war, sondern lediglich ein »Flecken« (ein Ort mit zentralörtlicher Bedeutung und Marktrecht) – daher auch der Name der aus dem 15. Jahrhundert stammenden, beinahe vollständig erhaltenen Fleckenmauer, die rund 1100 Meter lang ist, den Ortskern umschließt und bestiegen werden kann. Aus unbehauenen Kalksteinen gemauert, ist sie an der höchsten Stelle etwa zehn Meter hoch. Zudem gibt es an der Westseite einen Hexenturm und an anderer Stelle einen Untertorturm.

15 Westhofen

Beeindruckend präsentieren sich die zwölf Gewölbekeller in der Kellergasse. Diese dürften aus dem 16. und 17. Jahrhundert stammen und reichen bis weit unter den Marktplatz. Die Winzer nutzen noch heute einige der Keller (diese können zu bestimmten

***Oben und links:** Wein, so weit das Auge reicht; im Hintergrund ist jeweils der Ort Westhofen zu sehen.*

Zeiten besichtigt werden) zur Lagerung ihrer Weine. Der Pulverturm, ein runder Schalenturm, ist der letzte erhaltene Wehrturm der Ortsbefestigung, die einst aus sechs Toren, Gräben, einem Wall und einer turmbewehrten Mauer bestand. Sehenswert ist zudem barocke Hofanlage des Bürgerhauses sowie die noch sichtbaren Mauerreste des gotischen Saalbaus der ehemaligen Liebfrauenkirche aus dem 15. Jahrhundert.

»HIWWEL-ROUTE«

Die Hiwweltouren zeigen die schönsten Ecken der Region. »Hiwwel« heißt auf Rheinhessisch übrigens »Hügel«. Die verschiedenen Wanderstrecken sind zwischen sechs und 14 Kilometer lang und leicht bis mittelschwer. Unterwegs zeigen sich Ausblicke bis zum Horizont. Infos unter: www.rheinhessen.de/genusswandern-im-weinland

16 Wonnegau

Ein Rundweg der etwas anderen Art fällt im Wonnegau ins Auge und wird geprägt von zehn Künstlerinnen und Künstlern unterschiedlicher Stilrichtungen. Sie haben zehn Stromkästen gestaltet, um Leben und Abwechslung auf die tristen Kästen zu bekommen. Und aus römischer Zeit existiert im Ortsteil Heßloch auf dem Friedhof (direkt am Eingang) noch ein Frauengrab. Die Grabbeigaben im Sarkophag lassen auf einen Bestattungszeitpunkt im 3. Jahrhundert n. Chr. schließen.

17 Eppelsheim

Geschichte wird an diesem Ort lebendig. Im Dinotherium-Museum im Rathaus von Eppelsheim gibt es rund zehn Millionen Jahre alte Originalfunde aus dem Ur-Rhein bei Eppelsheim und Abgüsse bzw. Kopien seltener Fossilien zu bestaunen. Das Prachtstück der Sammlung ist der Schädelabguss eines 1835 erstmals in Eppelsheim geborgenen Dinotheriums (Deinotherium giganteum). Der Eintritt ist übrigens frei.

18 Alzey

Die Bewohner beschreiben ihren Ort gern als heimliche Hauptstadt Rheinhessens, die mit Cafés und kleinen Geschäften lockt. Mit seinen restaurierten Fachwerkhäusern sieht Alzey aber auch äußerst gemütlich aus. Das Wahrzeichen ist der weithin sichtbare Wartbergturm, der öfter zerstört oder eingefallen war, zuletzt aber 1989 erneut aufgebaut wurde. Der Bau des heutigen Museums der Stadt wurde im 16. Jahrhundert als Hospitalgebäude errichtet. Zu sehen ist aus der Bauzeit nur noch der seitlich vorgelagerte Treppenturm und die Fenstergewände. Denn während des Pfälzer Erbfolgekriegs im 17. Jahrhundert war das Hospital zerstört worden. Immerhin gelang es, das Gebäude in den Jahren 1747/48 in barocker Manier wiederaufzubauen. Der inhaltliche Schwerpunkt des Museums (der Eintritt ist frei) ist die Kultur- und Naturgeschichte des inneren Rheinhessen. Die Dauerausstellung gliedert sich dabei in die Themenbereiche Stadt- und Regionalgeschichte, Vor- und Frühgeschichte sowie Geologie und Paläontologie. Beeindruckend sind dabei vor allem die Jupitersäulen und Altäre in der Steinhalle. Wer mag, kann sich auch die vielleicht älteste der heutigen Kirchen, die Nikolaikirche am Obermarkt, ansehen, die wohl aus dem Jahr 1350 stammt, als die Kapelle erstmalig im Zusammenhang mit dem pfalzgräflichen Hof erwähnt wurde.

Kleines Bild oben: das Alzeyer Schloss; rechts: der Fischmarkt mit dem Renaissancerathaus (1586).

KELTENDORF AM DONNERSBERG

Im Gegensatz zu anderen Keltendörfern (vielerorts wurden schlichtweg Dörfer errichtet bzw. nachgebaut) verfolgten die Gründer auf dem Donnersberg in Steinbach das Zeil, ein Modell einer keltischen Siedlung zu sein. So wurden die Gebäude beispielsweise ohne Elektrowerkzeuge errichtet. Von einer Aussichtsplattform haben Besucher einen sehr guten Überblick über das Dorf. Bei Führungen durch die Siedlung erhält man die Möglichkeit, neben Informationen zur Geschichte auch selbst keltische Handwerkstechniken, wie z. B. Pfeilbau, Lederarbeiten, Feuer machen zu erlernen und sich kreativ zu betätigen. Auf dem Programm stehen auch zahlreiche Angebote für Kinder.
www.keltendorf-steinbach.de

19 Saulheim

Wer Saulheim erleben möchte, kann sich im Internet eine historische Karte anschauen und zu einem Rundgang mit den wichtigsten Sehenswürdigkeiten starten. So kommt man an der alten Synagoge und Vogtei genauso vorbei wie an den Orten der ehemaligen Pforten (durch diese führte der Weg im Mittelalter in den Ortskern) und dem Schloss von Dienheim. Im Heimatmuseum wird Geschichte lebendig.

20 Bingen

Besonders beliebt bei Einheimischen und Besuchern ist das Kulturufer. Seit der Landesgartenschau 2008 ist das Rheinufer in Bingen eine wunderbare Promenade mit sehr schönen Außengastronomien bei bester Aussicht auf den Rhein und die Weinberge im Rheingau.

21 Ingelheim

Hier wurde einst Weltgeschichte geschrieben. Denn bis ins 14. Jahrhundert war Ingelheim der Aufenthalts- und Regierungsort zahlreicher Kaiser und Könige. Zudem war die Kaiserpfalz in der Stadt eines der bedeutendsten früh- und hochmittelalterlichen Bauwerke. Das lag vor allem daran, dass Karl der Große Ingelheim als wichtige Destination für Reisen durch sein Reich auswählte. Ruinen und Überreste wie die Thronhalle mit Wendeltreppe zur staufischen Wehrmauer oder das Heidesheimer Tor aus dem 12. Jahrhundert sind Zeugen dieser vergangenen Zeit. Auch die einzige noch existierende Goldmünze (Solidus) von Karl dem Großen befindet sich Ingelheim. Ob Burgkirche, Fischerhaus, Bismarckturm oder die ehemalige Ortsbefestigung mit Türmen in Ober-Ingelheim – es gibt eine Menge Sehenswürdigkeiten. Geführte Stadtrundgänge lassen Besucher diese entdecken und in die Vergangenheit eintauchen.

Links oben: Reste der alten Stadtmauer in Ober-Ingelheim. Links unten: Die Burgkirche von Ingelheim ist eine spätgotische Wehrkirche.

WEINGÜTER

Weingut Gutzler
Michael und Christine Gutzler setzen auf starke Ertragsreduzierung für ihre Spitzengewächse. Sie legen zudem Wert auf die Harmonie zwischen der Natur, den Besonderheiten des Bodens und den Reben. Edle Obst-, Wildobst- und Tresterbrände sowie Sekte (traditionelle Flaschengärung) ergänzen das Sortiment.
Roßgasse 19, 67599 Gundheim
Tel. +49 6244/905 221
www.gutzler.de

Weingut Keller
Oberer Hubacker – kein anderer rheinhessischer Weinberg wurde in den vergangenen Jahren so oft ausgezeichnet wie die Spitzenlage der Kellers. Nicht selten werden vierstellige Beträge gezahlt. Bereits die Basisweine sind lohnenswert.
Bahnhofstraße 1
67592 Flörsheim-Dalsheim
Tel. +49 6243/456
www.keller-wein.de
Mo–Fr 9–12 und 13–17 Uhr,
Sa 10–15 Uhr (vorher anrufen!)

Sekthaus Raumland
Alljährlich absolute Spitzensekte, die sich hinter keinem Champagner verstecken müssen. Die am häufigsten und höchsten ausgezeichnete Sektkollektion Deutschlands.
Alzeyer Straße 134
67592 Flörsheim-Dalsheim
Tel. +49 6243/908 070
www.raumland.de
Neue Vinothek: Mo–Fr 8.30–17, Sa 10–13 Uhr und nach telefonischer Vereinbarung

Weingut Wittmann
Rund 15 Generationen und 350 Jahre Erfahrung bietet Familie Wittmann in Westhofen. Das Weingut ist seit 1990 biologisch zertifiziert, seit 2004 sogar biodynamisch. Verwendet wird selbst kompostierter Dünger. Ausdrucksstarke, raffinierte Weine.
Mainzer Str. 19
67593 Westhofen
Tel. +49 6244/905 036
www.weingutwittmann.de
Mo–Fr 9–17, Sa 11–15 Uhr
(vorher anmelden!)

Weingut Kühling-Gillot
Der Event- und Verkostungsbereich allein ist einen Besuch wert: Puristisches Design trifft Zeitgeist. Die Weine spielen in der deutschen Top-Liga, vor allem die Steil- und Steilstlagen. Ökologisch zertifiziert, biologisch-dynamisch und ohne künstliche Bewässerung. Carolin Spanier-Gillot wurde 2018 als Winzerin des Jahres ausgezeichnet.
Ölmühlstr. 25
55294 Bodenheim
Tel. +49 6135/23 33
www.kuehling-gillot.de
Mo–Fr 9–17, Sa 11–14 Uhr
(und nach Vereinbarung)

Weingut Braunewell
Drei Generationen kümmern sich auf dem Weingut um Detailverliebtheit und nachhaltigen Weingenuss. Bereits im 17. Jahrhundert war der Weinbau in der Familie beheimatet, die neben den Weinen erstklassige Sekte produziert.
Am Römerberg 34
55270 Essenheim
Tel. +49 6136/999 91 00
www.braunewell-wein.de
Mo–Fr 13.30–19, Sa 9–17 Uhr

Zu den Top-Adressen auf dieser Route gehören das Weingut Wittmann (links) und das Weingut Keller (rechts).

DEUTSCHE WEINSTRASSE

Als eine der ältesten touristischen Straßen des Landes besticht diese Strecke mit viel Sehenswertem, aber vor allem mit vielen edlen Tropfen.

WEINROUTE 7

Im Frühling säumen vielerorts rosa blühende Mandelbäume die Deutsche Weinstraße. Geschützt durch die Hügel des Pfälzerwaldes, herrscht in der Oberrheinebene ein einzigartig mildes Klima. Rund 1800 Sonnenstunden im Jahr lassen auch mediterrane Pflanzen wachsen und verwöhnen die rund 100 Millionen Rebstöcke, die in Deutschlands zweitgrößtem Weinbaugebiet gedeihen. Erstmals kam man hier 1935 auf die Idee, eine touristische Route entlang der bedeutendsten Weindörfer auszuweisen, weshalb diese den Namen »Deutsche« und nicht »Pfälzer« Weinstraße trägt. Streng genommen dürfen sich nur die Orte, die direkt an der ausgewiesenen Route liegen, nach der Weinstraße benennen, aber es empfiehlt sich, nicht sklavisch der Beschilderung zu folgen, sondern sich eine individuelle Strecke über schöne Dörfer, interessante Weingüter und malerische Burgen zusammenzustellen. Neben dem Auto taugt auch das Fahrrad als Fortbewegungsmittel. Der Radweg ist fast deckungsgleich mit der Autoroute; die meist nicht sehr steilen Hügel sind gut zu bewältigen. Der nördliche Teil bis Neustadt wird als Region Mittelhaardt bezeichnet. Hier sind die Böden magerer, trockener und speichern mehr Wärme. Sie bringen deshalb in der Regel weniger Ertrag, aber ausdrucksvollere Weine als die fetteren Böden der südlichen Weinstraße. Generell ist die Pfalz für ihre Rieslinge und Rieslingsekte berühmt.

Routenlänge: 85 km
Zeitbedarf: ca. 2 Tage
Start: Bockenheim
Ziel: Schweigen-Rechtenbach
Routenverlauf: in Nord-Süd-Richtung bis Bad Dürkheim (B 271,) dann auf kleinen Straßen westlich von Bundesstraße und Autobahn

Besondere Hinweise: Worms und Wissembourg sind zwei touristische Juwelen. Eine Fortsetzung über die Elsässische Weinstraße bietet sich an.

Auskünfte:
Deutsche Weinstraße e. V. Mittelhaardt
Martin-Luther-Straße 69
67433 Neustadt an der Weinstraße
Tel. +49 6321/912 333
verein@deutsche-weinstrasse.de

1 Worms

Untrennbar verbunden ist die 2000-jährige Kaiser- und Bischofsstadt am Rhein mit dem »Nibelungenlied«, worüber das Nibelungenmuseum informiert. Auch der romanische Dom aus dem 11. und 12. Jahrhundert ist eine wichtige Schöpfung des deutschen Hochmittelalters. Wo einst die Kaiserpfalz stand, besucht man heute den Heylshof (19. Jh.) mit exzellenten Kunstsammlungen. Im Norden der Altstadt liegt das ehemalige jüdische Viertel mit rekonstruierter Synagoge und Jüdischem Museum.

2 Bockenheim

Sehenswert ist in der katholischen Kirche St. Lambert die aus Lindenholz gearbeitete Traubenmadonna (Mitte 15. Jh). Sie stellt Maria mit dem Jesuskind auf dem Arm dar, das eine blaue Traube in seiner linken Hand hält, aus der es mit seiner rechten gerade eine einzelne Beere herausgelöst hat. Das Haus der Deutschen Weinstraße ist einem römischen Kastell nachempfunden. Von der oberen Plattform des Hauses aus hat man einen herrlichen Blick über Bockenheim, das Rebenmeer und die Oberrheinische Tiefebene bis zum Odenwald.

3 Grünstadt

Am 21. November 875 erstmals urkundlich erwähnt, war das malerisch am Rand des Pfälzerwaldes gelegene Grünstadt ab dem Jahr 1706 Residenzstadt der Grafen von Leiningen. Kurios ist: Die Linien Alt-Leiningen und Neu-Leiningen regierten jeweils abwechselnd für ein Jahr. Darüber informiert das Museum im Alten Rathaus. Heute gehört Grünstadt mit den zum Stadtgebiet gehörenden Ortsteilen Asselheim und Sausenheim zu den bedeutenden Weinbauorten der Deutschen Weinstraße. Die wunderbar gelegene Weinwanderhütte Asselheim ist ein beliebtes und lohnendes Ausflugsziel.

4 Dirmstein

Das hübsche Städtchen war schon im Mittelalter und der frühen Neuzeit ein Zentrum des Weinbaus und Sitz mehrerer begüterter Adelsfamilien, die hier eine Reihe schlossähnlicher Herrenhäuser errichteten. Im barocken Sturmfeder'schen Schloss sind heute die Gemeindeverwaltung und andere kommunale Einrichtungen untergebracht. Weitere Attraktionen sind die »Zweikirche« St. Laurentius, die Katholiken und Protestanten gemeinsam nutzen, zwei schöne Landschaftsparks, in denen im Sommer Musikveranstaltungen stattfinden, und natürlich die zahlreichen Weingüter.

5 Neuleiningen

Neu ist in Neuleiningen nicht viel. Schöne alte Häuser drängen sich im Schatten einer mächtigen Burgruine. Diese war im 13. Jahrhundert in Konkurrenz zum benachbarten und eben-

Oben: Hochaltar und Innenraum des Doms St. Peter in Worms; Ersteren schuf Johann Balthasar Neumann.

ABSTECHER: Pfälzerwald
Das größte zusammenhängende Waldgebiet Deutschlands wartet mit bizarren Felsen, Eichenbeständen, Edelkastanienwäldern, Burgen und Ruinen auf.

ABSTECHER: Speyer
Das UNESCO-Weltkulturerbe Speyerer Dom, das größte romanische Bauwerk Deutschlands, ist unbedingt einen Besuch wert. Ebenso ein Rundgang durch die schöne Altstadt.

falls sehenswerten Altleiningen gebaut und im Pfälzischen Erbfolgekrieg zerstört worden. Im Sommer gibt es dort Open-Air-Konzerte und Ende Juli, Anfang August das Burg-Weinfest. Darüber hinaus lohnt das malerische alte Gemäuer mit seinem Aussichtsturm, dem Heimatmuseum und der Burgschänke einen Besuch.

6 Dackenheim

Der beschauliche kleine Ort entwickelte sich zwischen fünf mittelalterlichen Klosterhöfen. Sehenswert ist die romanische Pfarrkirche St. Maria. Mit dem Dackenheimer Liebesbrunnen verfügt der Ort über eine der bekanntesten Reblagen an der Weinstraße. Am letzten Wochenende im Juli wird das Liebesbrunnen-Fest gefeiert. Einzigartig ist der große Golfplatz, der mit über 2000 Rebstöcken und Obstbäumen bepflanzt wurde. Am Rande des Platzes steht es Spielern wie Wanderern frei, von den Früchten zu naschen.

7 Herxheim am Berg

Mit der über 1000 Jahre alten Jakobskirche kann Herxheim eines der ältesten noch bestehenden Sakralgebäude der Pfalz aufweisen. Im Inneren finden sich die Reste mittelalterlicher Wandmalereien. Vom alten Schlossgarten hinter der Kirche genießt man einen legendären Blick weit in die Rheinebene hinein. Im Schatten der alten Bäume findet im Juli auch das Herzxheimer Wein- und Sektsymposium statt, das als eines der schönsten Weinfeste der Pfalz gilt.

8 Freinsheim

Freinsheim ist eine der größten Weinbaugemeinden in der Pfalz und die Heimat vor allem roter Reben. Wegen seiner schönen historischen Altstadt und der nahezu vollständig erhaltenen Stadtmauer wird es auch als das »Pfälzer Rothenburg« bezeichnet. Außerdem

Der Dürkheimer Wurstmarkt (links oben) und das traditionsreiche Gasthaus zur Kanne in Deidesheim (links unten).

wartet es mit einem Museum für historisches Spielzeug und dem kleinsten Theater der Pfalz auf, dem »Theader« in einem der alten Stadttürme. In der schönen Kulisse finden im Juni das Altstadtfest und im Juli das Stadtmauerfest statt, die beide im Zeichen des Weins stehen. Beliebt sind auch die kulinarischen Weinwanderungen je am letzten Januar- und Septemberwochenende.

DÜRKHEIMER REKORDE

In Dürkheim sind die Superlative der Weinwelt zu Hause. Es ist die größte deutsche Weinbaugemeinde. Hier findet Mitte September der Wurstmarkt statt, das größte Weinfest der Welt. Die Weinbergnacht im März, bei der Winzer Speisen und Getränke anbieten, ist die größte Open-Air-Weinprobe der Pfalz. Und das größte Weinfass der Welt würde 1,7 Millionen Liter fassen, wäre im Inneren nicht eine Weinstube eingerichtet.

9 Kallstadt

Viele Fachwerkhäuser und Winzerhöfe schmücken die Innenstadt rund um die Salvator-Kirche mit ihrem 36 Meter hohen Haubenturm. Mit dem »Kallstadter Saumagen« besitzt der hübsche Ort auch eine der Spitzenweinlagen der Pfalz, auf der vor allem Riesling angebaut wird. Beim »Fest der 100 Weine« im Mai oder der »Saumagenkerwe« im September kann man dann beides probieren: die Fleischspezialität und die Weine.

10 Bad Dürkheim

Die Kurstadt ist eine der größten Weinbaugemeinden der Pfalz, hat jedoch darüber hinaus viel zu bieten: Sehenswert sind z. B. die gotische Schlosskirche mit den vielen Grabdenkmälern und der schöne Kurpark mit dem längsten berieselten Gradierwerk Deutschlands. Rund um die Stadt lohnen die romantischen Ruinen der Benediktinerabtei Limburg und der mächtigen Hardenburg genauso einen Besuch wie das rekonstruierte römische Landgut Weilberg, der gut erhaltene antike Steinbruch am Kriemhildenstuhl, die keltische Heidenmauer und der Aussichtspunkt Drachenfels.

11 Wachenheim

Mit historischen Gebäuden, Weinstuben, Höfen und Türmen verströmt der Ort einen urigen Charme. Im Stadtkern blieben Teile der mittelalterlichen Stadtmauer erhalten, die man auf einem 1,5 Kilometer langen Rundgang besichtigen kann. Nordöstlich der Stadt wurde ein römisches Hofgut, eine sogenannte Villa rustica, ausgegraben. Wahrzeichen der Stadt ist die weitläufige Ruine der Wachtenburg, wo im Juni das Burg- und Weinfest stattfindet.

12 Deidesheim

In Deidesheim verköstigte früher Helmut Kohl hohe Staatsgäste mit Saumagen und edlen Tropfen. Von der langen Tradition des Weinbaus, die bis ins frühe Mittelalter, vielleicht sogar in die Römerzeit zurückreicht, zeugen viele prächtige alte Weingüter und Villen einst hier ansässiger Adelsfamilien. Im historischen Rathaus informiert das Museum für Weinkultur über die Geschichte. Auch der Schlosspark und der Kaisergarten sind sehenswert, ebenso die hübsche Altstadt rund um die gotische Pfarrkirche St. Ulrich. Von den zahlreichen Veranstaltungen ragen

Kleines Bild oben: Weinreben, so weit das Auge reicht, sieht man in Neustadt an der Weinstraße. Unten: die immer noch imposante Burgruine der einstigen Herrscher in Neuleiningen.

die Weinkerwe im August und die Geißbockversteigerung am Dienstag nach Pfingsten heraus.

13 Haßloch

Das »größte Dorf der Pfalz« ist vor allem für den Vergnügungspark »Holiday Park« bekannt. Sehenswert ist aber auch der Ort selbst mit seinen vielen Bürgerhäusern, den Fachwerkbauten und den verschiedenen Spalierpflanzen. Haßloch verfügt auch über einen Vogelpark, einen Badepark und eine Pferderennbahn. Im Mai finden die Leisböhler Weintage statt, im September das Andechser Bier- und Straßenfest und im Dezember der »Weihnachtsmarkt der 1000 Lichter«.

14 Neustadt an der Weinstraße

Lohnenswert ist ein Bummel durch die Neustädter Altstadt, die den größten Fachwerkbestand der Pfalz aufzuweisen hat. Besonders sehenswert ist der einem Pfälzer Sagenwesen gewidmete Elwedritsche- Brunnen am Marstallplatz: Von April bis Oktober gibt es

Statue des St. Martin mit Fachwerkhaus (links) und Altes Rathaus (unten) in Neustadt. Rechte Seite: Blick über Neustadt an der Weinstraße.

dort jeden Freitag für Touristen eine Weinprobe bei wechselnden Winzern, vor und während des Deutschen Weinlesefestes im Oktober – mit Wahl der Deutschen Weinkönigin und großem Festumzug – finden Stadtführungen auch an Sonn- und Feiertagen statt. Rund um die Stadt sind neben dem Hambacher Schloss noch die Wolfsburg, die Burg Winzingen und das Haardter Schloss eine Besichtigung wert.

HAMBACHER SCHLOSS

Der Name dieser imposanten Burg ist eng mit der deutschen Geschichte des 19. Jahrhunderts verbunden. Im Jahr 1832 versammelten sich rund 30 000 Menschen auf der von den Franzosen zerstörten Burg und protestierten vier Tage lang für mehr Demokratie und gegen Repressionen des bayerischen Königs, der damals auch die Pfalz beherrschte. Später ließ Maximilian II. von Bayern die Burg teilweise wiederaufbauen (www.hambacher-schloss.de).

15 Sankt Martin

Die kleine Gemeinde zu Füßen des Wingertsbergs mit seinen wunderschönen Weinterrassen weist einen hübschen, denkmalgeschützten Ortskern mit vielen alten Fachwerkhäusern auf. Das traditionsreiche Weingut »Herrengut St. Martin« befindet sich ebenfalls in der Ortsmitte. In der gotischen St.-Martinskirche, der der Ort seinen Namen verdankt, sind einige wertvolle Skulpturen zu finden. Auch der Martinstag am 11. November wird hier natürlich ausgiebig gefeiert. Daneben gibt es am ersten Wochenende im August eine Weinkerwe.

16 Edenkoben

Schon der Bayernkönig Ludwig I. erkannte die klimatischen Vorzüge des Dorfes mit seinem hübschen Ortsbild und ließ sich hier eine italienisch geprägte Villenanlage bauen, das heutige Schloss Ludwigshöhe. Dieses beherbergt eine Max-Slevogt-Galerie. Sehenswert ist auch die Pfarrkirche St. Laurentius (1740). Im Haus des ehemaligen Klosterschaffners befindet sich das Museum für Weinbau und Stadtgeschichte. Im Juni findet die Owwergässer Winzerkerwe mit Mittelaltermarkt statt, im September das Weinfest der Südlichen Weinstraße.

17 Rhodt unter Rietburg

In dem hübschen Ort stehen 80 Prozent der Bausubstanz unter Denkmalschutz. Ein Torbogen reiht sich an den anderen und lädt in Straußwirtschaften, Weinstuben und Restaurants mit

Pfälzer Spezialitäten ein. Über allem thront die Rietburg. Wer den wunderbaren Blick von dort ohne Mühe genießen will, kann dies per Sessellift tun. Eine Besonderheit ist hier der »Rhodter Piff«, ein Weinschoppen aus dem Liter-Glas. Zum »Fest des Neuen Weines« im September gibt es Livemusik. Im April findet das »WeinTestival&KunstFestival« statt.

18 Gleisweiler

Obwohl kein offiziell anerkanntes Bad, hat Gleisweiler eine Kurtradition als Kaltwasserheilanstalt und kann ein vom bayerischen Hofbaumeister Leo von Klenze errichtetes klassizistisches Kurhaus vorweisen. Ein Unikum ist die historische Walddusche, wo sich jeder, der will, öffentlich kalt abbrausen lassen kann. Vor allem aber ist Gleisweiler ein Weindorf. Mit der »Gleisweiler Hölle« besitzt es eine der besten Lagen der Südpfalz. Eine beliebte Wanderung führt auf den Teufelsberg, von wo man eine tolle Aussicht genießt.

Pittoresk liegt die Burganlage Trifels bei Annweiler (ganz unten). Unten: Kreuzgang der Augustinerkirche in Landau.

19 Landau in der Pfalz

Die flächenmäßig drittgrößte Stadt der Pfalz hat viel zu bieten: prächtige alte Bürgerhäuser, Reste einer Vauban'schen Festungsanlage, eine außergewöhnliche Jugendstilfesthalle, einen Zoo und viele Parks. Unbedingt anschauen sollte man sich auch das wunderschöne Frank-Loebsche-Haus mit seinen umlaufenden Galerien im Innenhof. Es wurde einst von Anne Franks Urgroßvater gekauft und dient heute als Ausstellungsraum. Im Oktober wird das Fest des Federweißen gefeiert.

20 Ilbesheim

Geradezu winzig nimmt sich das Örtchen mit dem schönen Fachwerkrathaus inmitten der endlos scheinenden Weinberge rundherum aus. Überall kann man hier Wein, Sekt und Edelbrände verkosten oder Weinbergführungen mitmachen. Besonders stolz ist man auf den historischen Wingert am Kleinen Kalmit. Der mit einer Kapelle geschmückte Kalksteinhügel ist teils Naturschutzgebiet, teils wird er für den Anbau von Weißburgunder genutzt, für den die Böden hier ideal sind. Ende Juli findet an der »Affenschaukel« mitten in den Weinbergen das urige Kalmitweinfest statt.

21 Annweiler am Trifels

Mit ihren hübschen Fachwerkhäusern und alten Gassen könnte die zweitälteste Stadt der Pfalz ein typischer Weinort sein, doch der Rebensaft spielt hier nicht die Hauptrolle. Bereits im Naturpark Pfälzerwald gelegen, ist Annweiler ein guter Ausgangspunkt für Wanderungen. Und dann ist da noch der Trifels, eine mächtige alte Reichsburg, die zusammen mit den Ruinen Anebos und Münz auf den Hügeln thront. Hier war einst der englische König Richard Löwenherz gefangen. Heute kann man in den Räumen Nachbildungen der Reichskleinodien bewundern.

22 Eschbach

In dem Weindorf zu Füßen des Rotenberges begegnet man auf Schritt und Tritt großen, bunten Eselsskulpturen. Denn weil die Ritter der Madenburg, von deren imposanter Ruine man einen wunderbaren Ausblick genießt, einst Mitglieder der Turniergesellschaft mit dem Esel waren, waren die Bewohner des Dorfes seit Langem von ihren Nachbarn mit den Grautieren geneckt worden. Sehenswert ist auch der Dorfkern mit schönen Brunnen und Renaissancehäusern.

23 Klingenmünster

Keimzelle dieses Weinortes war ein großes Reichskloster, das bereits im 7. Jahrhundert gegründet worden war, nach der Reformation aber aufgelöst wurde. Heute sind Reste der alten Bausubstanz harmonisch in den Ort integriert. Eine Parkanlage mit Blumen- und Kräuterlabyrinth, Obstwiesen, Bauerngärten und Niedrigseilgarten an der historischen Klostermauer lädt zur Erholung ein. Imposant präsentiert sich die Ruine der alten Stauferburg Landeck hoch über der Stadt. Sie ist ein beliebtes Ausflugsziel und im Juni Schauplatz eines Mittelalterfestes.

24 Gleiszellen-Gleishorbach

Das hübsche Fachwerkdorf ist die Hochburg des Gelben Muskatellers. Freunde dieser Rebsorte können hier die Erzeugnisse verschiedener Winzer vergleichen, die alle ihren eigenen Charakter haben. Am besten tun sie dies in einem der urigen Lokale, die sich entlang der romantischen Winzergasse im Ortsteil Gleiszellen reihen. Anfang September findet hier auch ein Weinfest statt, Mitte Oktober wird dem Federweißen gehuldigt. Sehenswert ist auch der »Kirchberg in Flammen« am Wochenende nach Fronleichnam.

25 Bad Bergzabern

Das Wahrzeichen der Stadt ist ein Renaissanceschloss mit außergewöhnlich kurzen, aber dicken Türmen, in dem einst die bayerischen Herzöge der Linie Pfalz-Zweibrücken residierten. Rundherum erstreckt sich eine schöne Innenstadt mit vielen alten Fachwerkhäusern und hübschen Gebäuden aus rotem Sandstein. Im örtlichen Kurviertel finden Gäste die Südpfalz-Therme mit Heilwasser aus der Petronella-Quelle und einen weitläufigen Kurpark mit einer Reihe seltener exotischer Bäume.

WEINFESTE

JULI
»Seebacher Kerwe« in Bad Dürkheim
»Weinwettstreit Grünstadt« in Grünstadt

AUGUST
»Weinbergwanderung« in Kallstadt

Weitere Informationen unter: www.deutsche-weinstrasse.de

26 Schweigen-Rechtenbach

Der Ort an der französischen Grenze wird durch das 18 Meter hohe Deutsche Weintor geprägt, das die Nationalsozialisten hier im Jahr 1935 errichten ließen, um für deutschen Wein zu werben, der damals einen dramatischen Preisverfall erlitt. Heute ist die empfehlenswerte Vinothek im Weintor Anlaufpunkt für Besucher. Es gibt ein Restaurant, regelmäßige Führungen rund um den Wein und diverse andere Veranstaltungen. Außerdem beginnt hier der älteste Weinlehrpfad Deutschlands.

27 Wissembourg

Auch wenn die Weinstraße an der deutsch-französischen Grenze endet, sollte man noch den Fluss Lauter überqueren und das wunderschöne Wissembourg in Frankreich besuchen. Rund um die prachtvolle Abteikirche St. Peter und Paul erstreckt sich eine gut erhaltene, mit Kanälen durchzogene Altstadt. Das Weinanbaugebiet, das eher dem der Südpfalz als des übrigen Elsass ähnelt, erstreckt sich vor allem westlich der Stadt. Der beste Anlaufpunkt für Weinproben ist die Winzergenossenschaft Cleebourg.

Oben: Weingut in Schweigen-Rechtenbach. Unten: die Abteikirche St. Peter und Paul in Wissembourg.

WEINGÜTER

Wachtenburg Winzer eG
Die mit 58 Winzerfamilien eher kleine Genossenschaft wurde vom Fachmagazin »Weinwirtschaft« zur besten Genossenschaft der Pfalz gewählt.
Weinstraße 2
67157 Wachenheim
Tel. +49 6322/979 80
www.wachtenburg-winzer.de

Weingut August Ziegler
Der fast 300 Jahre alte Familienbetrieb wurde 2015 von der DLG wiederholt zum besten deutschen Weinerzeuger gewählt. Die Brüder Ziegler experimentieren auch gern mit für die Pfalz ungewöhnlichen Sorten wie Shiraz, Cabernet Franc und Sauvignon Blanc.
Bahnhofstraße 5
67487 Maikammer
Tel. +49 6321/957 80
www.august-ziegler.de

Geheimer Rat Dr. von Bassermann-Jordan
Andreas Jordan führte Anfang des 19. Jahrhunderts den Qualitätsweinbau in der Pfalz ein. Sein auf drei Kinder aufgeteiltes Erbe führen heute neben Bassermann-Jordan auch die Weingüter von Winning und Reichsrat von Buhl weiter.
Kirchgasse 10
67146 Deidesheim
Tel. +49 6326/60 06
www.bassermann-jordan.de

Weinbau der Lebenshilfe
Das Weinbauteam der Lebenshilfe Bad Dürkheim bewirtschaftet eine Reihe erstklassiger alter Steillagen, auf denen viel Handarbeit gefragt ist. Die hochwertigen Bio-Weine der Winzer mit Behinderung brauchen sich vor keiner Konkurrenz zu verstecken.
Sägmühle 15
67098 Bad Dürkheim
Tel. +49 6322/938 135
www.lebenshilfe-weinbau.de

Dr. Bürklin-Wolf
Mit Wurzeln, die bis ins 16. Jahrhundert zurückreichen, ist dieses eines der ältesten Familienweingüter. Seit 2005 werden die vielfach prämierten Weine biodynamisch erzeugt.
Weinstraße 65
67157 Wachenheim
Tel. +49 6322/953 30
www.buerklin-wolf.de

Julia Schittler
Etwas weiter nördlich der deutschen Weinstraße gelegen, aber als Einstieg eine empfohlene Adresse. Julia Schittler führt die Tradition der beiden Familienweingüter Schittler und Becker erfolgreich fort und bringt frischen Wind in den Doppel-Betrieb. Eigene Gutsschänke, zahlreiche Veranstaltungen.
Hahnheimerstraße 30
55270 Zornheim
www.schittler-becker.de

Weingut Knipser
Ein großer Name an der Weinstraße. Die Erträge sind reduziert und liegen unter dem Gebietsschnitt. Erzeugt werden zu über 95 Prozent trockene Weine aus überwiegend klassischen heimischen Rebsorten. Dazu: Weine aus internationalen Rebsorten pfälzisch interpretiert.
Hauptstraße 47
67229 Laumersheim/Pfalz
Tel. +49 6238/742
www.weingut-knipser.de

Tina Pfaffmann
Authentisch präsentieren sich die Winzerin und das Weingut. Die moderne, aber auch gemütliche Vinothek steht für Besuche und Verkostungen offen.
Am Stahlbühl
76833 Frankweiler
Tel. +49 6345/949 66 95
www.tina-pfaffmann.de

Weingut Rings
Die Brüder Steffen und Andreas arbeiten im VDP-Weingut ehrgeizig im Berg und im Keller. Der Lohn: Jahr für Jahr ging es mit der Qualität aufwärts – die Fachpresse ist voll des Lobes. Zudem günstige 365-Tage-Weine aus Trauben befreundeter Winzer.
Dürkheimer Hohl 21
67251 Freinsheim
Tel. +49 6353/22 31
www.weingut-rings.de

Weinlese bei Bernkastel-Kues. Mit viel Liebe und Sorgfalt ernten die hiesigen Winzer die reifen Trauben.

BADISCHE WEINSTRASSE

Den Schwarzwald entlang und in einer Schleife um Kaiserstuhl und Tuniberg führt diese Route zu den schönsten badischen Weinregionen.

WEINROUTE 8

Badens Weine sind von der Sonne verwöhnt: Über die gesamte Länge des Landes ragen die Ausläufer von Odenwald, Kraichgau und Schwarzwald in die Oberrheinebene mit ihrem mildem Klima hinein. Auf den Hängen wachsen die Reben, für die Deutschlands drittgrößtes Anbaugebiet berühmt ist. Im Norden liegt die badische Bergstraße, die wegen ihres Klimas auch als »Riviera Deutschlands« bezeichnet wird. Die vielen, oft steilen Weinlagen wechseln sich mit Pfirsich-, Kirsch- und Mandelbäumen ab und werden in der Regel mit weißen Reben bestockt. Hier gedeihen Riesling und Silvaner, Weiß- und Grauburgunder. Zwischen Heidelberg und Karlsruhe schließt sich das sanfte Hügelland des Kraichgaus an, wo Weinliebhaber ein vielfältiges Rotweinangebot finden. Für die liebliche Ortenau zwischen Rastatt und Offenburg sind Spätburgunder, Riesling und Müller-Thurgau und der seltenere Rote Traminer charakteristisch. Der traditionell wohlhabende Breisgau zwischen Offenburg und Freiburg ist Deutschlands wärmste Region und damit Burgunderland. Auch Kaiserstuhl und Tuniberg, die sich zwischen Rhein und Breisgau erheben, sind sonnenverwöhnt und für ihre Burgunderweine berühmt. Südlich davon zieht sich schließlich die breite Ebene des Markgräferlandes bis zur Schweizer Grenze, auf deren Böden sich der ansonsten in Deutschland kaum vorkommende weiße Gutedel wohlfühlt.

Routenlänge: ca. 265 km
Zeitbedarf: ca. 4 Tage
Start: Laudenbach
Ziel: Weil am Rhein
Routenverlauf: am östlichen Rand des Rheintals von Norden nach Süden

Besondere Hinweise: alternative Routen am Kaiserstuhl und Tuniberg, zwei Parallelstrecken beim Markgräflerland (über Staufen und Badenweiler, Bad Krozingen und Müllheim)

Auskünfte:
Schwarzwald Tourismus GmbH
Heinrich-von-Stephan-Straße 8b
79100 Freiburg
Tel. +49 761/896 46 88
info@badische-weinstrasse.de
www.badische-weinstrasse.de

1 Laudenbach

Der kleine Ort an der Grenze zwischen hessischer und badischer Bergstraße markiert den Ausgangspunkt der Badischen Weinstraße. Er ist von einer Fülle kleiner Weinberge und Obstgärten umgeben, die sich auf terrassierten Hängen erstrecken. Die alten Pfade entlang der historischen Trockenmauern sind vor allem zur Zeit der Obstblüte bei Wanderern beliebt. Die Gegend ist auch für ihren Amphibienreichtum bekannt, weshalb am ersten Septemberwochenende die »Froschkerwe« stattfindet.

2 Weinheim

Auf die Zwei-Burgen-Stadt erhoben lange Zeit sowohl das Kloster Lorsch als auch die Pfälzer Kurfürsten Ansprüche. Von der Herrschaft der Lorscher zeugt die malerische Burgruine Windeck hoch über der Stadt, von der Präsenz der Kurfürsten das Weinheimer Schloss. Die zweite Burg, die Wachenburg, entstand erst zu Beginn des 20. Jahrhunderts im neogotischen Stil. Darüber hinaus verfügt Weinheim über eine schöne Altstadt mit fränkischen Fachwerkhäusern, ein Arboretum, in dem dank des milden Klimas viele exotische Bäume wachsen, sechs Mühlen, einen Stauden-Schaugarten und eine alte Silbergrube.

3 Heidelberg

Wo der Neckar den Odenwald verlässt und in die Rheinebene eintritt, liegt sehr reizvoll die einstige Residenz der Pfälzer Kurfürsten und älteste Universitätsstadt Deutschlands. Die wechselhafte Geschichte zeigt mit exquisiten Sammlungen das Kurpfälzische Museum. Im Wesentlichen eine Schöpfung des 18./19. Jahrhunderts, ist das weltbekannte romantische Stadtbild Alt-Heidelbergs besonders schön vom Philosophenweg am Sonnenhang des Heiligenbergs aus zu sehen. Dominiert wird die Stadtidylle vom hoch gelegenen Schloss, einer Ruine, die man sich imposanter und malerischer nicht vorstellen kann.

4 Bruchsal

Die Stadt am westlichen Rand des Kraichgaus diente zeitweise den Fürstbischöfen von Speyer als Residenz, wovon ein imposantes, von Balthasar Neumann errichtetes Barockschloss,

Oben: Altstadt von Heidelberg mit Schlossruine, Karl-Theodor-Brücke und Heilig-Geist-Kirche. Links: Heidelberger Kornmarkt mit Schlossruine. Unten: Gartenfront von Schloss Bruchsal.

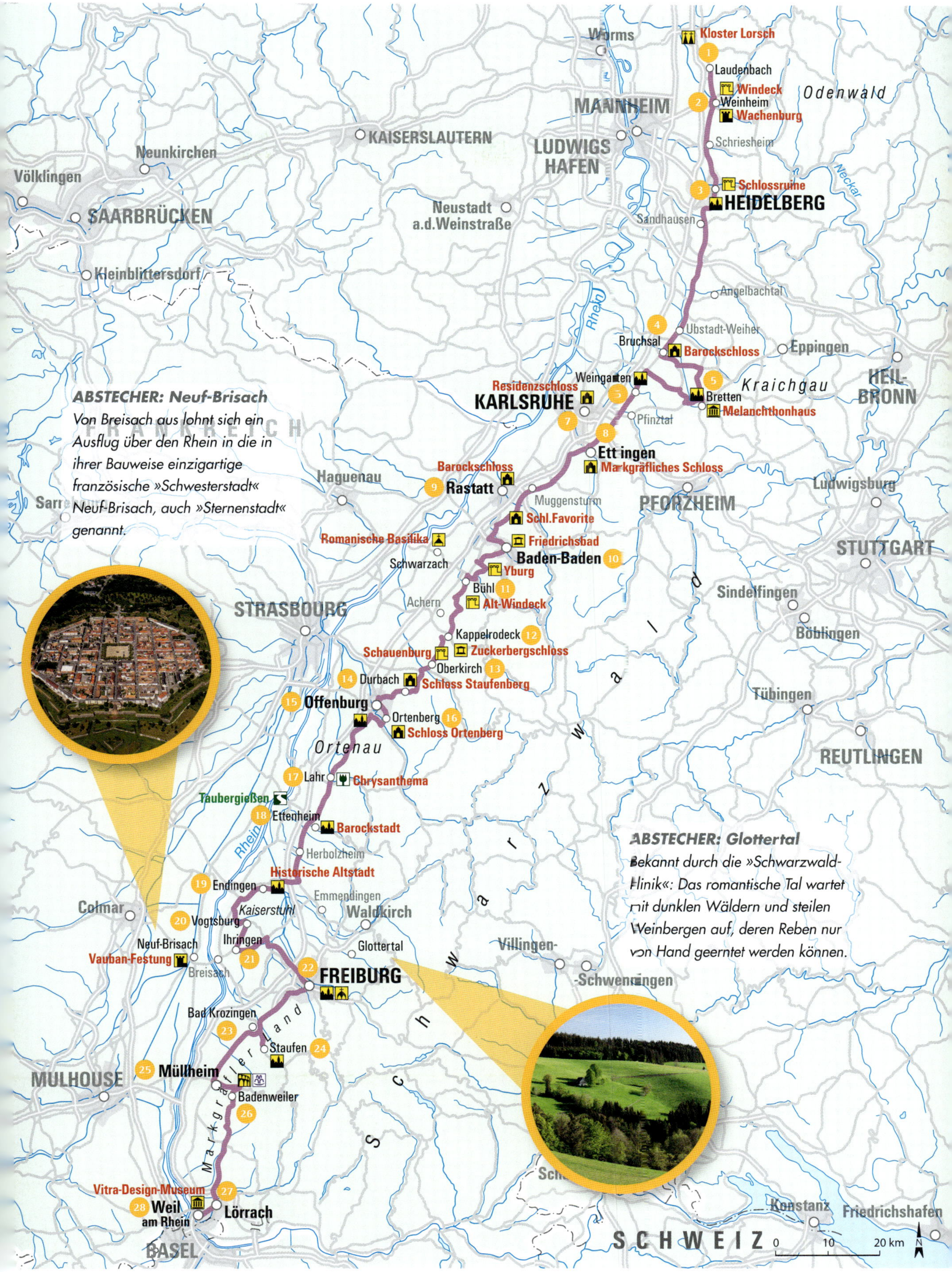

ABSTECHER: Neuf-Brisach

Von Breisach aus lohnt sich ein Ausflug über den Rhein in die in ihrer Bauweise einzigartige französische »Schwesterstadt« Neuf-Brisach, auch »Sternenstadt« genannt.

ABSTECHER: Glottertal

Bekannt durch die »Schwarzwald-Klinik«: Das romantische Tal wartet mit dunklen Wäldern und steilen Weinbergen auf, deren Reben nur von Hand geerntet werden können.

die Pfarrkirche St. Peter und das von einem großen Park umgebene Lustschlösschen Belvedere zeugen. Dort sind u. a. das Stadtmuseum und eine Zweigstelle des Badischen Landesmuseums zu besuchen. Außer für Wein ist Bruchsal auch für seinen Spargel bekannt. Hier findet Ende Mai einer der größten Spargelmärkte Europas statt, wo das Edelgemüse mit heimischen Weinen verkostet werden kann.

5 Bretten

Eingebettet in die Hügel des Kraichgau wartet die Geburtsstadt Philipp Melanchthons mit einer wunderschönen alten Innenstadt mit zahlreichen Fachwerkhäusern auf. Direkt am Marktplatz befindet sich das neogotische Melanchthon-Museum, das an der Stelle des zerstörten Geburtshauses des Reformators errichtet wurde. Wahrzeichen der Stadt ist der Mops am Hundles-Brunnen. Auf Kinder wartet der größte Streichelzoo Deutschlands.

6 Weingarten

Alle zwei Jahre findet Anfang September das Weingartener Weinfest statt. Doch auch darüber hinaus lohnt die hübsche Fachwerkstadt einen Besuch. Durch die Rebgärten am Katzenberg führen drei verschieden lange Wanderungen, die mit zahlreichen Infotafeln rund um den Weinbau bestückt sind. Die dort angebauten Gewächse – vor allem aus der Burgunderfamilie, aber auch Riesling und Müller-Thurgau – können bei der heimischen Winzergenossenschaft verkostet werden.

7 Karlsruhe

Am 17. Juni 1715 legte Markgraf Karl Wilhelm von Baden den Grundstein zu einem achteckigen Turm, der als Mittelpunkt einer radial angelegten Stadt Symbol seiner fürstlichen Gnadensonne sein sollte. Wie Speichen

Prunkvolle Anlagen (links, v. oben n. unten): Schloss Favorite in Rastatt, Hotel Bühlerhöhe in Bühl, Schloss Rastatt, Trinkhalle Baden-Baden.

von der Nabe eines Rades wurden vom Turm aus 32 schnurgerade Straßen in alle Himmelsrichtungen gezogen sowie durch einen kleineren und einen größeren Kreis eingefasst. Planmäßig wuchs darauf wie auf einem Fächer die barocke Fürstenstadt, deren ursprünglicher Grundriss erhalten blieb. Die weitläufigen Räume des Karlsruher Schlosses beherbergen das Badische Landesmuseum.

8 Ettlingen

Prächtigstes Gebäude des hübschen alten Städtchens ist das markgräfliche Schloss (16.–18. Jh.) mit der von Cosmas Damian Asam 1732 ausgemalten Schlosskapelle (»Asamsaal«). Das Museum für Ostasiatische Kunst im Schloss zeigt großartige historische Lackarbeiten. Im Rahmen der Schlossfestspiele werden jedes Jahr von Juni bis August Theateraufführungen, Musicals und Stücke für Kinder gezeigt, vorwiegend als Open-Air-Veranstaltungen im Schlosshof.

9 Rastatt

Das »Versailles am Oberrhein« ließ Markgraf Ludwig Wilhelm von Baden, der »Türkenlouis«, ab 1697 errichten. Der stattliche Barockbau mit seiner 230 Meter langen Gartenfront orientiert sich weitgehend am Vorbild Versailles und bezieht auch die angrenzende Innenstadt in seine Symmetrieachse mit ein. Sibylla Augusta, die Witwe des Markgrafen, ließ ab 1710 das barocke Lustschloss Favorite erbauen. Einen Besuch lohnt auch die romanische Basilika im Ortsteil Schwarzach des südlich davon gelegenen Rheinmünster.

10 Baden-Baden

Durch die Eingemeindung der Ortschaften Varnhalt, Steinbach und Neuweier wurde Baden-Baden mit einer Rebfläche von 325 Hektar zu einem der größten geschlossenen Anbaugebiete in Deutschland. Der mondäne Kurort an der Oos lebt immer noch ganz von der Pracht vergangener Zeiten. Links der Oos errichtete Friedrich Weinbrenner 1821–23 das Kurhaus, in dem sich heute auch das berühmte Kasino befindet. Rechts der Oos zieht sich die mittelalterliche Altstadt den Berg hinauf. Dicht beieinander: das prunkvolle Friedrichsbad (1869 bis 1877) und die Caracalla- Therme.

11 Bühl

Zwei Produkte der Großen Kreisstadt sind überregional bekannt: die Bühler Zwetschgen und die Affentaler Weine der Genossenschaftskellerei. Sehenswert sind aber auch die schönen Fachwerkhäuser des Hänferdorfs, des ältesten Stadtviertels von Bühl, die neugotische Pfarrkirche St. Peter und Paul, die Barockkirche Kappelwindeck und die romantische Burgruine Alt-Windeck. Rund um Bühl führen Info-Wanderwege durch Weinberge und die herrlichen Obstgärten.

DER ENGELFELSEN

Weinbau an einem Hang mit bis zu 75 Grad Steigung? Oberhalb von Bühlertal, dem Engelsberg, wird seit rund 800 Jahren edler Spätburgunder angebaut. Besucher der Gegend können die steilste Weinlage Europas von Anfang April bis Ende Oktober auf einem Wander- und Klettersteig erkunden, der vom Förderverein Engelsberg angelegt worden ist (www.buehlertaeler-engelsberg.de).

12 Kappelrodeck

In der kleinen Gemeinde im Achertal kommen nicht nur Weinliebhaber auf ihre Kosten. Hier, am Rande des Schwarzwalds, sind auch diverse Brennereien ansässig und verwandeln heimisches Obst in Edelbrände. Eine besondere Spezialität ist der »Zibärtle«, der aus einer kleinen, aber hocharomatischen Pflaumensorte hergestellt wird. Bei Schlemmern sehr beliebt ist das romantische Zuckerbergschloss. Von einem Steinbruchbesitzer Ende des 19. Jahrhunderts gebaut, beherbergt es ein Café und ein Restaurant.

Oben, kleines Bild: Reich verziertes Eingangsportal von Schloss Ettlingen. Unten: Weinhänge des Winzerkellers Hex vom Dassenstein eG.

13 Oberkirch

Erstmals im 11. Jahrhundert erwähnt, besitzt dieser historische Ort seit dem Jahr 1326 Stadtrechte und wurde bis auf wenige Unterbrechungen 500 Jahre lang von den Straßburger Bischöfen beherrscht, bevor er 1803 zu Baden dazukam. Wahrzeichen ist die aus dem Mittelalter (11. Jh.) stammende Ruine Schauenburg. Im Ortsteil Tiergarten befindet sich außerdem die Ruine Ullenburg, wo Johann (Hans) Jakob Christoffel von Grimmelshausen, Verfasser des »Simplicissimus«, nach dem Dreißigjährigen Krieg Burgverwalter war.

14 Durbach

Dieser beschauliche Ort östlich von Offenburg lebt vom Wein. In den Rebbergen, die sich an die Hänge Dutzender kleiner Täler schmiegen, sind knapp 300 Mitglieder der örtlichen Winzergenossenschaft sowie elf Inhaber privater Weingüter tätig. Die meisten sind mehrfach prämiert. Wahrzeichen ist die über dem Ort thronende, imposante Burg Staufenberg, wo das ehemals regierende Haus Baden die »Markgräfliche Badische Weinkellerei« betreibt. Entsprechend viele Events rund um den Wein werden das ganze Jahr über angeboten.

15 Offenburg

Die 1148 erstmals urkundlich erwähnte Hauptstadt der Ortenau wird oft als »Tor zum Mittleren Schwarzwald« bezeichnet. Die sehenswerte Innenstadt wartet mit zahlreichen prächtigen Barockgebäuden auf. Zu den schönsten gehören das barocke Rathaus am Marktplatz und der Königshof, der heute eine Polizeidirektion beherbergt. Unbedingt besuchen sollte man auch den malerischen Fischmarkt mit seinem Löwenbrunnen von 1599, der Hirschapotheke von 1698 und das Salzhaus von 1786. Ende September findet hier das Ortenauer Weinfest statt.

16 Ortenberg

Einst besaß dieser Ort eine mittelalterliche Burg. Die Franzosen sprengten sie jedoch 1678, und sie verfiel zusehends. Doch in der Romantik entdeckte man sie wieder und stattete sie um 1840 so aus, wie man sich damals eine mittelalterliche Burg vorstellte: mit vielen Zinnen und putzigen Erkertürmchen. Heute befindet sich in dem alten Gemäuer eine Jugendherberge, die Turmanlage ist öffentlich zugänglich. Ein Abstecher ins mittelalterliche Gengenbach lohnt sich ebenfalls. Der Blick auf die Märchenburg, vom Kinzigtal umgeben, ist bezaubernd.

17 Lahr

Das Städtchen am Eingang des Schuttertals hat eine hübsche Innenstadt mit Fachwerkbauten, schönen Bürgerhäusern aus dem 18./19. Jahrhundert und Repräsentativgebäuden aus rotem Sandstein aufzuweisen. Im Stadtpark finden sich mehr als 250 Rosensorten, zahlreiche exotische Pflanzen und diverse Tiergehege. Zur »Chrysanthema« im Spätherbst verwandelt sich dann ganz Lahr in ein einziges Blütenmeer: historische Bauten und andere Anlagen werden mit bis zu zwei Meter langen Kaskadenchrysanthemen geschmückt.

18 Ettenheim

Im Kern des denkmalgeschützten Städtchens am Rand der Rheinebene dominiert neben Fachwerkhäusern der Barockstil. Im 18. Jahrhundert entstanden die prächtige Barockkirche mit dreiläufiger Treppenanlage und das repräsentative Ichtratzheim'sche Haus. Das fürstbischöfliche Schloss stammt aus dem 16. Jahrhundert, Wahrzeichen ist die hoch gelegene Pfarrkirche von 1770. Der Ortsteil Ettenheimmünster war über 1000 Jahre lang von einem Kloster geprägt. Übrig gebliebenen ist nur noch die stattliche Kirche.

19 Endingen am Kaiserstuhl

Endingen gilt als eine der attraktivsten Städte am Rand des Kaiserstuhls. Der historische Stadtkern wird bestimmt von Fachwerkbauten aus dem 15.–17. Jahrhundert. Sehenswert sind das Alte Rathaus von 1527 sowie der Üsenberger Hof, in dem sich das Vorderösterreichmuseum befindet. Der Bezug zu Österreich hat weit zurückliegende Wurzeln, denn von 1379 bis 1806 stand Endingen unter habsburgischer Landesherrschaft.

20 Vogtsburg im Kaiserstuhl

Unter dem Namen Vogtsburg sind seit 1975 sieben Weinbaugemeinden zusammengefasst, die in den inneren Tälern des Kaiserstuhls liegen. Dank der geschützten Lage besitzt Vogtsburg ein fast mediterranes Klima und mit rund 14,5 Quadratkilometern die größte Rebfläche Baden-Württembergs. In einer Zehntscheune des Johanniter-Ordens ist im Ortsteil Achkarren das Kaiserstühler Weinbaumuseum zu finden, das über das Winzerhandwerk sowie die Natur- und Kulturlandschaft in und um den ehemaligen Vulkan informiert.

21 Ihringen am Kaiserstuhl

Knapp 6000 Menschen wohnen in der Gemeinde Ihringen, dem wärmsten Ort in Deutschland. Seine Lage am Südhang des Kaiserstuhls ist ideal für den Weinbau. Außer Reben gedeihen in diesem warmen Klima auch Palmen, Südfrüchte sowie Mandelbäume und seltene, wärmeliebende Tiere wie die Smaragdeidechsen finden hier einen beispiellosen Lebensraum. In der Umgebung ist vor allem Liliental mit seinem Wald aus Mammutbäumen einen Ausflug wert.

22 Freiburg im Breisgau

Eingebettet in die Ausläufer des Schwarzwalds, erweckt die schöne alte Bischofsstadt trotz ihrer Größe einen beschaulichen Eindruck. Sie hat eine gut erhaltene Altstadt mit einer Fülle sehenswerter Gebäude und interessanter Museen. Wahrzeichen ist das gotische Münster mit seinem 116 Meter hohen Turm. Sowohl vom Schlossberg sowie vom Schauinsland aus bieten sich wunderbare Fernblicke über Stadt und Region. Im Juli findet hier ein großes Weinfest statt.

23 Bad Krozingen

Eigentlich galten die Bohrungen im Jahr 1911 dem Erdöl. Doch stattdessen stieß man unversehens auf Thermalwasser. Reha-Patienten und Wellness-Anhänger können hier in einem Heilwasser entspannen, das eine der höchsten Kohlensäurekonzentrationen weltweit aufweist. Über die Geschichte des Ortes, die bis in die Jungsteinzeit zurückreicht, informiert das Museum im Litschgihaus. Musikfreunde können im Schloss eine Sammlung historischer Tasteninstrumente bewundern und – im Rahmen der Schlosskonzerte – auch hören.

24 Staufen im Breisgau

Die historischen Giebelhäuser von Staufen geben ein malerisches Stadtbild ab. Sie werden von Weinbergen umrahmt, die unter der Burgruine noch wie in alter Zeit in Parzellen angelegt sind. Zu besonderer Berühmtheit ist das »Gasthaus zum Löwen« gelangt: Hier soll der Alchimist und Magier Doctor Faustus bei einem chemischen Experiment 1539 zu Tode gekommen sein. Ende Juli/Anfang August findet das Markgräfler Weinfest statt.

25 Müllheim

Mit 4,8 Quadratkilometern Rebfläche ist diese eine der größten Weinbaugemeinden des Markgräfler Landes. Bereits 758 wurden in einer Schenkungsurkunde an das Kloster St. Gallen die Weinberge in »Mulinhaimo« erwähnt. Der Name verweist auf die Mühlen, die es früher entlang des Klemmbaches gab. Eine, die sogenannte Frick-Mühle, beherbergt heute ein Mühlenmuseum. Sehenswert ist auch das Markgräfler Museum.

26 Badenweiler

Das Kurstädtchen Badenweiler blickt auf eine lange Badtradition zurück. Schon die Römer nutzten die Thermalquelle des Ortes und errichteten ein

Das von Wein umgebene Schloss Ortenberg bei Offenburg zeigt sich in der Abendsonne stilvoll schön (links oben).

WEINFESTE

APRIL–DEZEMBER
Weinprobe mit Kellerführung in Kellereien in Baden-Baden

MAI
»MaiWein« mit verschiedenen Veranstaltungen entlang der Weinstraße

SEPTEMBER
Weinwandertag Weingarten

Weitere Informationen unter:
www.badische-weinstrasse.de

Bad, das heute noch als römische Badruine zu besichtigen ist. Neben der Bäderlandschaft locken der Kurpark mit exotischen Pflanzen und die daran anschließenden Themengärten. Während sich der Hildegard-von-Bingen-Garten den Heilkräutern verschrieben hat, widmet man sich im Gutedelgarten der Rebsorte. Darüber bietet die Burgruine der Burg Baden, im 12. Jahrhundert errichtet, einen wunderbaren Blick über die Rheinebene.

27 Lörrach

Die Kreisstadt im Dreiländereck Deutschland-Schweiz-Frankreich war schon zur Jungsteinzeit besiedelt. Schriftlich belegt ist sie aber erst in einer Urkunde des Klosters St. Gallen aus dem Jahr 751. Zweimal wurde ihr das Stadtrecht verliehen: 1682 von Friedrich Magnus von Baden-Durlach und 1756 von Markgraf Karl Friedrich. Größter Arbeitgeber der Stadt ist ein Unternehmen, das als einziges die Farbe Lila für seine Schokoladenverpackungen benutzen darf. Wahrzeichen ist die auf einer Anhöhe gelegene Burg Rötteln.

★★★

NATURSCHUTZGEBIET TAUBERGIESSEN

Das von romantischen Wasserläufen durchzogene Auenwaldgebiet bei Lahr ist ein Dorado für seltene Pflanzen und Tiere. Sie können auf Wander- und Radwegen wie dem Schmetterlingsweg, dem Orchideenweg, der Eisvogelroute oder der Sumpfbiberroute entdeckt werden. Ein Teil der Wasserwege ist auch für Bootsfahrten freigegeben, z. B. für Touren in traditionellen Fischerbooten (www.taubergiessen.com).

28 Weil am Rhein

Der Endpunkt der Badischen Weinstraße ist seit 1989 durch das Vitra Design Museum überregional bekannt. Rund um den auffälligen Bau, den der US-amerikanische Stararchitekt Frank O. Gehry im Stil des Dekonstruktivismus errichtete, sind auf dem ehemaligen Landesgartenschaugelände weitere Ikonen moderner Architektur zu finden. Vom Stadtzentrum mit dem kulturhistorischen Museum führt der Weiler Weinweg mit schönen Ausblicken in den Stadtteil Ötlingen, der sich an den nordwestlichen Hang des Tüllinger Bergs schmiegt.

Das Schwabentor (unten) ist das jüngere der beiden noch erhaltenen Stadttore in Freiburg im Breisgau.

WEINGÜTER

Affentaler Winzer eG
Benannt nach einem Ortsteil von Bühl, ist die Ortenauer Winzergenossenschaft durch ihre »Affenflasche« bekannt. Sie bietet regelmäßig Kellerführungen und Weinproben an.
Betschgräblerplatz
77815 Bühl
Tel. +49 7223/989 80
www.affentaler.de

Weingut Schwörer
Das Familienweingut aus der Ortenau erhielt im Jahr 2015 den Ehrenpreis des Badischen Weinbauverbandes.
Grol 8, 77770 Durbach/Offenburg
Tel. +49 781/334 08
www.weingut-schwoerer.de

Winzerkeller Hex vom Dasenstein eG
Die Genossenschaft in Kappelrodeck in der Ortenau wurde 2015 von der DLG zum besten badischen Erzeuger gewählt. Sie bietet regelmäßig Weinproben und Weinwanderungen an.
Burgunderplatz 1
77876 Kappelrodeck
+49 7842/993 80
www.dasenstein.de

Weingut Pix
Am Rand des Kaiserstuhls, in einem der ältesten Bio-Weinbetriebe Deutschlands, entstehen edle Weiße und spannende Rote.
Eisenbahnstraße 19
79241 Ihringen
Tel. +49 7668/879
www.weingut-pix.de

Weingut Ziereisen
Ein Geheimnis des Erfolges von Hanspeter Ziereisen sind die hoch auf den Kalksteinausläufern des Schwarzwaldes gelegenen Lagen, die im Fundament fast ausschließlich aus Jurakalk bestehen.
Markgrafenstr. 17
79588 Efringen-Kirchen
Tel. +49 7628/28 48
www.weingut-ziereisen.de

Weingut Andreas Laible
Weinbautradition seit 1672, Top-Rieslinge, die immer wieder ausgezeichnet werden. Andreas jun. wurde 2007 als besten Jungwinzer geehrt. Die Weine wachsen ausschließlich in der Steillage Durbacher Plauelrain.
Am Bühl, 77770 Durbach
Tel. +49 7814/12 38
www.andreas-laible.com

Weingut Freiherr Roeder von Diersburg
Die Freiherren betreiben Weinbau seit dem Jahre 1357, die Familiengeschichte geht sogar zurück bis ins 11. Jahrhundert. Wunderbares Anwesen mit eigenem Museum. Die Liebe der Winzer gilt u.a. der Sektherstellung mit traditioneller Flaschengärung.
Kreisstraße 20
77749 Hohberg in der Ortenau-Diersburg
Tel. +49 7808/22 21
www.von-roeder.de

Weingut Arndt Köbelin
Ein architektonisch einzigartes Weingut mit Dachterrasse und 360-Grad-Blick auf die Natur. Grau-, Weiß- und Spätburgunder sind die Hauptrebsorten, zudem Edelbrände. Parkplatz für Wohnmobile.
Altweg 131
79356 Eichstetten am Kaiserstuhl
Tel. +49 7663/14 14

Links unten: Winzerkeller Hex vom Dasenstein eG;. Rechts unten: Hans Breisacher vom Staatsweingut Blankenhornsberg entnimmt Proben.

FRÄNKISCHE BOCKSBEUTELSTRASSE

Entlang dieser abwechslungsreichen Route wächst vorzüglicher Frankenwein, der noch heute in traditionelle »Bocksbeutel« abgefüllt wird.

WEINROUTE 9

Das fränkische Weinland macht es seinen Besuchern schwer, weil es so viel zu bieten hat. Zunächst gibt der Main mit seinen Windungen den Weg vor. Hinter Würzburg wird es jedoch unübersichtlich. Bis zu den Hängen des Steigerwaldes finden sich in alle Richtungen unzählige Weindörfer. Selbst die offizielle Weinstraße verzweigt hier in vier Richtungen. Den Main entlang nach Norden führt sie bis Hammelburg an der Saale. Im Süden macht sie hinter Ochsenfurt einen Schwenk nach Röttingen an der Tauber. Im Osten geht es über Kitzingen nach Ippesheim am Steigerwald bzw. über Dettelbach und Volkach den Main entlang bis Schweinfurt. Man kann praktisch nichts falsch machen, sondern wird stets auf hübsche Dörfer, edle Tropfen und idyllische Natur stoßen. Die Gegend um den Main war aber nie ein abgeschiedenes Flusstal, sodass hier außer Wein auch viel Kultur auf die Besucher wartet. Besonders prägend waren die mächtigen Fürstbischöfe von Würzburg, die nicht nur in ihrer Residenz, sondern auch an anderen Orten von führenden Baumeistern barocke Schmuckstücke errichten ließen. Der charakteristische Wein Frankens ist der Silvaner. Manche Weinexperten meinen, diese Rebsorte gedeihe nirgendwo auf der Welt so gut wie im Maindreieck. Ebenfalls angebaut werden Müller-Thurgau und Bacchus. Im Mainviereck findet sich eine Rotweininsel: dort wachsen Spätburgunder und Portugieser.

Routenlänge: 200 km
Zeitbedarf: ca. 3 Tage
Start: Alzenau-Michelbach
Ziel: Tempor Invidunt
Routenverlauf: Nach Aschaffenburg den Main entlang bis Marktheidenfeld, auf der B8 nach Würzburg, dann sternförmig zu den vier Zielen, zwischen Ochsenfurt und Kitzingen auch mit Querverbindungen.

Besondere Hinweise: bei Ippesheim Anschluss an die Mittelfränkische Bocksbeutelstraße (www.bocksbeutelstraße.de)

Auskünfte:
Fränkisches Weinland Tourismus GmbH
Turmgasse 11, 97070 Würzburg
Tel. +49 931/372 335
www.fraenkisches-weinland.de

1 Michelbach

Der kleine Ort im Kahlgrund ist die nördlichste Weinbaugemeinde Bayerns. Mit dem Apostelgarten besitzt er einen Weinberg, der unter Denkmalschutz steht. Das barocke Schlösschen geht auf ein altes Wasserschloss zurück und ist heute ein Museum und Veranstaltungsort. Dort erfährt man mehr über die mittelalterliche Einrichtung des Freigerichts, die den Menschen mehr Autonomie als üblich gewährte. Der Park ist besonders zur Rosenzeit (Juni) schön, wenn hier über 50 Sorten um die Wette blühen. Auch ein Kulturweg vermittelt Geschichtliches und führt zu allen Sehenswürdigkeiten.

2 Aschaffenburg

Die beiden Hauptsehenswürdigkeiten der einstigen Zweitresidenz der Mainzer Erzbischöfe erheben sich über dem Fluss. Mächtig liegt das Renaissanceschloss Johannisburg, eine viertürmige Anlage aus rotem Sandstein, am Hochufer. Ein kleines Stück flussabwärts ließ König Ludwig I. von Bayern, begeistert von der klassischen Antike, den Architekten Friedrich von Gärtner das Pompejanum errichten, ein der Castor-und-Pollux-Villa in Pompeji nachempfundenes Gebäude. Sehenswert sind auch das nahe der Stadt gelegene Schloss Schönbusch und vor allem sein Park, einer der frühesten deutschen Landschaftsgärten.

3 Mespelbrunn

Ritterromantik und Naturzauber pur: Der Abstecher zum Wasserschloss lohnt doppelt. Von Wäldergrün gerahmt und nur über eine Brücke zugänglich, ist dieses »Märchenschloss des Spessarts« ein schönes Beispiel deutscher Renaissance, mit architektonischen Zugaben aus dem 17. und 19. Jahrhundert. Seit 1665 bewohnen es die Grafen von Ingelheim. Manchmal führt der Schlossherr die Besucher selbst zum Rittersaal und zur Schlosskapelle. Diese prunkt mit ihrem reichen Sterngewölbe.

4 Klingenberg

Mit seinen steilen Buntsandsteinterrassen ist Klingenberg das Zentrum des

Wunderschön in die Landschaft eingebettet liegen Schloss Mespelbrunn (oben) und Schloss Johannisburg (unten).

ABSTECHER: Rothenburg ob der Tauber

Nirgendwo in Deutschland sind die mittelalterliche Bausubstanz und das Flair so gut erhalten. Zudem liegt die Stadt im Taubertal, wo wunderbare Weine wachsen.

ABSTECHER: Bad Windsheim

Der hübsche Kurort ist das Zentrum der Mittelfränkischen Bocksbeutelstraße und hat eine gut erhaltene Altstadt, ein Freilandmuseum und eine Therme zu bieten.

Rotweins in Franken. Hoch über dem Ort thront die staufische Burgruine Clingenburg, die im Sommer Kulisse von Open-Air-Festspielen ist. Der Ort selbst besticht mit einer malerischen Innenstadt, in der sich sehenswerte historische Gebäude aus rotem Buntsandstein oder Fachwerk aneinanderreihen. Das Heimatmuseum widmet sich ausführlich dem historischen Weinbau sowie der traditionellen Fischerei auf dem Main und dem Leben der Frauen an der Wende vom 19. zum 20. Jahrhundert. Außerdem gibt es einen Museumsweinberg mit seltenen Rebsorten, den mit Mandelbäumen bestandenen Fränkischen Rotweinwanderweg, einen Esskastanienlehrpfad und einen Klettersteig in den steilen Felswänden.

5 Miltenberg

Mit seiner wunderschönen historischen Altstadt und der idyllischen Lage zwischen Odenwald und Spessart ist Miltenberg vor allem an Wochenenden ein beliebtes Ausflugsziel. Im Stadtmuseum finden sich seltene Stücke zur Geschichte der jüdischen Gemeinde in Mittelalter und früher Neuzeit. Etwas außerhalb der Stadt wurden die Überreste römischer Kastelle ausgegraben. Über dem Ort thront die gut erhaltene Mildenburg, die heute ein Museum für moderne Kunst wie alte Ikonen ist.

6 Bürgstadt

Im frühen Mittelalter war dieser hübsche Ort Sitz eines Vize- oder Centgrafen. Heute ist der Centgrafenberg eine der begehrtesten Weinlagen Frankens. Hier gedeihen vor allem Rotweine. In der Churfrankenvinothek mit angeschlossenem Weinbistro sind die Erzeugnisse der regionalen Weingüter zu testen. Außerdem findet jeden zweiten Freitag eine offene Weinprobe zu einem bestimmten Thema statt. Auch das Stadtmuseum widmet einen Teil seiner Ausstellung dem Weinbau,

In Homburg am Main, einem Ortsteil von Triefenstein, thront die Burg auf einem Tuffsteinfelsen (oben). Unten: Hofkirche der Residenz Würzburg.

doch auch die Gewinnung des so begehrten roten Sandsteins spielt eine Rolle. Einen Besuch wert ist auch die ausgemalte Martinskapelle. Jeweils im Juni findet die Weinkulturnacht statt.

7 Wertheim

Seit dem 12. Jahrhundert wacht die mächtige Burg Wertheim über den strategisch wichtigen Zusammenfluss von Main und Tauber. Die malerische Ruine ist frei zu besichtigen und auch immer wieder Kulisse von Veranstaltungen. In dem hübschen Ort zu ihren Füßen sind die spätgotische Stiftskirche, die ebenfalls spätgotische Kilianskapelle, das Glasmuseum, das Grafenschaftsmuseum zur Geschichte der Stadt inklusive Weinbauabteilung und der Hofgarten mit seinem als Kunstmuseum dienenden Schlösschen sehenswert. Im Ortsteil Bronnbach sollte man der mächtigen ehemaligen Zisterzienserabtei einen Besuch abstatten – nicht zuletzt wegen ihrer Vinothek.

DIE WEINGÜTER DER SPITÄLER

Im 14. Jahrhundert gründeten reiche Würzburger Bürger ein Spital zur Pflege armer und kranker Menschen und statteten es mit Weinbergen aus, um den Betrieb zu finanzieren. Gleiches tat im 16. Jahrhundert Fürstbischof Julius Echter. Heute gehören Bürger- und Juliusspital zu den renommiertesten und größten Weingütern Frankens. Beide haben Anteil an der »Lage zum Stein«, die als eine der besten Deutschlands gilt. Beide unterhalten eigene Weinstuben und bieten Führungen durch ihre historischen Anlagen an. Ansonsten ist das Juliusspital heute ein Krankenhaus, während das Bürgerspital Seniorenheime betreibt.

8 Homburg am Main

Den »Homburger Kallmuth« kennt man als einen der steilsten fränkischen Weinberge. Das malerische Homburg, ein uralter Burgplatz der Würzburger Fürstbischöfe, ist ein Weinort, aber auch ein Ort der Künste mit Ausstellungen und Konzerten im jüngst renovierten Fachwerkschloss hoch auf steilem Tufffelsen über einer Tropfsteinhöhle. Älter noch ist der romanische Bergfried. Die lange Tradition des Papiermachens vergegenwärtigt das Museum Papiermühle.

9 Marktheidenfeld

Als König Ludwig I. von Bayern die sandsteinrote Brücke über den Main erbauen ließ, war es die erste zwischen Frankfurt und Würzburg. Seither ist der über 1000-jährige Handelsplatz zwischen Spessartwald und Weinland stark gewachsen, bewahrte aber seine dem Main zugewandte Altstadt. Zu Kirchen, der alten Stadtmauer und schön restaurierten Bürgerhäusern wie dem Barockjuwel Franckhaus bieten sich dem Gast viele Weinkeller und Straßencafés, dazu das große Freizeitbad »Maradies« und der Naturpark Spessart an.

10 Würzburg

Die Universitätsstadt am Main in schönster Lage zu Füßen der Feste Marienberg hat trotz der fast völligen Zerstörung im Zweiten Weltkrieg heute wieder eine liebenswerte Altstadt, die sich rund um den Marktplatz mit der spätgotischen Marienkapelle erstreckt. Höhepunkt eines Würzburgbesuchs ist

Die Würzburger Residenz (unten) ist UNESCO-Weltkulturerbe. Die Decke zieren kunstvolle Fresken (kleines Bild).

DER BOCKSBEUTEL

Diese charakteristische Flasche steht für hochwertige Frankenweine, seit der Stadtrat von Würzburg im Jahr 1728 beschloss, die besten Weine nur in Bocksbeutel zu füllen. Vermutlich rührt die Form von beutelförmigen Trinkschläuchen aus Ziegenleder her. Außer den Frankenweinen werden in Deutschland nur die badischen aus Tauberfranken darin abgefüllt. In Europa hat die Flasche etwa auch in Portugal Tradition.

die prachtvolle Residenz mit ihrem grandiosen Treppenhaus und dem riesigen Deckengemälde von Giambattista Tiepolo. Unbedingt sehenswert ist auch das Mainfränkische Museum in der Feste, das u. a. viele Meisterwerke des Holzschnitzers Tilman Riemenschneider birgt.

11 Veitshöchheim

Im 17. Jahrhundert errichteten hier die Fürstbischöfe von Würzburg ihre Sommerresidenz. Das Schloss kann im Rahmen von Führungen besucht werden, größter Publikumsmagnet aber ist der frei zugängliche Hofgarten, der mit seinen vielen Skulpturen, Pavillons, Grotten und Wasserspielen als einer der schönsten Rokokoparks in Europa gilt. Sehr beliebt ist auch die mit Blumen und Skulpturen gestaltete Mainlände. Außerdem gibt es ein jüdisches Kulturmuseum, einen Schaugarten der Bayerischen Landesanstalt für Wein- und Gartenbau sowie einen Wein- und Kulturwanderweg.

12 Thüngersheim

Der hübsche Ort am Main ist eine der größten Weinbaugemeinden Frankens. Neben der Winzergenossenschaft Divino, die auch eine große Vinothek betreibt, finden sich diverse private Betriebe. Ein Weinlehrpfad führt in die Rebhänge und bietet wunderbare Ausblicke über das Maintal. Im Naturschutzgebiet Höhfeldplatte ist auch ein Orchideenweg angelegt. Beim Bummel durch den Ort sollte man neben den Fachwerkhäusern auch die Brunnen mit ihren Sandsteinskulpturen und die Ortstore in Augenschein nehmen.

13 Karlstadt

Im Mittelalter von den Würzburger Bischöfen planmäßig zur Absicherung ihres Territoriums angelegt, weist Karlstadt heute noch eine schöne Altstadt mit vielen historischen Gebäuden und Resten der alten Stadtbefestigung auf. Die sanierte Roßmühle zeigt, wie früher mit Pferdestärke Maschinen angetrieben wurden. Einen tollen Blick hat man von der Burgruine Karlstein aus. Außerdem gibt es vor den Stadtmauern zwei schöne Naturschutzgebiete und einen Klettersteig.

14 Hammelburg

Das sehenswerte Städtchen an der Saale gilt als älteste Weinstadt Frankens.

Oben: Weingut der Winzergenossenschaft Sommerach. Links: Winzerkeller im Roten Schloss in Hammelburg.

Hier bauten die Mönche des reichen und bedeutenden Klosters Fulda ihren Messwein an. Im mächtigen Kellereischloss der Fürstäbte hat heute die Winzergemeinschaft ihre Vinothek und bietet Weinproben in dem imposanten Holzfasskeller an. Das ehemalige fürstliche Weingut Schloss Saaleck wird als Bio-Weingut betrieben. Das Schloss selbst ist ein Hotel, in der alten Herrenmühle ist das Stadtmuseum untergebracht. Besuchenswert ist auch das Kloster Altstadt mit seinem Kapellenkreuzweg. In einem Teil ist die Bayerische Musikakademie untergebracht, für die Hammelburg bekannt ist.

15 Dettelbach

An der Mainschleife gelegen, besitzt Dettelbach eine malerische Stadtmauer mit vielen kleinen Türmen, dazu noch stattliche gotische, mittelalterliche Architektur, die Stadtpfarrkirche, das Rathaus und gemütliche Gaststuben. Nah ist die Wallfahrtskirche »Maria im Sand«, zu der Pilger seit einem halben Jahrtausend unterwegs sind. Eine Spezialität sind seit über 100 Jahren »Muskatzinen«, ein Gewürzgebäck.

16 Nordheim am Main

Die größte Weinbaugemeinde Frankens liegt auf der sogenannten Maininsel zwischen Fluss und Schifffahrtkanal und ist von Norden her mit einer Fähre erreichbar. Hier gibt es neben rund 50 Weingütern und einer Genossenschaft auch Brennereien, die Obst in Hochprozentiges verwandeln. Das Mikroklima ist so außergewöhnlich warm und trocken, dass sogar Nordlagen für den Weinbau genutzt werden können. Auch Spargel gedeiht hier. Der Ort selbst mit vielen historischen Gebäuden und einer großen Zahl an Bildstöcken kann sich ebenfalls sehen lassen. Jeweils zu Pfingsten und im September finden Weinfeste statt.

17 Volkach

Dieses Städtchen an der Mainschleife ist einer der bekanntesten Weinorte Frankens. Im alten Ortskern sticht vor allem das Renaissancerathaus hervor. Auch die Stadtkirche St. Georg und Bartholomäus sowie das Sommeracher Tor sind sehenswert. Ein Kleinod befindet sich in den Weinbergen: die Wallfahrtskirche Maria im Weingarten.

18 Schweinfurt

Im Stadtkern von Schweinfurt steht das 1570–1572 erbaute Rathaus mit einem in Stein gehauenen Schwein, dem Wahrzeichen der Stadt. Der Name Schweinfurts geht jedoch nicht auf das Borstentier zurück, sondern auf das Wort »swin«, das so viel wie »Sumpf« bedeutet. Architektonisch imposant präsentiert sich das moderne Museum Georg Schäfer. Gezeigt wird die bedeutendste Privatsammlung an Gemälden des 19. Jahrhunderts in Deutschland.

19 Kitzingen

Unweit von Würzburg gelegen, ist Kitzingen eine alte Weinhändlerstadt. Fast überall im Umfeld kann man in den Heckenwirtschaften den Wein verkosten. Sehenswert in der Stadt ist auch das Fastnachtsmuseum im mittelalterlichen Falterturm. Künstlerisch besonders wertvoll ist die von Balthasar Neumann erbaute Heiligkreuzkapelle.

Unten: Edle Tropfen lagern im Keller des Weinguts Juliusspital.

Kitzingens Alter Klosterkeller streitet sich mit anderen Plätzen um die Ehre, sich Deutschlands ältester Weinkeller nennen zu dürfen. Noch älter ist das Kitzinger Weingesetz von 1482.

20 Iphofen

Um einen der schönsten Marktplätze Frankens sind alte Adelssitze und bürgerliches Fachwerk versammelt. Vollständig erhalten präsentiert sich die mittelalterliche Stadtbefestigung mit dem Rödelseer Tor. Überraschung in Iphofen, der Weinstadt am Fuß des Schwanbergs: Im Knauf-Museum findet man Gipsabgüsse antiker Kunstwerke aus aller Welt. Im ehemaligen Amtshaus des Fürstbischofs von Würzburg – das renommierte Romantik-Hotel »Zehntkeller« – reichen die Weingewölbe drei Stockwerke tief in die Erde.

21 Ippesheim

In die sanften Hügel am Rande des Steigerwaldes eingebettet, ist Ippesheim die größte Weinbaugemeinde Mittelfrankens. Die meisten Rebgärten liegen im »Paradies« im Ortsteil Bullenheim. Im kleinen Schloss Lichtenstein ist heute ein Museum für Weinbau und Handwerk eingerichtet. Aufgrund einiger sensationeller jungstein- und bronzezeitlicher Funde wie etwa einer kopfüber senkrecht begrabenen Frauenleiche und einer Kreisgrabenanlage gibt es dort inzwischen auch eine archäologische Ausstellung. Jeweils Mitte Juli findet in dem romantischen Innenhof das Ippesheimer Schlossweinfest statt.

22 Randersacker

Der Weinbau und die Gewinnung von Muschelkalk bestimmten weitgehend die Geschichte des Markfleckens unmittelbar vor den Toren Würzburgs. Über beides informiert das Museum im alten Mönchshof. Heute ist der hübsche Ort mit seinen vielen Gasthäusern und Weingütern vor allem ein beliebtes Ausflugsziel der Städter, aber auch der Weintouristen. Außer dem historischen Ortskern sind noch die Pfarrkirche St. Stephanus mit ihrem schönen romanischen Turm, der alte Zehnthof mit seinem Volutengiebel und ein perfekter kleiner Gartenpavillon des Barockbaumeister Balthasar Neumann sehenswert.

23 Sommerhausen

Idyllisch am Main gelegen und mit einer intakten Stadtmauer umschlossen, ist Sommerhausen eines der beliebtesten Ausflugsziele im Würzburger Raum. In den alten kleinen Gassen zwischen wunderschönen Fachwerkhäusern finden sich nicht nur zahlreiche Gasthäuser, urige Weinstuben, schmucke Galerien und kleine Läden, sondern auch gleich drei Bühnen, darunter das traditionsreiche Theater im Torturm, das als kleinstes Theater Deutschlands gilt. Die größte Attraktion ist jedoch – ganz gegen den Ortsnamen – der Sommerhäuser Weihnachtsmarkt, der praktisch die ganze Stadt umfasst.

24 Frickenhausen

Wer unter den fränkischen Weinorten die schönsten wählen möchte, der kommt an Frickenhausen bestimmt nicht vorbei. Das musste auch das bayerische Kultusministerium erfahren, als es nach einem denkmalpflegerischen Modellort suchte. Frickenhausens historisches Ortsbild am Main mit seinen gut erhaltenen Patrizierhäusern, der vollständig bestehenden Ringmauer und der schönen Mariensäule auf dem Marktplatz wurde sorgsam restauriert, fast wie ein Freilichtmuseum. Noch dazu erstrecken sich die Rebzeilen der schönen Weinberge über dem Marktort bis hinauf zur Valentinskapelle aus dem Jahr 1699.

25 Ochsenfurt

Im »Bären« oder beim »Schmied« isst und schläft man gut. Manches Bodenständige blieb im mittelalterlichen Mauerring Ochsenfurts ganz urwüchsig erhalten; prächtig stehen die Fachwerkhäuser an der Hauptstraße. Berühmt ist die Kunstuhr am Rathaus: Erstrangige Künstler wie der Nürnberger Peter Vischer und wahrscheinlich Tilman Riemenschneider schmückten die Stadtpfarrkirche St. Andreas mit ihren Werken. Den schönsten Blick auf die Stadt hat man von der im Jahr 1512 erbauten steinernen Brücke über den Main aus.

26 Röttingen

Große Teile der alten Stadtmauer und sieben mächtige Türme zeigen, dass der Tauber-Ort Röttingen an der südlichen Grenze des Hochstiftes Würzburg einst stark befestigt war. Innerhalb der Mauern findet man eine schöne Altstadt mit fantasievollen Sonnenuhren. In der Burg Brattenstein gibt es ein Weinmuseum. Außerdem ist die Stadt im Sommer Schauplatz der Frankenfestspiele. Vor der Burg liegen der Paracelsus-Kräutergarten und der Museumsweinberg. Eine besondere lokale Rebsorte ist Tauberschwarz. An Pfingsten findet hier das Europäische Weinfest statt.

WEINFESTE

AUGUST
»Klingenberger Winzerfest«, »Fränkisches Weinfest« in Volkach

AUGUST/SEPTEMBER
»Weinparade« Würzburg

OKTOBER
Einbringen der »Letzten Fuhre« in vielen Orten

WEINGÜTER

Juliusspital
Das Traditionsweingut verfügt über beste Lagen; Kostproben in der Vinothek Julius Echter.
Koellikerstraße 1/2
97070 Würzburg
Tel. +49 931/393 14 00
www.weingut-juliusspital.de

Weingut Rudolf Fürst
Der Familienbetrieb wird v. a. wegen seiner Pinots mit Preisen und Spitzennoten bedacht.
Hohenlindenweg 46
63927 Bürgstadt am Main
Tel. +49 9371/86 42
www.weingut-rudolf-fuerst.de

Weingut Rothe
Das Weingut erzeugt weiche, fruchtige Bioweine.
Heerweg 6
97334 Nordheim
Tel. +49 9381/847 95 30
www.weingut-rothe.de

Divino
Die edle Vinothek bietet eine breite Palette an Frankenweinen.
Langgasse 33
97334 Nordheim am Main
Tel. +49 9381/809 90
www.divino-wein.de

Weingut Geiger & Söhne
Das älteste Weingut in Thüngersheim ist DLG-Preisträger.
Veitshöchheimer Straße 1
97291 Thüngersheim
Tel. +49 9364/96 05
www.geigerundsoehne.de

Weingut Brennfleck
Susanne und Hugo Brennfleck setzen den Weinbau bereits in der 14. Generation fort. Die Reben stehen auf Muschelkalk- und Keuperboden.
Papiusgasse 7
97320 Sulzfeld am Main
Tel. +49 9321/43 47
www.weingut-brennfleck.de

Bewirtungshaus inmitten der Weinberge
Auf Panorama-Wegen geht es durch die Ipsheimer Rebanlagen. An Sonn- und Feiertagen von Ende April bis Oktober laden Winzer in das Bewirtungshaus zur Einkehr. Auch Führungen durch die Weinberge sind möglich. Mai–Oktober, Sonn- und Feiertag ab 11 Uhr
Weinbauverein Ipsheim
Kirchplatz 4
91472 Ipsheim
Tel. +49 9846 / 977 208
www.weinbauverein-ipsheim.de

Weingut und Hotel Glocke
Das südlichstes Weingut Frankens liegt in der malerischen Altstadt von Rothenbug ob der Tauber und damit etwas südlich am Ende der Route. Hier gibt es historische Rebsorten wie Adelfränkisch oder Blauer Affenthaler. Proben im Fasskeller und Führungen durch das Gut. Im Hotel sind Hunde willkommen.
Plönlein 1
91541 Rothenburg ob der Tauber
Tel. +49 9861/958 990
www.glocke-rothenburg.de

Linke Seite: Architektonisch interessant ist das Rödelseer Tor in Iphofen (oben). Kitzingen leuchtet besonders schön in der Abenddämmerung (unten). Rechts: Staatlicher Hofkeller der Residenz Würzburg; rechts oben: Winzergenossenschaft DIVINO Nordheim Thüngersheim.

WÜRTTEMBERGER WEINSTRASSE

Trollinger, Riesling, Schiller, Müller-Thurgau oder Lemberger können in den von Fachwerkbauten geprägten Orten entlang der Route verkostet werden.

WEINROUTE 10

Auf geht's durch die Region zwischen Taubertal und Schwäbischer Alb – doch hier spielen nicht Daimler, Porsche oder Bosch die Hauptrolle, sondern das Thema Wein. Die Heimat von Trollinger, Lemberger, Samtrot und Co. ist übrigens neben der Ahr das einzige deutsche Weinanbaugebiet, in dem rote Rebsorten am meisten angebaut werden. Mehr als zwei Drittel sind ihnen gewidmet (beim Weißwein dominiert übrigens der Riesling). Über rund 11 000 Hektar erstreckt sich die Region, die immer wieder geprägt ist von felsigen Hanglagen und steilen Mauerterrassen. Dank des Neckar herrscht hier vor allem kontinentales Klima mit eher milden Temperaturen, aber oftmals sehr warmen Sommern. Das sorgt für sehr ausdrucksstarke Weine. Insgesamt trägt Württemberg mit 11,4% zur deutschen Weinproduktion bei. Mit 500 Kilometern ist die Württemberger Weinstraße (offiziell seit 2006) eine der längsten und damit auch abwechslungsreichsten deutschen Weinstraßen. Angesichts der Länge und des wechselhaften Höhenprofils (knapp 5000 Höhenmeter sind dabei zu überwinden) bietet sich das Auto für die Tour an. Doch auch mit einem E-Bike sind einige Abschnitte äußerst lohnenswert. Schließlich warten so interessante Abstecher wie Schwäbisch Hall und Rothenburg ob der Tauber oder romantische Schlösser und mittelalterliche Burgen. Dabei markieren Hinweisschilder mit einem Traubensymbol den Weg, der entlang der Flüsse Tauber, Kocher, Jagst, Neckar, Sulm, Lein, Zaber, Schozach, Bottwar und Rems bis nach Metzingen führt.

Routenlänge: 500 km
Zeitbedarf: ca. 1 Woche
Start: Oberstetten
Ziel: Metzingen
Routenverlauf: Von Oberstetten im Norden bis in den Süden nach Metzingen. Keine Rundstrecke. Start und Ziel liegen recht weit auseinander.

Auskünfte:
Tourismus Marketing GmbH
Baden-Württemberg
Esslinger Str. 8, 70182 Stuttgart
Tel. +49 711/238 580

WEINWEG MIT DEM FAHRRAD

Wer sich aufs Fahrrad fokussiert, dem bietet die Region einen 350 Kilometer langen Weinradweg zwischen Niederstetten und Rottenburg am Neckar, der größtenteils asphaltiert ist, aber auch durch zahlreiche Naturschutzgebiete führt. Im Mittelpunkt stehen dabei die Fahrt durch die herrliche Landschaft und die verschiedenen weintouristischen Angebote am Wegesrand. Museen und Lehrpfade entlang der Strecke laden dazu ein, mehr über die Geschichte und die Besonderheiten des Württemberger Weines zu erfahren. Und natürlich kann man den Winzern bei der Arbeit zusehen.
www.weinwege-wuerttemberg.de/wege/weinradweg

1 Oberstetten

Der sehr traditionsreiche Ortsteil der Stadt Niederstetten wurde bereits im 7. Jahrhundert erstmalig in einer Urkunde des Bistums Fulda erwähnt und dient als Ausgangspunkt für die Württembergische Weinstraße. Neben Reben und Weinschänken lohnt vor allem ein Besuch der um das Jahr 1000 im frühromanischen Stil gebauten Bonifatiuskirche. Als Wehrkirche einst geplant, kann man noch heute an den Turmseiten einige Schießscharten erkennen.

2 Niederstetten

Der Niederstettener Rossmarkt zählt zu den Highlights im Veranstaltungskalender der Region Hohenlohe, und das schon seit beinahe 175 Jahren. Doch auch sonst gibt es in der Kulturlandschaft des Vorbachtals eine Menge zu entdecken. In Niederstetten kann man auf einem 4,5 Kilometer langen Naturlehrpfad das abwechslungsreiche Spiel von Flora und Fauna erleben. Der Rundweg führt unter anderem auf die Hochfläche des Galgenberges und am Schloss Haltenbergstetten vorbei. Insgesamt 34 Informationstafeln mit handkolorierten Bildern und Erklärungstexten säumen den Weg.

3 Laudenbach

Eine recht bewegte Geschichte begleitet das im Jahr 795 erstmals urkundlich erwähnte Laudenbach. Bis hinein ins 19. Jahrhundert wechselte immer wieder das Besitztum. Heute besticht der Ort vor allem durch seine Wandermöglichkeiten im Erholungsgebiet »Wald« mit einer Fläche von mehr als 220 Hektar. Vom Vorgebirge ist ein Blick über die Rheinebene möglich. Übrigens war Laudenbach in den Jahren 1598–1613 die Wirkungsstätte von Anton Praetorius. Der Gegner der Hexenprozesse verfasste hier 1598 sein Werk »Von Zauberey vnd Zauberern«, das sich erfolgreich gegen die Folter unschuldiger Frauen einsetzte.

4 Weikersheim

In kultureller Hinsicht hat die Stadt einiges zu bieten. Allein der Hohenloher Kultursommer zieht alljährlich zwischen Juni und September zahlreiche Gäste an. In Weikersheim befindet sich der gleichnamige Stammsitz des Hauses Hohenlohe. Von hier wurde einst die Grafschaft verwaltet. Das Renaissanceschloss grenzt direkt an den Marktplatz, während sich dahinter der barocke Schlosspark befindet, für den das französische Versailles als Vorbild diente. Wer durch den Park spaziert, genießt von der Orangerie aus einen traumhaften Blick über das Taubertal mit seinen Steinriegelhängen. Die prächtig ausgestatteten Räume im Inneren des Schlosses sind übrigens bis heute gut erhalten. Schloss Weikersheim, das einst ein Wasserschloss war, kann ebenso wie seine herrliche Gartenanlage besichtigt werden.

Schloss Weikersheim lohnt vor allem wegen seines schönen Schlossgartens einen Besuch (rechts). Kleines Bild oben: Evangelische Kirche von Laudenbach.

ABSTECHER: Rothenburg
Ein Ausflug in eine der wohl schönsten mittelalterlichen Städte Deutschlands lohnt sich das ganze Jahr über. Highlights sind: das gotische Rathaus mit Turm (1250 bis 1400), das Plönlein, das Historiengewölbe mit Staatsverlies oder das Deutsche Weihnachtsmuseum.

ABSTECHER: Kloster Schöntal
Von Forchtenberg lohnt ein Abstecher nach Jagsthausen zum Kloster Schöntal. Gegründet wurde die Klosteranlage 1157 von Zisterziensermönchen. Im Ostflügel des Kreuzgangs ist der ehemalige Reichsritter Götz von Berlichingen begraben.

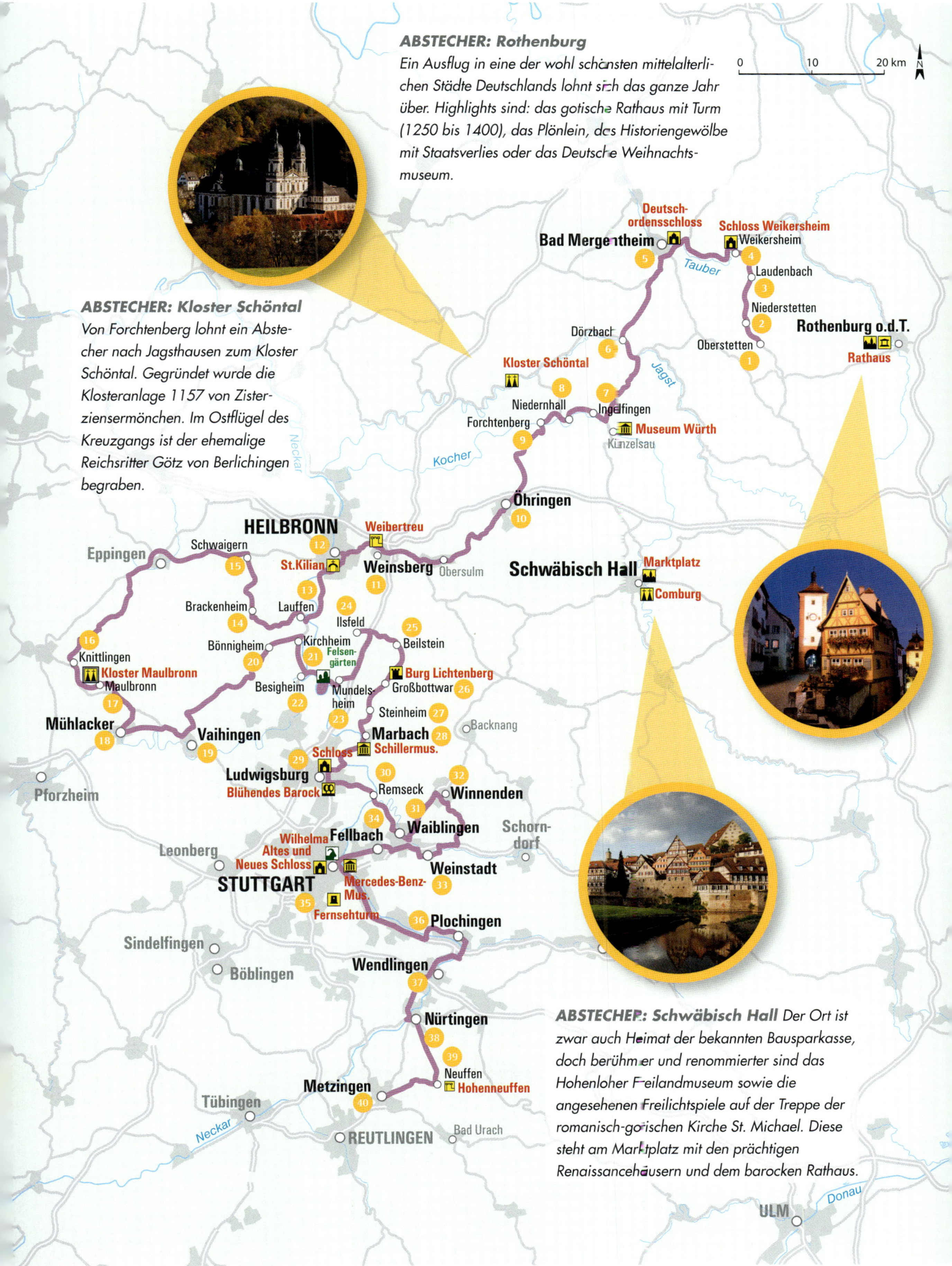

ABSTECHER: Schwäbisch Hall *Der Ort ist zwar auch Heimat der bekannten Bausparkasse, doch berühmter und renommierter sind das Hohenloher Freilandmuseum sowie die angesehenen Freilichtspiele auf der Treppe der romanisch-gotischen Kirche St. Michael. Diese steht am Marktplatz mit den prächtigen Renaissancehäusern und dem barocken Rathaus.*

5 Bad Mergentheim

Von 1525 bis 1809 erlebte Mergentheim als Residenz des Deutschen Ordens eine erste Blütezeit. Seit der Entdeckung der Quellen durch den Schäfer Franz Gehrig 1826 hat sich die Stadt zu Baden-Württembergs größtem Kur- und Heilbad entwickelt. Dabei waren die dort existierenden Bittersalzquellen ursprünglich bereits in der Bronzezeit bekannt. Geprägt wird Bad Mergentheim zudem durch das Residenzschloss der Hoch- und Deutschmeister mit barocker Schlosskirche und dem beeindruckenden Torbau. Neben dem Deutschen Orden war seit Ende des 12. Jahrhunderts aber auch der Johanniterorden ansässig und kurze Zeit später der Dominikanerorden. Im Ortsteil Stuppach befindet sich die weltberühmte »Grünewald-Madonna«, die zu den Hauptwerken des Künstlers gehört und bereits in den Vatikanischen Museen in Rom gezeigt wurde.

6 Dörzbach

Auch wenn erst im 13. Jahrhundert urkundlich erwähnt, existieren Funde von menschlichen Siedlungen in Dörzbach, die nachweislich aus der Jungsteinzeit (ca. 3500 v. Chr.) stammen. Ebenso zeugen einige Hügelgräber davon. Heute ist die Gegend rund um den Ort im Jagsttal ein Kleinod der Ruhe. Doch aufgepasst: Die Gemeinde zählt drei Schlösser, die allesamt noch von den Besitzerfamilien bewohnt werden. Deshalb können das Wasserschloss der Herren Eyb, das Schloss der Herren von Palm und die Burg der Herren Eben von Racknitz nur von außen bestaunt werden. Dafür lohnen sich aber Besichtigungen der Ölmühle oder der Wallfahrtskapelle St. Wendel zum Stein und der jüdische Friedhof im Ortsteil Hohebach inmitten ehemaliger Weinberge.

Links oben: Am Marktplatz von Bad Mergentheim stehen die 1780 erbauten Zwillingshäuser im Stil des Frühklassizismus. Links Mitte: das Würzburger Tor in der Forchtenberger Altstadt. Links unten: das Öhringer Schloss.

7 Ingelfingen

Der staatlich anerkannte Erholungsort im Kochertal ist landschaftlich ein Juwel. Spaziergänge entlang des Kocher oder auf dem Weinlehrpfad mit 25 Infotafeln zur Weinkunde sorgen für einen kurzweiligen Aufenthalt. Im Muschelkalkmuseum Hagdorn gibt es Einblicke in die Erd- und Lebensgeschichte der Triaszeit in Mitteleuropa. Und wer nicht den Weinlehrpfad begehen will, der sollte sich auf den Weg zu Europas zweitgrößtem Holzfass machen. Das steht nämlich in Ingelfingen und beheimatet ein Weinbau-Museum, das durch die Schaufenster von außen besichtigt werden kann. Ganz unkompliziert ist ein Blick ins Neue Schloss der Fürsten zu Hohenlohe-Ingelfingen. Dieses gehört seit 1962 der Stadt und dient heute als Rathaus. Zudem findet man in Ingeldingen eines der ältesten Häuser Deutschlands überhaupt: In der Schmiedgasse 15 steht ein Fachwerkhaus aus dem Jahr 1295.

8 Niedernhall

Hier ist Geschichte überall spürbar. Allein die erhaltene Stadtmauer von einer Länge von über 700 Metern ist sehenswert. Zudem haben zahlreiche andere Gebäude aus dem Mittelalter die vergangenen Jahrhunderte unbeschadet überstanden. Fachwerk und klerikale Schätze – Niedernhall bietet eine Menge Historie. Das Rathaus von 1477 zählt zu den am besten erhaltenen Gebäuden des Landkreises. Seit Ende 1983 steht die Altstadt Niedernhalls als Gesamtanlage unter Denkmalschutz. Und auf einer Anhöhe steht man das 1540 erbaute ehemalige Jagdschloss Hemersberg, das sich heute in Privatbesitz befindet.

9 Forchtenberg

Hier sind die mittelalterlichen Stadtmauern mit Bürgerturm und Diebsturm noch komplett erhalten. Über dem Ort ragt die Schlossruine Forchtenberg empor, die mit ihren Ausmaßen von 92 x 50 Metern zu den großen Burganlagen Deutschlands zählte. Der Dreißigjährige Krieg wurde ihr jedoch zum Verhängnis. In Forchtenberg wurde übrigens Sophie Scholl geboren. Sie lebte bis 1930 hier, ihr Vater war Bürgermeister. Die Gedenkstätte Weiße Rose am Würzburger Tor 5 erinnert an die berühmte Widerstandskämpferin und an ihre Familie.

10 Öhringen

Bedeutung erlangte Öhringen bereits zur Römerzeit. Damals (155 n. Chr.) erhielt es den Namen des Kaisers Marcus Aurelius, Vicus aurelianus. Davon zeugt heute noch das UNESCO-Welterbe Limes – mit 550 Kilometern zwischen Rhein und Donau das längste archäologische Bodendenkmal Europas. Erst 800 Jahre später taucht der Ort als Oringowe wieder auf. 2016 strömten fast 1,4 Millionen Besucher nach Öhringen, um die Landesgartenschau zu bestaunen – noch heute sind die damals entstandenen Grün- und Erholungsanlagen erhalten. Bestaunen kann man auch das Schloss Öhringen, das einst im Renaissancestil als Witwensitz für Gräfin Magdalena von

WEINFESTE

JULI
»Hohenloher Weindorf«
Rund ums Öhringer Schloss und den Marktplatz gibt es ein vielfältiges Angebot der regionalen Winzer. Für Musik sorgen Livebands.

SEPTEMBER
»Heilbronner Weindorf«
Eine der beliebtesten Veranstaltungen in der Region. Jede Menge Livemusik.

»Uhlbacher Herbst: das Weinfest«
Das älteste Weinfest von Stuttgart.

Unten: Die Stadt Ingelfingen ist von Weinbergen umgeben.

Hohenlohe gebaut wurde. Zudem steht in der Stadt das Renaissanceschloss Pfedelbach mit Schlosskapelle und das Hohenlohesche Jagdschloss Friedrichsruhe mit Park.

11 Weinsberg

Auch hier waren einst die Römer zuhause. Zeugnis davon gibt u. a. die Badeanlage eines römischen Gutshofes am Fuße der Burgberges. Sie zählt zu den ältesten konservierten römischen Bauten in ganz Baden-Württemberg. Anfang des 20. Jahrhunderts fand man bei Ausgrabungen den vollständigen Grundriss einer römischen Badeanlage. Faszinierend ist dabei, wie gut die Technik der Fußboden- und Wandheizung zu erkennen ist. Ein markantes Wahrzeichen des Ortes ist der Wachturm, einst ein Teil Stadtbefestigung und das »Büro« des städtischen Nachtwächters. Die Stadtmauer mit Graben besaß früher insgesamt sieben Türme. Bereits von der Autobahn aus erkennbar ist die Burgruine Weibertreu aus dem 11. Jahrhundert, die von Rebstöcken umgeben ist. Im Ort selbst dient das ehemalige Haus des Oberamtsarztes Justinus Kerner (1786 bis 1862) als eine Art Museum. Kerner gilt als der bedeutendste schwäbische Dichter der Romantik. Im Erdgeschoss wird Kerners Leben als Dichter und Arzt dokumentiert. Im Obergeschoss befanden sich die Wohnräume der Familie, deren Alltag recht realistisch dargestellt wird.

12 Heilbronn

Die Stadt verbindet großstädtisches Flair mit schwäbischer Gemütlichkeit. War in Öhringen die Landesgartenschau beheimatet, durfte sich Heilbronn als Gastgeber der Bundesgartenschau 2019 profilieren. Ob Kilianskirche, das historische Rathaus mit seiner astronomischen Kunstuhr oder das Renaissance-Wasserschloss Kirchhausen – Heilbronn ist mehr als eine Durchgangsstation auf der Weinstraße. Bereits im 19. Jahrhundert war der Ort dank der expandierenden Unternehmen und der Lage am Neckar die zweitwichtigste Industriestadt Württembergs und hat heute rund 125 000 Einwohner. Die Heimatstadt des Automobilkonstrukteurs Wilhelm Maybach ist zudem landschaftlich reizvoll.

13 Lauffen am Neckar

Ob ein Picknick im Weinberg, eine Planwagenfahrt mit Verkostung oder die rollende Vinothek am Neckarufer – in Lauffen dreht sich eine Menge um den Wein. Aber auch der Besuch der imposanten Regiswindiskirche oder der Rathausburg ist lohnenswert. Wer durch Lauffen fährt, wird nicht umhinkommen, sich auf die Spuren Friedrich Hölderlins zu begeben, der 1770 dort geboren wurde. Zahlreiche Orte erinnern an den großartigen Dichter und Philosophen.

14 Brackenheim

Brackenheim kann auf eine 5000 bis 6000 Jahre alte Besiedelung zurückblicken. Die größte Weinbaugemeinde Württembergs mit 825 Hektar Rebfläche ist auch der Geburtsort des ersten deutschen Bundespräsidenten, Theodor Heuss. Ihm ist ein eigener historischer Stadtrundgang gewidmet. Außerdem

Oben: Regiswindiskirche und Grafenburg in Lauffen am Neckar. Links: Regiswindiskirche und Schloss Stocksberg. Kleines Bild: Marienaltar in der Kilianskirche von Heilbronn.

ist Brackenheim nach eigenen Angaben Deutschlands größte Rotweingemeinde. Auf den verschiedenen Anbaulagen gedeihen aussagekräftige Weine. Ein Natur- und Weinlehrpfad Stellt Fauna und Flora im Weinberg anschaulich dar und informiert über die Rebsorten. Der Wanderweg ist als Rundgang angelegt.

15 Schwaigern

Die Weinbaustadt am Heuchelberg besitzt eine über 1000-jährige Tradition im Weinanbau. So ist der »poetische Weinspaziergang« nur eine Möglichkeit, um sich rund um den Rebensaft verführen zu lassen. Neben der evangelischen Stadtkirche mit baugeschichtlichen Spuren aus dem Jahr 1200 und mit dem bemerkenswerten Barbara-Altar beeindruckt vor allem das leider nicht zu besichtigende Rokokoschloss von 1702.

16 Knittlingen

Georg Johann Faust wurde um 1480 in Knittlingen geboren – bei dieser Person handelt es sich tatsächlich um den Gaukler, Scharlatan, Prahler, Herumtreiber, Alchemist und Schwindler, der mit dem Teufel im Bunde gewesen sein musste und in der heutigen Zeit vor allem dank Goethes gleichnamiger Tragödie Berühmtheit erlangte. In Knittlingen kann man über den geheimnisvollen Magier in einem Museum mehr erfahren. Der Ort war eine wichtige Poststation, als die Taxis-Dynastie (heute Thurn und Taxis) 1490 die Idee hatte, eine Stafettenpost vom niederländischen Mechelen bis nach Innsbruck einzurichten.

17 Maulbronn

Kloster Maulbronn zählt (seit 1993) zu den UNESCO-Weltkulturerbestätten und beeindruckt mit Baudenkmälern von europäischem Rang. Da ist ein Besuch nahezu unabdingbar. Denn das ursprüngliche Erscheinungsbild ist weitgehend erhalten geblieben. Doch auch andere Bauten vom Mittelalter bis ins 19. Jahrhundert prägen den Ort. Hinzu kommen verschiedene Museen wie etwa auf dem Schafhof beim Kloster Maulbronn oder das in der Steinhauerstube.

18 Mühlacker

Hier wird Heimat großgeschrieben. Die Einwohner selbst laden Besucher

Oben: Innenhof mit Wirtschaftsgebäuden des Klosters Maulbronn; darunter: Langschiff der Klosterkirche. Kleines Bild: Statue in Schwaigern.

zu verschiedenen Stadtführungen ein. Wer alleine unterwegs sein möchte, dem seien die Reste der Burg Löffelstelz in Dürrmenz empfohlen. Neueste Forschungen zeigen, dass die einst imposante Schildmauerburg aus der Zeit um 1180 stammt und die Residenz der Herren von Dürrmenz war (u. a. von Ulrich von Dürrmenz, Kanzler unter Friedrich Barbarossa und Bischof von Speyer). Nach einem Brand in der ersten Hälfte des 17. Jahrhunderts verfiel das Bauwerk. Die Burgruine kann besichtigt werden und ist durch das Tor einsehbar.

19 Vaihingen an der Enz

Neben der Württemberger Weinstraße führt auch die Deutsche Fachwerkstraße durch Vaihingen. Für Besucher interessant ist das Große Haus im Teilort Enzweihingen, ein charakteristischer Fachwerkbau aus dem späten 17. Jahrhundert. Überragt werden die schmalen Gassen und idyllischen Orte vom Wahrzeichen der Kreisstadt, dem Schloss Kaltenstein. Im Sommer lockt aber auch das »Vaihinger Strandleben« – ein 400 Quadratmeter großer Sandstrand mitten auf dem Marktplatz. Wem die Kuchenleckereien in den Stadtcafés nicht süß genug sind, der kann sich noch auf den Weg in das Bonbonmuseum machen. Selbstverständlich steht auch der Wein im Mittelpunkt: Angebaut wird die gesamte Palette der Württemberger Rebsorten, teilweise an Terrassen-Steillagen. Ebensowenig darf ein Lehrpfad in den Weinbergen fehlen.

20 Bönnigheim

Der historische Ortskern von Bönnigheim bezaubert mit einer Vielzahl an besonderen Bauwerken. Zum einen wäre da das spätbarocke Stadionsche Schloss. Zum anderen gibt es das Steinhaus, das 1295 erbaut wurde und damit das älteste Gebäude des Ortes ist. Heute befindet sich in den Räumlichkeiten das Schwäbische Schnapsmuseum. Von der mittelalterlichen Stadtmauer ist noch der Köllesturm (13. Jahrhundert) erhalten. Und in der Cyriakuskirche beeindruckt die spätgotische Ausstattung. Eine Kuriosität in diesem Gotteshaus ist die Darstellung der sogenannten Schmotzerin, deren Gemälde sich unterhalb einer Szene mit Christ Geburt in Betlehem befindet. Barbara Stratzmann (ca. 1448 bis 1503) soll ganze 29 Mal schwanger geworden sein und dabei 53 Kinder zur Welt gebracht haben!

21 Kirchheim am Neckar

Die Lagen des Weinbauortes sind Teil der Großlage Stromberg im Württembergischen Unterland. Die Böden sind hier von Mittelkeuper, Mergel-, Ton- und Sandstein geprägt. Zusammen mit der Lage und dem Klima ergeben sich exquisite Steillagenweine. Der Ort selbst ist weniger touristisch, eignet sich aber gut als Ausgangspunkt für Ausflüge ins Umland.

22 Besigheim

Einen schönen Blick über den Ort und auf den herausragenden 29 Meter hoher und im Jahr 1220 erbauten Waldhornturm bietet oberhalb der Rebflächen die im Herbst entstandene

Stolz thront Schloss Kaltenstein über Vaihingen an der Enz (ganz oben). Im Dreigiebelhaus in Besigheim (oben) sind eine Buchhandlung und ein Kulturkeller untergebracht.

Weinkanzel. Von Besigheim aus kann man übrigens auf dem Neckar sowohl in Richtung Heilbronn als auch in Richtung Stuttgart reisen.

23 Mundelsheim

Jüngste archäologische Ausgrabungen zeigen, dass im 2. und 3. Jahrhundert in Mundelsheim ein römisches Wehrdorf stand, das als Verpflegungslager für umliegende Kastelle diente. Noch heute gibt es einen freigelegten Keller mit Lichtöffnungen zu besichtigen. Gleich nebenan befindet sich ein Mithras-Tempel. Und so ganz nebenbei gibt es einen kostenlosen eindrucksvollen Blick auf das Neckartal.

24 Ilsfeld

Der kleine Ort hat ein großes Netz an Rad- und Wanderwegen zu bieten, auf denen sich das Schozachtal und die umliegende Natur gut erkunden lassen. Im Ort selbst lädt die Ilsfelder Schozachaue, ein Naturerlebnisraum, die Einheimischen wie die Besuchern zum Entspannen ein.

25 Beilstein

Am Fuße der Löwensteiner Berge gelegen, ragt die mit Ringmauern aus Sandstein versehene Burg heraus. Entstanden ist sie zur Stauferzeit. Heute begeistert eine Falknerei auf der Burg mit Flugvorführungen die Besucher. Etwas unterhalb befindet sich Schloss Beilstein, das idyllisch von den Wein-

bergen eingerahmt ist und auf einen im 16. Jahrhundert erbauten Amtshof zurückgeht. Heute ist es das Haus eine Tagungsstätte.

26 Großbottwar
Unübersehbares Wahrzeichen des umliegenden Bottwartals ist die Burg Lichtenberg, die 1197 erstmals erwähnt wurde, aber heute nicht mehr auf dem Stadtgebiet liegt. Die Schildmauerburg besitzt zwei Türme. Besichtigungen sind sonntags möglich. Im Ort selbst gibt es mehr als zwei Dutzend denk-

Oben: Beilstein wartet mit einigen schönen Fachwerkhäusern auf. Unten: Neckarschleife bei Mundelsheim.

LEMBERGER

Die württembergische Spezialität wird vor allem auch in Österreich angebaut. Dort ist sie unter dem Namen Blaufränkisch bekannt. In Deutschland werden Lemberger zusehends mit dem österreichischen Namen versehen, genießt dieser über die heimischen Regionen hinaus einen doch deutlich höheren Stellenwert. Klassifiziert ist die Rebsorte offiziell unter »Blauer Limberger«. Ursprünglich kommt sie aus dem Nordosten Sloweniens. In Deutschland wird die spätreifende Traube fast ausschließlich in Württemberg angebaut.

malgeschützte Fachwerkhäuser zu bewundern, allen voran das Rathaus von 1556/57.

27 Steinheim an der Murr

In Steinheim befindet sich ein archäologischer Schatz: Das Urmensch-Museum zeigt den etwa 400 000 Jahre alten Schädel einer Frau, der 1933 in Steinheim gefunden wurde. Seit einigen Jahren gibt es zudem ein Körpermodell der »Steinheim-Frau«. Die lange Geschichte der Stadt kann auch an den gut erhaltenen Fachwerkbauten wie etwa dem Rathaus (1580) oder am mittelalterlichen Marktbrunnen (1686) und an der alten Klosteranlage, in der heute ein Museum zur Kloster- und zur Stadtgeschichte untergebracht ist, nachvollzogen werden.

28 Marbach am Neckar

Das Fachwerkhaus, in dem Friedrich Schiller 1759 geboren wurde, ist heute eine Gedenkstätte. Zum renommierten Deutschen Literaturarchiv Marbach gehört neben dem Literaturmuseum der

Ganz oben: In diesem Haus in Marbach soll Friedrich Schiller das Licht der Welt erblickt haben. Mittleres Bild: Waiblingen; unten: Altes Rathaus und Marktbrunnen in Winnenden.

Moderne das Schiller-Nationalmuseum. Herausragende Baudenkmäler des Orts sind die spätgotische Alexanderkirche mit Deckenfresken des 15. Jahrhunderts und die mittelalterliche Stadtburg am Burgplatz.

29 Ludwigsburg

Das Schloss und die Stadt tragen den Namen ihres Begründers Herzog Eberhard Ludwig von Württemberg, der sich Anfang des 18. Jahrhunderts den französischen Sonnenkönig Ludwig XIV. zum Vorbild nahm und sich eine neue Residenz weit vor den Toren seiner Hauptstadt erbaute. So entstand zwischen 1704 und 1733 das prachtvolle »schwäbische Versailles« im Stil des Barock: Schloss und Park Ludwigsburg mit 18 Gebäuden und 452 Räumen sowie 32 Hektar Park ist eine der größten Anlagen Deutschlands. In der Barockgalerie werden Meisterwerke des 17. und 18. Jahrhunderts ausgestellt. Vervollständigt wird die Prachtanlage durch das verspielte Lustschloss Favorit. Das im Jahr 1709 als barocke Residenzstadt angelegte Ludwigsburg verfügt über einen von Arkaden gesäumten Marktplatz und zwei Barockkirchen.

30 Remseck am Neckar

Die 26 000-Einwohner-Stadt hat ihren Besuchern einiges zu bieten. So sind z. B. ihre zwei Rad- und Fußgängerbrücken über den Neckar bzw. über die Rems bei ihrer Erbauung 1988 und 1990 die größten freitragenden Holzbrücken in Europa. Schöne alte Fachwerkhäuser sind im Stadtteil Neckargröningen zu sehen. Und von einem Bergsporn blickt die Ruine der mittelalterlichen Burg Remseck auf Neckarrems hinab.

31 Waiblingen

Die Kreisstadt im Remstaler Rebland beeindruckt mit prächtigem Fachwerk. Die Höhepunkte sind das Alte Rathaus mit Arkaden, mehrere Brunnen, der Beinsteiner Torturm und der Hochwachtturm. Die verwinkelten Gassen in der idyllischen Altstadt laden zum Flanieren ein. Während Bodenfunde auf eine Besiedlung bereits vor 5000 Jahren hinweisen, entwickelte sich der heutige Stadtkern in der römischen und alemannischen Zeit. Kulturell Interessierte kommen in der Stihl-Galerie auf ihre Kosten.

32 Winnenden

Einmal erleben, wie sich Gefangene im Mittelalter gefühlt haben – das ist beim Besuch des Diebsturms möglich, der früher ein Fangturm war und ursprünglich als Gefängnis für Straftäter konzipiert war. Und kaum ein Ort in Württemberg ist ohne ein Schloss – so auch Winnenden. Hier steht das Schloss Winnental, in dem heute eine Klinik untergebracht ist.

Kleines Bild oben: Haus der Stadtgeschichte im Gerberhaus Waiblingen. Unten: das prächtige Residenzschloss Ludwigsburg mit schönem Garten.

33 Weinstadt

Wegen des Bauernaufstands des Armen Konrad erlangte der Weinstädter Stadtteil Beutelsbach Berühmtheit. Besucher können in den umliegenden Weinbergen wandern. Dazu bieten sich ein Skulpturenpfad mit 29 Bronze- und Steinskulpturen in Strümpfelbach und der »Skulpturen- und Weinlehrweg Schnait« an.

34 Fellbach

Die »Stadt der Weine und Kongresse« zwischen Neckar und Rems besitzt fünf Weingüter und die Fellbacher Weingärtner eG, wobei drei von ihnen zu zum Verband der deutschen Prädikatsweingüter (VdP) gehören. Auf den rund 180 Hektar Rebfläche um den Kappelberg reifen Spitzenweine. Den edlen Tropfen widmet sich der Ort alljährlich beim traditionellen Wein- und Erntedankfest (»Fellbacher Herbst«), das immer am zweiten Oktoberwochenende stattfindet.

35 Stuttgart

Der deutsche Philosoph Georg Wilhelm Friedrich Hegel wurde 1770 in Stuttgart geboren, Friedrich Schiller schrieb hier sein Drama »Die Räuber« und Gottlieb Daimler studierte in Stuttgart Maschinenbau. Die Schwabenmetropole ist weltoffen und bodenständig zugleich. Das moderne Stuttgart begeistert mit fröhlichen Musicals, prunkvollen Schlössern, interessanten Museen und nicht zuletzt mit seiner Gastronomie. Geprägt von ihren zahlreichen berühmten Söhnen und Töchtern, gilt Stuttgart heute als moderne Großstadt, dabei hat damals alles eher klein angefangen. Laut Überlieferung soll Herzog Liudolf von Schwaben 950 n. Chr. die Stadt gegründet haben. Damals war es lediglich ein Pferdegestüt, aus dem sich im Laufe der Zeit eine Siedlung entwickelte. Zu den Grafen von Württemberg gelangte Stuttgart im Jahr 1251 anlässlich der Vermählung von Mechthild von Baden mit dem Grafen Ulrich I. von Württemberg als Mitgift. Heute ist Stuttgart die Landeshauptstadt von Baden-Württemberg und mit knapp 600 000 Einwohnern auch dessen größte Stadt.

36 Plochingen

Man muss nicht unbedingt nach Wien reisen, um ein Hundertwasserhaus zu besichtigen. Auch im beschaulichen Plochingen ist dies möglich. Dort planten zwei heimische Architekten den Bau eines Wohn- und Geschäftshauses samt Innenhof. Im Jahr 1992 nahm die Stadt Kontakt zu Friedensreich Hundertwasser auf. Der österreichische Künstler war tatsächlich bereit, die Fassade des Innenhofes zu gestalten. Ihn begeisterte, dass Besucher und Bewohner »nur noch Hundertwasser um sich und den Himmel über sich« hätten. Für den Künstler war dies ein Novum. Heute gibt es sogar eigene Führungen. Ein Hingucker ist auch das wunderschöne Glockenspiel am Haus »Grüner Baum«. Die 15 Bronzeglocken erklingen dreimal täglich: um 11:05 Uhr, um 15:05 Uhr und um 17:05 Uhr. Sehenswert ist auch das im Jahr 1488 gebaute und am Fischbrunnen 9/10 erhaltene älteste Haus der Stadt. Das »Weinbergtürmle« hatte vor 100 Jahren noch seinen Platz mitten in den Weinbergen. Einst war es der Ort, von dem aus der Wengert-

WEINFESTE

AUGUST/SEPTEMBER

»Stuttgarter Weinfest«

Die lange Weinbautradition der Region wird jedes Jahr zwei Wochen lang gefeiert. In über die Stadt verteilten gemütlich eingerichteten Weinlauben können über 200 Weine aus Württemberg verkostet und dazu schwäbische Gerichte probiert werden.

Links Weinreben bei Fellbach (oben); vor dem Königsbau am Stuttgarter Schlossplatz (unten). Rechts: Neue Staatsgalerie Stuttgart; Maurischer Garten und Seerosenteich der Wilhelma.

schütz in der Herbstzeit die Weinberge bewachte.

37 Wendlingen am Neckar

Drei Kirchen bzw. Kapellen sind in dieser Ortschaft einen kurzen Besuch wert: die gotische Friedhofskapelle Zu unserer lieben Frau im Hirnholz aus dem 11. Jahrhundert, die Eusebiuskirche (ein spätgotischer Bau aus dem 15. Jahrhundert mit einem auf Holz gemalten Predellenbild und einem lebensgroßen gotischen Grabmal) sowie die gotische Jakobskirche mit Fresken aus dem 15. Jahrhundert und wunderschönen Kirchenfenstern.

38 Nürtingen

Die von Fachwerkhäusern und Barockbauten geprägte Altstadt breitet sich am Fuß der Stadtkirche St. Laurentius (1506–1509) aus. Von der mittelalterlichen Stadtbefestigung blieb der Blockturm erhalten. Besonders sehenswert sind die alte Lateinschule und die zwei markantesten Fachwerkbauten der Stadt, der Salemer Hof und das Rathaus mit seinen Arkaden (alle aus dem 15. Jahrhundert).

39 Neuffen

Der Ort gehört mit seiner kompletten Gemarkung zum Biosphärengebiet »Schwäbische Alb«, das sich von Weilheim/Teck im Norden mit seinen Weinbergen an der Limburg bis nach Zwiefalten im Süden und von Schelklingen im Osten bis ins westliche Reutlingen zieht. Weithin sichtbar wie eine riesige Kuppe ist zudem das 743 Meter hoch aufsteigende Felsmassiv Hohenneuffen. Dort oben befindet sich die Ruine einer hochmittelalterlichen Höhenburg, um die herum Wein gedeiht. Die Weinbautradition gibt es in dem Ort bereits seit dem Jahr 1239. Wenn der »Täleswein« gekeltert wird, feiern die Neuffener das immer am ersten Septemberwochenende auf dem Kelterplatz.

40 Metzingen

Hier endet die Württemberg Weinstraße. Millionen Besucher zieht es jährlich nach Metzingen – das liegt aber nicht nur an der Geschichte der Stadt, sondern vor allem am Outletcenter mit seinen 270 Marken und Shops. Beim Stadtrundgang erzählen mythische und magische Plätze längst vergangene Geschichte – wie zum Beispiel die lebendigen Spuren des alemannischen Sippenfürstes Matizzo. Zum krönenden Abschluss der Tour hat vielleicht der ein oder andere noch Lust auf das Weinbaumuseum: Pädagogisch wertvoll aufgearbeitet, wird in 27 Stationen und anhand verschiedener Exponate die Welt des Weines »mit allen Sinnen erleb- und genießbar«.

Das Weingut Wolfgang Haidle in Stetten (oben) stellt 60% Rotweine und 40% Weißweine her. Die Roten kommen ins Barriquefass, die Weißen in den Stahltank. Links: Rund um das Schlossgut Hohenbeilstein gedeiht Wein.

WEINGÜTER

Weingut Graf Adelmann
Stilvolles Weingut mit 720-jähriger Tradition in einer mittelalterlichen Burg, die auch als Wohnsitz der gräflichen Familie dient. Alter Baumbestand und ein großzügig angelegter Park flankieren das Anwesen. Es gibt offene Weinproben und musikalische Events.
Burg Schaubeck
71711 Steinheim-Kleinbottwar
Tel. +49 7148/921 220
www.graf-adelmann.com

Weingut Karl Haidle
Die Y-Burg thront inmitten der Weinberge. Der Blick von oben erinnert an ein Weingut in der Toskana. Im Jahr 2019 wurde Moritz Haidle (die dritte Generation auf dem Weingut) als Falstaff-Newcomer des Jahres ausgezeichnet. Top-Rotweine ragen aus dem Angebot heraus.
Hindenburgstraße 21
71394 Kernen-Stetten
Tel. +49 7151/949 110
www.weingut-karl-haidle.de

Weingut Graf Neipperg
Weinbau wird im Haus Neipperg seit mehr als 750 Jahren betrieben. Das Haus soll den Lemberger (auch bekannt als Blaufränkischer) im 17. Jahrhundert nach Deutschland gebracht haben. Zahlreiche Rebsorten reifen heute im Schlosskeller.
Schloßstraße 12
74193 Schwaigern
Tel. +49 7138/941 400
www.graf-neipperg.de

Weingut Aldinger
Jedes Jahr liefert dieses Weingut Spitzenerzeugnisse. Es ist das erste in Württemberg, das von Gault Millau mit fünf Trauben ausgezeichnet wurde, und produziert den ersten und einzigen Sekt Deutschlands mit 100 Punkten. Die Wurzeln des Weinguts reichen bis ins 15. Jahrhundert zurück. Vor allem terroirbezogene Weine liegen Hansjörg und Matthias Aldinger (Winzer des Jahres 2020 des Vinum Wein Guide) am Herzen.
Schmerstraße 25
70734 Fellbach
Tel. +49 711/581 417
www.weingut-aldinger.de

Weingut Jürgen Ellwanger
Die Familie blickt auf 500 Jahre Weinbautradition zurück. Angebaut wird so naturnah wie möglich mit teils 50% Ertragsreduktion sowie 65% Rotwein und 35% Weißwein. Hauptrebsorten sind Riesling, Lemberger und Trollinger.
Bachstraße 27
73650 Winterbach
Tel. +49 7181/445 25
www.weingut-ellwanger.de

Schlossgut Hohenbeilstein
Der alte »Langhans«, der mächtige Burgfried aus dem 12. Jahrhundert, lässt seinen Schatten auf die VDP-Monopollage Hohenbeilsteiner Schlosswengert fallen. Ein grüner Rebteppich zieht sich den steilen Hang hinab bis zum Schlossgut Hohenbeilstein. Nach dem Motto »Das Ererbte bewahren – neue Wege gehen« führt Joscha Dippon die konsequente Linie seines Vaters Hartmann fort. Seit 1987 ökologischer Weinbau.
Schlossstraße 40
71717 Beilstein
Tel. +49 7062/937 110
www.schlossgut-hohenbeilstein.de

Weingut Adelmann (links außen) und Weingut Elwanger (links).

ÖSTERREICH

Die Weinkultur verschmilzt hier auf besondere Weise mit den Menschen, ihren Traditionen und den kulinarischen Spezialitäten des Landes.

WEINREGIONEN
ÖSTERREICH

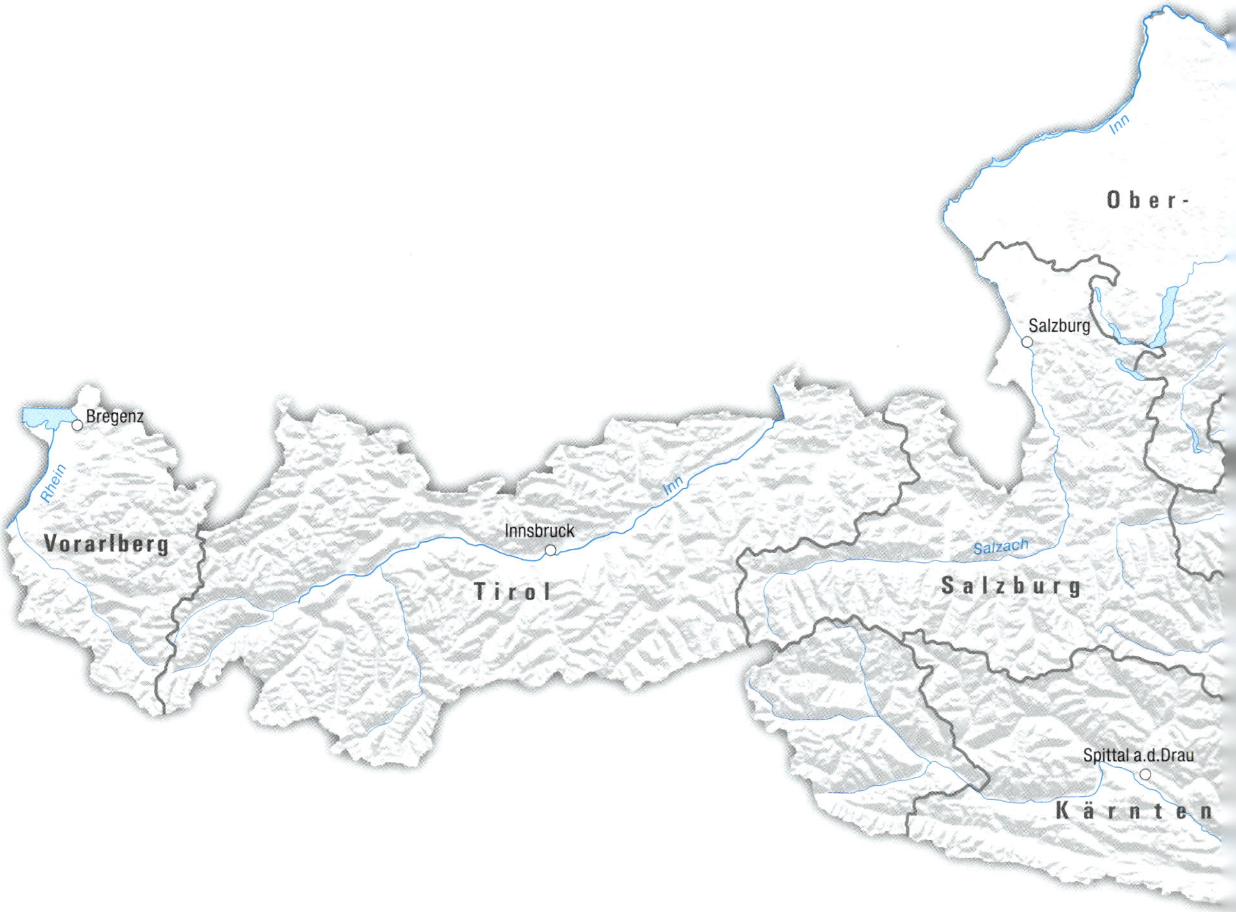

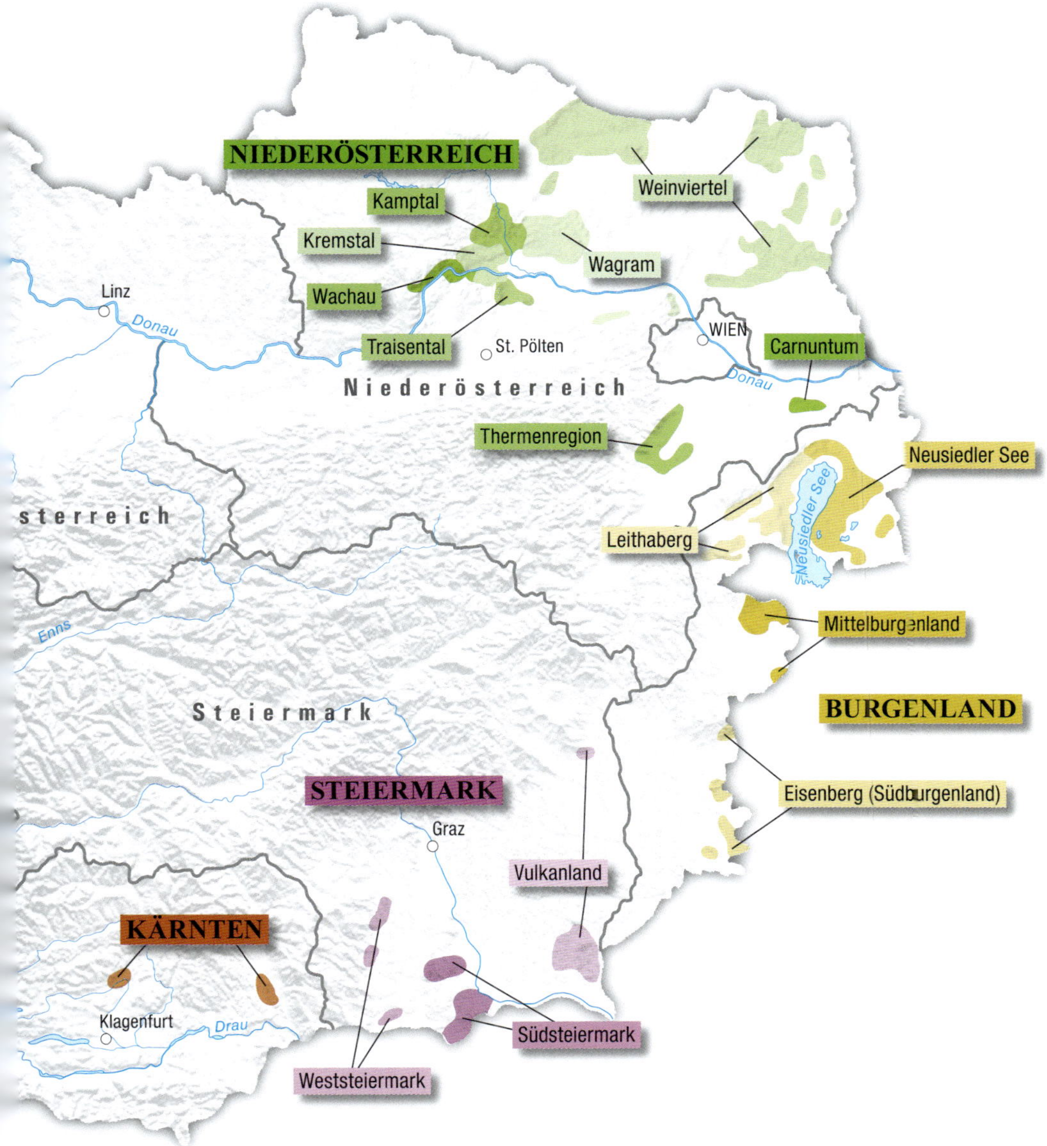
NIEDERÖSTERREICH
Weinviertel
Kamptal
Kremstal
Wagram
Linz
Wachau
Donau
Traisental
St. Pölten
WIEN
Carnuntum
Donau
Niederösterreich
Thermenregion
Neusiedler See
Neusiedler See
sterreich
Leithaberg
Enns
Mittelburgenland
BURGENLAND
Steiermark
Eisenberg (Südburgenland)
STEIERMARK
Graz
Vulkanland
KÄRNTEN
Klagenfurt
Drau
Südsteiermark
Weststeiermark

ÖSTERREICHISCHE WEIN- UND

GRÜNER VELTLINER

Geschichte/Anbau: Mit Abstand die wichtigste, bekannteste und beliebteste Weißwein-Rebsorte in Österreich. Dabei wurde aus ihr einst nur einfacher Heurigen-Wein gewonnen. Mittlerweile hat die Sorte beinahe Weltruhm erlangt. Kreuzung aus Traminer und St. Georgen mit großem Lagerungspotenzial. Der Grüne Veltliner fühlt sich im Anbau vor allem auf Granit und löshaltigen Böden wohl.

Genuss: Als leichter, knackiger, leicht pfeffriger Trinkwein oder als voller, harmonischer und sehr extraktreicher Speisenbegleiter bis hin zum berühmten Smaragd aus der Wachau, wo er mit seiner unheimlichen Fülle dominiert und echtes Format hat. Aromen von Apfel, Birnen und Marillen mit ordentlicher Säure. Passend zu Fisch und Geflügelgerichten.

WEISSBURGUNDER

Geschichte: Ursprung in Frankreich, wohl ein Ableger des Grauburgunders. Durch seine feingliedrige Art wird er oft für Cuvées verwendet. Es kommen in tollen Lagen wie in der Süd- und Oststeiermark aber auch ganz hervorragende volle sortenreine Weine zum Vorschein.

Genuss: Blumiger Duft mit leichter bis mittlerer Säure, manchmal leichte Nussnuancen.

CHARDONNAY / MORILLON

Geschichte/Anbau: Ursprünglich stammen diese Trauben aus Frankreich, die Bezeichnung Morillon wird insbesondere in der Steiermark verwendet. Mittlerweile wird die Rebsorte, die es gerne warm hat, zu großen Weinen ausgebaut, wie es zahleiche Winzer auch in Österreich beweisen. Kommt oft im Barrique zum Einsatz, um dem Wein noch mehr Stabilität und Fülle zu geben. Allerdings ist die Anbaufläche noch kleiner als beim Weißburgunder.

Genuss: Zeigt im Geschmack oft zarte Melonen, Bananen und Heuaromen. Manchmal etwas Lindenblüte, wenn er sehr feingliedrig ist. Aber auch Quitte kann sich zeigen. Wird er im kleinen Holzfass ausgebaut, erinnert der Geschmack an buttrige Röstaromen.

MUSKATELLER

Geschichte/Anbau: Auch als Rosen-Muskateller bezeichnet, da er einen feinen Duft und Geschmack hat, der oft an Rosenblüten erinnert. Eine klassische Rebsorte aus Österreich, die besonders im Sommer sehr beliebt ist. Die Anbaufläche ist noch sehr gering, wächst aber beständig, vor allem in der Steiermark und in Niederösterreich. Der Anspruch an den Boden ist eher gering. In Österreich ist die Verbreitung zwar eher mäßig, dafür sind die Weine äußerst beliebt.

Genuss: Oft sehr zart-fruchtig, aber dennoch trockener Ausdruck.

TRAMINER

Geschichte/Anbau: Die Sorte hat den Namen aus dem südtiroler Ort Tramin (dort wurde bereits im 15. Jahrhundert Traminer-Wein hergestellt) und gehört zu den ältesten Rebsorten in Europa. Meistens werden aus ihr wegen des enormen Zuckergehalts auch feinfruchtige bis süße Weine produziert. Die Rebe trägt oft kräftig grüne Beeren. Übrigens ist eine Traminervariante auch im Grünen Veltliner zu finden.

Genuss: Beliebt als Speisenbegleiter zu Desserts, feinem Gebäck oder zur Gänseleber als Parfait. Im Geschmack und Duft erinnert Traminer an getrocknetes Obst, feinen Rosenduft und Rosinen. Er besitzt nur wenig Säure.

SCHEUREBE

Geschichte/Anbau: 1916 nach seinem Züchter Georg Scheu (Kreuzung aus Riesling und einer Wildrebe) wird die Rebsorte heute im Burgenland, am Neusiedler See sowie in der Steiermark angebaut . Früher wurde sie vor allem lieblich ausgebaut. Das ist aber mittlerweile passé. Die Scheurebe ist recht widerstandsfähig gegen Frost und Trockenheit.

Genuss: Im Aroma tauchen Steinobst, exotische Früchte und Stachelbeere auf. Es können körperreiche Weine mit rassiger Säure entstehen.

REBSORTEN

ZWEIGELT

Geschichte/Anbau: Neben dem Grünen Veltliner die wichtigste autochthone Rebsorte Österreichs. Die Kreuzung von Blaufränkisch und St. Laurent eignet sich bestens für Cuvées. Kann jung getrunken werden, hat aber auch Lagerpotenzial. Die Ansprüche an den Boden sind gering.

Genuss: Jung getrunken zeigt sich der Zweigelt vor allem recht fruchtig, wird mit der Reife aber deutlich runder und feiner. Im Barrique ausgebaut, entstehen mitunter wirklich große Weine mit kräftigen Tanninen. Im Geschmack tauchen oft Brombeere und Sauerkirschen auf.

BLAUFRÄNKISCH

Geschichte/Anbau: Blaufränkisch ist eine Kreuzung aus Blauer Zimmettraube und Weißer Heunisch und eignet sich sehr gut für den Barriqueausbau. In Österreich taucht die Rebsorte erstmalig im 18. Jahrhundert auf.

Genuss: Bereits als junger Wein ist die Rebsorte sehr fruchtig und ausgewogen, teils aber auch richtig wild. Mit der Zeit werden die Weine runder und geschmeidiger. Dunkle Beeren und Kirschtöne prägen das Aroma, hinzu kommt eine teils kräftige Säure. Mit längerer Lagerungszeit werden die zuvor im Vordergrund stehenden Tannine besser eingebunden.

BLAUER SPÄTBURGUNDER / PINOT NOIR

Geschichte/Anbau: Aus Frankreich stammend, erlangt sie in Österreich zunehmend Bedeutung. Eignet sich gut zum Ausbau im Barrique und hat großes Reifepotenzial.

Genuss: Im Geschmack sehr vielschichtig. Von feinen Kirscharomen über zarte Himbeere und Veilchennoten bis hin zu Dörrobst und Waldboden reichen die viele Nuancen.

BLAUER WILDBACHER

Geschichte/Anbau: Die autochthone Rebsorte findet man in der Steiermark. Sie ist verwandt mit Blaufränkisch und wird für Roséweine genutzt. Bekannt durch die Schilcher-Weine.

Genuss: Fruchtig-kräftige Säure, grasige Aromen – deshalb schmeckt er jung getrunken am besten. Gerne als Aperitif.

CABERNET SAUVIGNON

Geschichte/Anbau: Ist erst seit kurzer Zeit in Österreich als Qualitätswein zugelassen. Die Rebe besticht durch Finesse und bringt aufgrund der Klimaerwärmung immer bessere Qualitäten.

Genuss: Nur vollreife Trauben haben die feinen schwarzen Johannisbeeraromen. Werden sie zu jung gelesen, gibt es einen zu großen Ertrag oder sind die Trauben noch nicht reif, findet man am Gaumen unreife grüne Paprikanoten.

MERLOT

Geschichte/Anbau: Erst seit 1986 in Österreich als Qualitätswein zugelassen. Wird reinsortig in der Alpenrepublik ausgebaut, aber auch für Verschnitte verwendet. Die Rebsorte benötigt viel Sonne und bringt nur bei voller Reife eine gute Qualität.

Genuss: Der Geschmack ist weich und üppig mit feinen Pflaumen und Blaubeertönen, hat meist ein filigranes Säurespiel.

ROESLER

Geschichte/Anbau: Hierbei handelt es sich um eine Neuzüchtung (im Stammbaum sind unter anderem Blaufränkisch und Blauer Zweigelt zu finden) der Klosterneuburger Weinbauschule, die genauso wie die Neuzüchtung Ráthay seit dem Jahr 2000 als Qualitätsrebsorte zugelassen ist. Deshalb werden die aktuell noch eher geringen Erträge gerne für Bioweine genutzt.

Genuss: Das Aroma zeichnet sich durch einen kräftigen Körper und Gerbstoffe aus. Durch die tiefdunkle Farbe taucht Roesler auch in Verschnitten auf. Die Weine dürften in Zukunft ordentlich Lagerpotenzial haben.

SYRAH/SHIRAZ

Geschichte/Anbau: Ist eine ganz junge Rebsorte auf dem österreichischen Markt. Meist wird sie in Österreich für Cuvées verwendet. Die Rebsorte braucht besonders gleichbleibendes und langzeitlich warmes Klima, deshalb kommt die Sorte hier sehr schwer zur vollen Güte. Es fehlt noch die Erfahrung mit der aus dem Rhônetal stammenden Traube.

Genuss: Tanninreiche, dunkelrote Weine die ein kräftiges Essen vertragen.

WESTLICHES WEINVIERTEL

Geschichtsträchtig und genussreich geht es im Osten Österreichs zu. Und immer wieder bieten sich im westlichen Weinviertel schöne Blicke über die Donau.

WEINROUTE 11

Im Osten des Landes ist Österreich eher flach und lieblich, nicht von hohen Bergmassiven geprägt wie etwa in Tirol. Gepaart mit dem Lauf der Donau, der diesen Landstrich durchzieht, und trockenen, kontinentalen Sommern bietet sich ein ideales Klima für den Weinanbau. Hier liegt das Weinviertel, durch das sich auf etwa 400 Kilometer die önologische Route schlängelt. Diese Weinstraße teilt sich insgesamt in drei Abschnitte, sie beginnt im westlichen Weinviertel, das unten beschrieben wird, und führt dann weiter über das Veltinerland bis hin zum südlichen Weinviertel. Die Landschaft zwischen Donau und tschechischer Grenze ist nicht nur von dichten Wäldern geprägt, in den Lößböden verstecken sich womöglich noch große antike Schätze, denn schon recht früh lässt sich menschliche Besiedelung hier nachweisen. Bei Krems wurde sogar eine 36000 Jahre alte Venusfigurine gefunden. Fanny vom Galgenberg gehört zu den kulturellen Höhepunkten der Region. Klöster und Kirchen sind fast in jedem Ort zu finden, so scheint es, aber auch Hinterlassenschaften der Römer oder andere alte Verteidigungsanlagen, die hier geschickt ins Stadtbild eingefügt worden sind. Im Vergleich zu anderen Feriengebieten Österreichs ist diese Region touristisch eher unerschlossen, was ihr die Chance gibt, den jetzt aufkeimenden Tourismus nachhaltig zu machen – mit regionalen Produkten, kleinen Hotels und eben überall Weinthemen, ob beim Wandern oder Verkosten.

Routenlänge: etwa 110 km
Zeitbedarf: mind. 3 Tage
Start: Pulkautal
Ziel: Herzogenburg
Routenverlauf: Die Route führt über Krems und macht einen Abstecher hoch nach Retz.

Besondere Hinweise: Es lohnt sich für manche Ziele, etwas mehr Zeit einzuplanen, schöne Wanderwege oder Erlebniszentren, etwa die Amethystwelt, liegen auf dem Weg.

Auskünfte:
Österreich Werbung Deutschland
Klosterstraße 64, 10179 Berlin
Tel. +49 30/219 1480
www.austria.info

den Attraktionen des Ortes. Aber auch jenseits der mobilen Nostalgie lässt sich hier einiges entdecken. Etwa Österreichs einzige original erhaltene Windmühle, die Retzer Mühle am Ortsrand. In der Nähe befindet sich der Kalvarienberg. Die Skulpturen, die den Passionsweg Christi nachvollziehen, stammen aus dem 18. Jahrhundert. Nicht religiös, obwohl es auf den ersten Blick so scheint, ist das gelbe Kirchengebäude auf dem Hauptplatz. Es war zwar einst als Kirche gedacht, konnte aber aufgrund fehlender Mittel nicht fertiggestellt werden. Also nutzten es die Stadtväter als Rathaus. Weiterhin sehenswert sind die Stadttore sowie die Stadtmauer.

1 Seefeld Kadolz

Die Gemeinde ist wohl der aktivitätenreichste Ort des Tals und wurde mehrfach zur jugendfreundlichsten Gemeinde Österreichs gekürt. Dass sich dennoch alte Traditionen bewahren lassen, zeigt das lebendige Treiben auf Schloss Seefeld. Das Barockschloss ist zwar in Privatbesitz, wird aber zu Konzerten oder Lesungen geöffnet. Weinfreunde zieht es eher in die Kellergasse von Großkadolz. Dort liegt die Euregio-Vinothek. In dem Haus lassen sich 125 Weinsorten verkosten, zusätzlich werden Spezialtäten aus der Region angeboten.

2 Mailberg

Niedrige Gebäude, die wie Reihenhäuser eng aneinanderstehen, machen im Pulkautal große Teile des Straßenbildes aus. Es sind die Kellergassen, eine Besonderheit der Weinbauregionen Österreichs, Tschechiens und Ungarns. Hier wurden die Weine gepresst und weiterverarbeitet, außerdem haben sich die Winzer hier gerne zur Verkostung getroffen. Diese Tradition wird auch heute noch gehalten, etwa in Mailbergs Kellergasse Zipf, in der noch 20 Keller originalgetreu erhalten und mit Führungen zu besichtigen sind. Darüber hinaus ist das Schloss Mailberg sehenswert. Die Kunigundenkirche mit ihrer Hügellage bietet einen hübschen Blick auf das Tal und die Siedlung.

3 Obritz

Hier ist nicht nur die Schnitzerkapelle sehenswert, sondern auch die Kellergasse. Besonderheit ist das vegane Bio-Weingut Fürnkranz, das auch gute Liköre und Schnäpse anbietet.

4 Haugsdorf

Der Ort ist bekannt für seine Rotweine in guter Qualität, immerhin werden auf 70 Prozent der Flächen rote Reben angebaut. Durch die Natur führt ein Öko-Wanderweg, der die Kunst des Weinmachens im Lauf der Jahrhunderte erklärt.

5 Retz

Von Pulkau aus macht die Route einen kurzen Bogen gen tschechischer Grenze. Die 4000-Seelen-Gemeinde Retz ist auf jeden Fall einen Abstecher wert, gehört sie doch zu den wichtigen Weinorten der Region, denn das eingemeindete Obernalb hat zwar nur 400 Einwohner, aber die größten Rebflächen im Weinbauviertel. Im Sommer gehört der »Reblaus-Express«, eine nostalgische Bahn, die hier startet, zu

6 Pulkau

Dass hier einst ein Galgen stand, vermutet man heute nicht mehr, wenn man die Straße zwischen Pulkau und Schrattenthal fährt. Heute erinnert noch ein Kreuz auf einer Stehle an Gerichtsbarkeit, die einst an diesem Ort ausgeübt wurde. Das Gerichtsmarterl markiert die Grenze zwischen zwei Besitztümern. Es gehört vielleicht nicht zu den auffälligsten Sehenswürdigkeiten des Ortes, vielleicht aber zu denen, um die sich die meisten Geschichten ranken. Mythen gibt es hier viele, etwa auch um die Quelle bei der Kapelle Maria Bründl. Zu Zeiten der Pest sollen Marienanbetung und das Wasser der Quelle die Menschen von der Krankheit verschont haben. Deswegen errichteten Gläubige hier ein Gotteshaus. Weltlicher geht es auf dem Hauptplatz zu. Das Rathaus aus dem 17. Jahrhundert ist Blickfänger in der Stadt.

7 Eggenburg

Weiß leuchtet die Dreifaltigkeitssäule auf dem Hauptplatz. Die barockgerundeten Figuren recken sich in den Himmel. Dahinter strahlen die Fassaden der Giebelhäuser in bunten Farben.

Oben: Windmühlen bei Retz. Kleines Bild links: Presshäuser und Kellergasse im Weindorf Haugsdorf.

ABSTECHER: Spitz
Mit seiner idyllischen Lage am linken Donauufer lohnt sich auf jeden Fall ein Abstecher. Der Ort ist nicht nur umgeben von Weinbergen, er hat auch ein eigenes Schloss. Besonders stimmungsvoll sind die Fackelwanderungen.

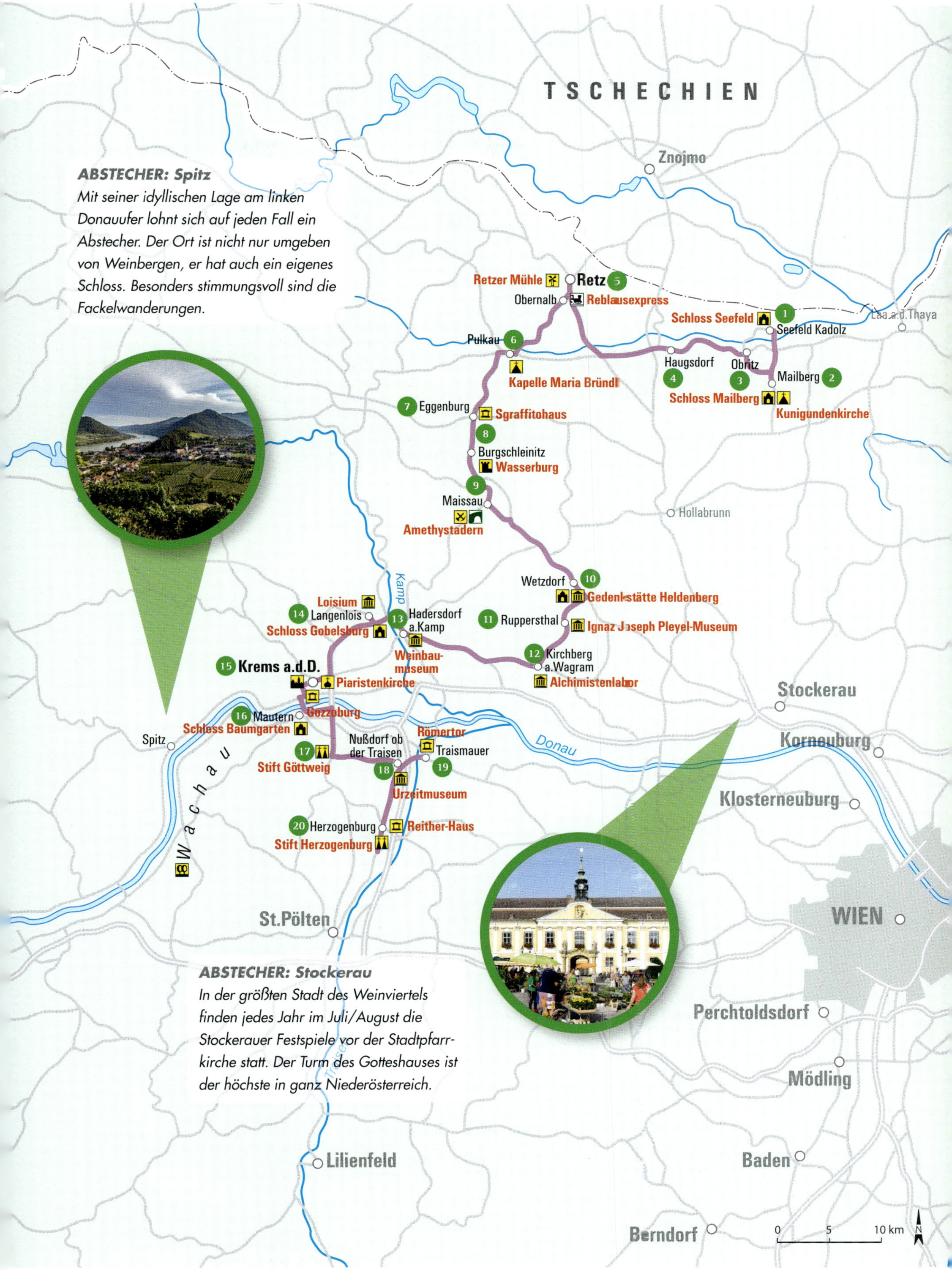

ABSTECHER: Stockerau
In der größten Stadt des Weinviertels finden jedes Jahr im Juli/August die Stockerauer Festspiele vor der Stadtpfarrkirche statt. Der Turm des Gotteshauses ist der höchste in ganz Niederösterreich.

Manche sind aufwendig mit Malereien verziert, allen voran das berühmte Sgraffitohaus, Wahrzeichen der Stadt mit seinen biblischen Darstellungen, die ins 16. Jahrhundert zurückreichen. Andere Häuser haben verschnörkelte Giebel. Hier sind eine Pestsäule sowie der Martinsbrunnen noch erhalten. Aber nicht nur im Zentrum gibt es Sehenswertes, ein ehemaliger Turm der Stadtmauer ist sogar noch begehbar ebenso wie die Stadtmauer, die fast vollständig erhalten ist. Wer noch weiter in die Historie eintauchen will, geht ins Krahuletz-Museum mit seiner frühgeschichtlichen Sammlung.

8 ➜ Burgschleinitz

Obwohl das Innere der Burg nicht öffentlich zugänglich ist, lohnt sich ein Abstecher. Denn das Ensemble mutet sehr romantisch an mit seinem Wassergraben, der hohen Burgmauer und dem davorliegenden Teich. Hier hat einst Franz Grillparzer Inspiration gefunden. Damit das Anwesen auch die Bezeichnung »Wasserburg« verdient, wurde Mitte der 1970er-Jahre der Burggraben wieder geflutet.

9 ➜ Maissau

Am Übergang zwischen Weinviertel und Waldviertel dominiert nicht nur der Wein. Es gibt auch unterirdische Schätze, denn hier befindet sich eine der weltweit größten, frei zugänglichen Amethystadern der Welt. Sie wurde 1845 zufällig bei Steinbrucharbeiten entdeckt, aber nicht genutzt. Erst 150 Jahre später erkannten die Bewohner von Maissau, auf welchem Schatz sie lebten, und leiteten Forschungen ein. Man vermutet heute, dass sich die Ader einen Kilometer weit ins Gestein zieht. Grund genug für die Niederösterreicher, einen Schaustollen sowie eine große Erlebniswelt dort einzurichten. Jenseits des lilafarbenen Steins ist auch die Burg von Maissau eine wichtige Attraktion des Ortes, den sie wie eine steinerne Wächterin überragt.

10 ➜ Wetzdorf

Die Gemeinde gliedert sich in Kleinwetzdorf und Großwetzdorf. Hauptattraktion des Ortes ist das Schloss. Das Anwesen ist nicht öffentlich zugänglich, es beherbergt als Attraktion den Sommerstall und das Trainingszentrum der Spanischen Hofreitschule in Wien. Zum Schloss gehört auch die Gedenkstätte Heldenberg, die besichtigt werden kann. Es ist ein Park voller Büsten und Statuen von militärischen Würdenträgern und Herrschern. Insgesamt 169 Abbilder sind hier zu sehen, der Händler Joseph Gottfried Pargfrieder hat die Anlage samt Siegeshalle im 19. Jahrhundert nach dem Vorbild der Walhalla errichten lassen.

11 ➜ Ruppersthal

Lößboden und sonnige Südhänge bieten in diesem Ort ideale Bedingungen für den Grünen Veltiner, der hier hauptsächlich gedeiht. Viele Winzer laden in ihre Keller ein oder verkaufen Marmeladen, Essig und andere Produkte rund um die Rebe. Jenseits des Weins bietet sich das Ignaz Josef Pleyel-Museum an, es informiert über Leben und Werk des Komponisten.

WEINFESTE

MAI/JUNI
»Kellergassenfest« in Mailberg;
um Fronleichnam: »Weintage« in Retz

SEPTEMBER
Weinlesefeste in Ruppersthal und Retz

OKTOBER
Kürbisfest in Pulkau

12 Kirchberg am Wagram

Ein Alchimistenlabor ist immer spannend – wie es aussehen könnte, ist im Rathaus von Kirchberg zu sehen. Dort wurde das Labor, das sich einst im Schloss befand, wiederaufgebaut und den Besuchern zugänglich gemacht. Das Renaissanceschloss im Stadtteil Oberstockstall ist in Privatbesitz und nicht zugänglich.

13 Hadersdorf am Kamp

Neben dem örtlichen Weinbaumuseum ist das Ausstellungshaus Spoerri erwähnenswert. Der Schweizer Künstler Daniel Spoerri hat hier ein Speiselokal sowie ein zeitgenössisches Kunstzentrum erschaffen.

14 Langenlois

Alte Obst- und Gemüsesorten zu züchten ist in Mode – und wichtig. Die Arche Noah in Langenlois hat sich dieser Aufgabe verschrieben und betreibt nicht nur eine Tauschbörse mit Samen und Zwiebeln, sondern verwaltet auch das größte Archiv an Samen, Knollen und Zwiebeln im deutschsprachigen Raum. Nicht nur darin ist Langenlois spitze, sondern es ist auch die größte weinbautreibende Stadt Österreichs. Sie ist hübsch angelegt mit den Renaissancehäusern im Zentrum, von denen einige auch Arkadenhöfe haben. Aber auch die Kirchen lohnen einen Blick, etwa die Pfarr- oder die Nikolauskirche. Eher futuristisch mutet die Architektur der Erlebniswelt Loisium an, ein 900 Jahre altes Kellerlabyrinth wurde zu einem Weinzentrum umgebaut, der US-amerikanische Architekt Steven Holl hat das Gebäude darüber errichtet, in dem sich nicht nur eine Vinothek, ein Spa und ein Informationszentrum über Weinproduktion und Fassherstellung befinden, sondern wo es sich auch gut frühstücken lässt. Weiterer Stopp für Weinliebhaber ist Schloss Gobelsburg mit seiner angeschlossenen Kellerei.

Linke Seite oben: Weinmuseum und Vinothek in Loisium. Rechts: die Stadt Eggenburg.

★★★ »RENT A REBSTOCK«

Einmal einen eigenen Weinstock besitzen, das ist der Traum so mancher Weinliebhaber. Doch wie bewerkstelligen zwischen Beruf und Alltag? »Rent a Rebstock« heißt die Lösung aus Retz. Hier gehen Amateure mit Profis durch die Anpflanzungen, schneiden, pflegen und keltern den Wein.

15 Krems

Dieser Spruch regt zum Nachdenken an: »Krems Und Stein sind drei Orte«. Tatsächlich gliedert sich die Stadt nicht nur in das Zentrum, sondern auch in die Vororte Stein und Und. 27 000 Jahre alt war das Kindergrab, das man im Jahre 2005 hier gefunden hat, sogar noch älter ist ein anderer Fund aus Krems: Fanny vom Galgenberg ist mit ihren 36 000 Jahren die älteste Venusfigurine der Welt. Kein Wunder also, dass Krems eine historische Altstadt hat, die Teil des Weltkulturerbes »Kulturlandschaft Wachau« ist. Zu den Wahrzeichen der Stadt zählt auf jeden Fall das Steiner Tor, flankiert von zwei spitzdachigen Trabantentürmen. Das Rathaus, die Gozzoburg sowie das Göglhaus gehören zu den Höhepunkten, aber auch die Pfarrkirche St. Veit mit ihren prachtvollen Fresken sowie die Piaristenkirche aus dem 11. Jahrhundert, die mit ihrer barocken Ausstattung als die kleine Schwester des Wiener Stephansdoms gilt, sollten Besucher nicht versäumen. Wer durch die Stadt schlendert, kommt auch an der Kunstmeile vorbei, mit Kunsthalle und Karikaturmuseum. Freunde der guten Reben sind in diesem Weinbaugebiet natürlich auch gut aufgehoben. Das Weinstadtmuseum informiert über viele historische Dinge rund um den edlen Tropfen und im Weingut der Stadt Krems können Veltiner und Riesling verkostet werden. Krems ist übrigens auch erste Anlaufstelle für Nachwuchswinzer, sie werden in der Weinbauschule darauf vorbereitet, den elterlichen Hof zu übernehmen.

16 Mautern

Flach ist die Landschaft auf der einen Seite der Donau, dort formen sich Häuser und Straßen zum 3500-Seelen-Ort Mautern. Auf der anderen Seite des Flusses erhebt sich ein Hügel, dicht an dicht wachsen hier Weinreben in ordentlichen Reihen. Das milde Klima und die strategisch günstige Lage am

Fluss haben schon die Römer beeindruckt, die hier eine Siedlung errichtet hatten. Im Dunkelsteiner Wald finden sich noch Reste der alten Handelsstraße, das Kastell ist leider auch nicht mehr erhalten geblieben, nur noch ein Rest der Mauer. Diese ist zudem in der Margaretenkapelle verbaut, die Kirche geht bis ins 9. Jahrhundert zurück. Dafür lockt die Stadt mit dem Schloss Baumgarten, einem barocken Bau mit eindrucksvollem Portal. Das Rathaus ist ebenfalls ein beliebtes Fotomotiv.

17 ➜ Stift Göttweig

Überwältigend prachtvoll ist das Innere der Stiftskirche gestaltet. In Gold gefasste Kanzel, Altar und Orgel strahlen dem Besucher entgegen. Zarte blau-rosa Fresken an den Wänden betonen diese Pracht und auf den rundbögigen Säulen sind Engel gemalt. Eindeutig barock präsentiert sich das Gotteshaus. Es ist das spirituelle Zentrum der Anlage, die nach einem Brand im 18. Jahrhundert wiederaufgebaut wurde. Architektonisches Vorbild war damals der Madrider Escorial-Palast, sehenswert ist heute nicht nur die Kirche, sondern auch Kaisertrakt und Kaiserstiege sowie die Bibliothek.

18 ➜ Nussdorf ob der Traisen

Mit seinem Urzeitmuseum ist der 600-Seelen-Ort ein Magnet für Freunde der Bronzezeit. Hier wurden die größten Gräber in ganz Mitteleuropa aus dieser Epoche gefunden. Werkzeuge, Töpferwaren, Schmuck und Waffen – die Fundstücke sind heute in dem Museum ausgestellt. Darüber hinaus lohnt sich in Nussdorf ein Abstecher zu der Freilehnmühle, deren Bau auf das 16. Jahrhundert zurückgeht.

19 ➜ Traismauer

Das Römertor mit seinen zwei wuchtigen Türmen deutet auf die reiche Geschichte dieses Ortes hin. Die Stadt lag zur Römerzeit an einer wichtigen Nord-Süd-Tangente und hatte eine große strategische Bedeutung, denn von hier aus wurden Eisen und Salz auf der Handelsstraße weiterverteilt. Um das zu sichern, haben die Römer hier ein Kastell errichtet, dessen wichtigstes Überbleibsel sich eben am Römertor zeigt. Aber auch ein Hungerturm, ein alter Brunnen sowie Grabkammern sind noch zu sehen. Viele Jahrhunderte später übrigens spielte sich hier ein Teil der Nibelungensage ab, denn Kriemhild soll sich hier aufgehalten haben, bevor sie König Etzel getroffen hat.

20 ➜ Herzogenburg

Der Rathausplatz mit seinen Arkaden strahlt typisch österreichische Atmosphäre aus. Hier befindet sich auch das Reither Haus, das mit seiner barocken Fassade einen Blickfang bietet. Im Inneren befindet sich nicht nur die Touristeninformation, sondern auch eine Vinothek der regionalen Winzer, die den Stopp lohnt. Wichtigste Sehenswürdigkeit der 2800-Einwohner-Gemeinde aber ist das Kloster, mehr als 900 Jahre alt und heute kultureller Mittelpunkt der Kleinstadt. Übrigens gilt die Gemeinde als eines der ältesten bewohnten Gebiete Österreichs – in Herzogenburg haben sich schon in der Jungsteinzeit Menschen niedergelassen.

Oben: Wirkt bei Nacht besonders magisch – das Stadttor in Krems. Links: Kollegiatskirche mit Fresken in Herzogenburg.

WEINGÜTER

Bergmann
Wein vom Kalvarienberg in Retz gibt es beim Windmühlenheurigen. Die Umgebung ist stimmungsvoll, die Kellerei liegt direkt an der alten Windmühle.
Helmut & Petra Bergmann
Am Anger 3, 2070 Retz
Tel. +43 2942/24 67
www.windmuehle.at

Bio-Weingut Fürnkranz
Vegane und alkoholfreie Weine, Säfte und Liköre – dieses Bio-Weingut hat ein modernes Sortiment und liegt dazu idyllisch.
Gerald Fürnkranz
Obritz 323
2061 Hadres
Tel. +43 676/966 48 41
www.vegan-wein.at

Weingut Prechtl – Sommerladen & Café
Auf Weißwein, insbesondere den Grünen Veltliner, ist dieses Weingut spezialisiert. Es wird darauf geachtet, dass mit ökologischen Methoden gearbeitet wird. Geleitet wird das Weingut von der Winzerin Petra Prechtl.
Zellerndorf 12
2051 Zellerndorf
Tel. +43 2945/22 97
www.prechtl.at

Weingut Humer
Bereits zweimal wurde hier die Auszeichnung »TOP-Heuriger« von Niederösterreich errungen. Seit 1844 in Familienbesitz.
Horner Straße 35
3712 Maissau
Tel. +43 2958/823 40
www.weinbau-humer.at

Weingut Steininger
Hauptrebsorte ist der Grüne Veltliner, aber auch Top-Rieslinge haben hier ihr Zuhause. Lohnenswert sind zudem die Sekte mit Flaschengärmethode (sorten- und jahrgangsreine Versektung der typischen Kamptaler Sorten).
Walterstraße 2
3550 Langenlois
Tel. +43 2734/23 72
www.weingut-steininger.at

Weingut Bründlmayer
Das Paradeunternehmen mit Weltruf im Kamptal mit Top-Erzeugnissen auch bei den Basisweinen und Sekten. Die Weingärten werden seit einigen Jahren biologisch-organisch bewirtschaftet.
Zwettlerstraße 23
3550 Langenlois
Tel. +43 2734/217 20
www.bruendlmayer.at

Weingut Jurtschitsch
Kühle und elegante Stilistik prägen die Weine, seit Alwin und Stefanie Jurtschitsch die Führung des Gutes übernommen haben. 700 Jahre alter Naturkeller. Fast alle Weine sind biozertifiziert.
Rudolfstraße 39
3550 Langenlois
Tel. +43 273/421 16
www.jurtschitsch.com

Uralte Flaschen (oben) und traditionelle Holzfässer (links) sind in der LOISIUM WeinWelt in Langenlois zu sehen.

WIEN

Einmal quer durch Wien führt diese Straße
zu den schönsten Heurigenlokalen.

WEINROUTE 12

Es muss nicht immer der Prater, das Riesenrad oder die Kutschfahrt um den Stephansdom sein. Wie wäre es mit einer ganz anderen Wientour? Eine Reise durch Wien auf den Spuren der Reben und der Heurigen führt an ganz andere Orte und zeigt Wiens grünes Gesicht. Klar, dass der Wein nicht direkt in der Stadt angebaut wird. Obwohl es tatsächlich auch Weinstöcke in der Innenstadt gibt, heißt es hier in die Tram steigen und die Außenbezirke erkunden. Dabei zeigt sich die Stadt von einer ganz anderen Seite. Immerhin kann sich Wien als einzige Stadt weltweit rühmen, die in innerhalb der Stadtgrenzen ihre Weinbautradition bewahrt hat. Das war nicht immer einfach, denn Bauland ist auch dort begehrt, und mit vielen Regelungen versucht Wien den Trend aufzuhalten, Weingärten in Baugrundstücke zu verwandeln. Mit Erfolg bislang, denn die Stadt hat ihre Weinkultur bewahrt. Vor allem der Heurige ist weltberühmt, er ist das wohl bekannteste Produkt, das die 700 Hektar Rebfläche hervorbringen. Überwiegend Weißwein wird gekeltert, und so ist es nicht verwunderlich, dass die Rotweine fast Exotenstatus haben. Neben dem Heurigen ist auch der Gemischte Satz eine typische Wiener Spezialität. Doch im Gegensatz zu seinem berühmten Weinvetter hat er es noch nicht geschafft, in die Liste des immateriellen Weltkulturerbes aufgenommen zu werden. Tatsächlich ist Wien ohne Heurigen fast undenkbar geworden.

Routenlänge: ca. 100 km
Zeitbedarf: 2–3 Tage
Start: Stammersdorf
Ziel: Simmering
Routenverlauf: Stammersdorf, Strebersdorf, Jedlersdorf, Florisdorf, Bisamberg, Nussberg, Nussdorf, Grinzing, Klosterneuburg, Heiligenstadt, Sievering, Neustift am Walde, Dornbach, Penzing, Hietzing, Mauer, Rodaun, Oberlaa, Favoriten, Laaer Berg, Simmering

Auskünfte:
Tourist-Info Wien, Albertinaplatz/ Maysedergasse, 1010 Wien
Täglich 9–19 Uhr
www.wien.info

1 Stammersdorf

Die Erlaubnis, eigenen Wein zu produzieren, ist alt: Schon 1784 verlängerte Kaiser Franz Josef II. das Privileg für Stammersdorf, eigenen Wein ausschenken zu dürfen. Heute ist der Ort einer der wichtigsten Weinorte im Wiener Stadtgebiet. Etwa ein Drittel des in Wien produzierten Weines wird dort gekeltert. Kein Wunder also, dass Heurigenlokale das Bild prägen und ein beliebtes Ausflugsziel sind. Die Stammersdorfer Kellergasse ist nicht nur hübsch, sondern markiert auch das Weinzentrum des Ortes. Es lohnt sich zudem, jenseits des Weines das Viertel auf der anderen Donauseite anzuschauen. Die umliegenden Naherholungsgebiete namens Alte Schanzen etwa sind geprägt von Bunkerruinen und ergeben eine perfekte Umgebung für die Freunde von »Lost Places«.

2 Großjedlersdorf/ Floridsdorf

Am Fuße des Bisamberges erstreckt sich diese Gemeinde und bietet so manch ansehnliches Eckchen. Zwischen den niedrigen, bunten Häuschen rund um die Amtsstraße beispielsweise lässt es sich im Norden der Stadt flanieren. Doch eigentlich kommen die Menschen wegen des Weines in den Stadtteil. Aus den Trauben von Jedlersdorf keltern die Winzer einige der besten Rotweine der Region. Jenseits des Weines lohnen sich aber auch Abstecher, etwa zur Wallfahrtskirche Klein Maria Taferl.

Das benachbarte Floridsdorf ist ein quirliges Viertel, markant ist dort das moderne Bürogebäude namens Florido-Tower, auch das Gloria-Theater ist ein Publikumsmagnet.

Oben: die Kellergasse in Stammersdorf; um den Ort herum gibt es schöne Wanderwege (unten).

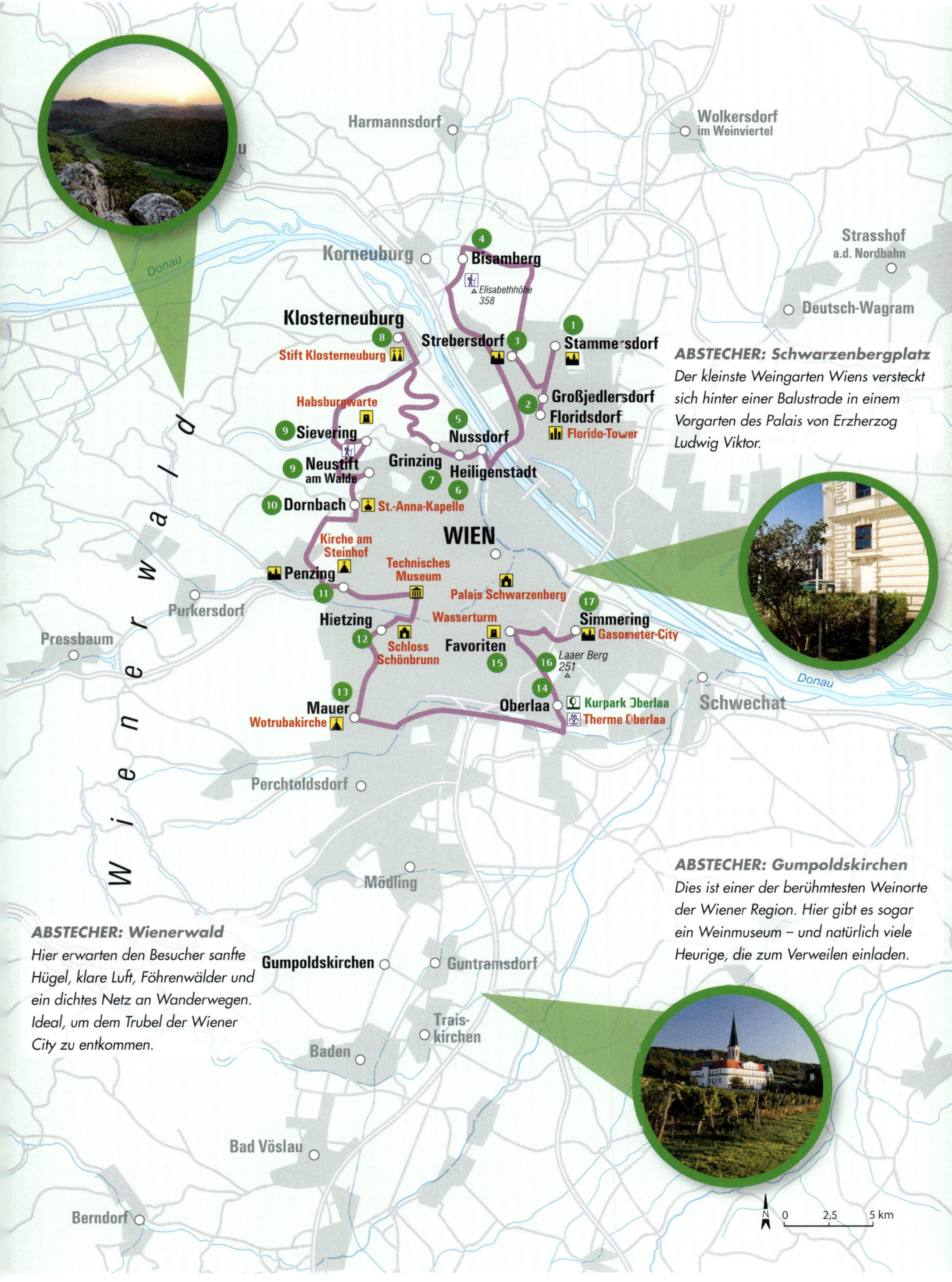

ABSTECHER: Schwarzenbergplatz

Der kleinste Weingarten Wiens versteckt sich hinter einer Balustrade in einem Vorgarten des Palais von Erzherzog Ludwig Viktor.

ABSTECHER: Gumpoldskirchen

Dies ist einer der berühmtesten Weinorte der Wiener Region. Hier gibt es sogar ein Weinmuseum – und natürlich viele Heurige, die zum Verweilen einladen.

ABSTECHER: Wienerwald

Hier erwarten den Besucher sanfte Hügel, klare Luft, Föhrenwälder und ein dichtes Netz an Wanderwegen. Ideal, um dem Trubel der Wiener City zu entkommen.

3 Strebersdorf

Diese Kellergasse könnte dem Bilderbuch entstammen: Kleine Häuser, rundum von Grün umgeben, schmiegen sich an die Lößböden, große Bäume ragen auf und werfen angenehmen Schatten – die Strebersdorfer Kellergasse zählt zu den schönsten im ganzen Land. Dort wird der Heurige ausgeschenkt, gerne in Begleitung eines Schnitzels oder anderer typischer Spezialitäten. Am Fuße des Bisamberges zeigt Strebersdorf sein ländliches Antlitz mit den uralten Kellern, die zum Teil in Wirtschaften umfunktioniert worden sind. Auch die Rußbergstraße mit den pastellfarbenen Häuserfronten ist einladend für Weinfreunde. In der Langenzersdorfer Straße 49 findet sich der älteste Weinbaubetrieb der Stadt, ein Buschenschank, in dem sich genussvoll der Gemischte Satz konsumieren lässt.

4 Bisamberg

An diesen Berg schmiegen sich viele Viertel Wiens, aber am schönsten ist es, sich nicht unten aufzuhalten, sondern hochzuwandern. Dafür bietet sich die Elisabethhöhe an, von der aus sich ein Panoramablick bis an die Donau und weiter ergibt. Wer architektonisch interessiert ist, sucht vielleicht eher das Schloss Bisamberg auf. Da es in Privatbesitz ist, kann man es aber nur von außen anschauen. Die barockisierte Pfarrkirche Johannes der Täufer zählt ebenfalls zu den Sehenswürdigkeiten des Viertels. Weinkenner schätzen vor allem Heurige, in denen immer auch ein herzhafter Snack zu den spritzigen Weinen gereicht wird.

5 Nussdorf/Nussberg

Riesling und Weißburgunder finden auf dem Kalkboden der Hänge beste Bedingungen, um ihr typisches Aroma auszubilden. Die Gegend rund um Nussdorf blickt auf eine langjährige Weinbautradition zurück. Davon erzählen bis heute die kleinen Häuschen

Vom Weinberg von Jutta Ambrositsch am Nussberg hat man einen tollen Blick auf Wien (oben). In Grinzing (links) warten Heurige auf die Gäste.

AUF ZUM HEURIGEN!

Unter Lauben aus Weinreben volkstümlicher Musik lauschen – dieses Bild bringt der Heurige mit sich. Doch Wiens beliebter Wein kann mehr als nur verstaubte Klischees bedienen. Dabei ist das Wort doppeldeutig: Zum einem bezeichnet Heuriger ein Weinlokal, zum anderen den Wein des aktuellen Jahrgangs. Einst durfte Heuriger nur bis zum 11. November diesen Namen tragen, heute sind die Regeln nicht mehr so streng. Die Kultur um guten Tropfen allerdings hat sich verändert. Viele Lokale sind inzwischen sehr modern geworden und gleichen eher Bars als lauschigen Gartenschänken. Dort treffen sich vornehmlich die Einheimischen. Die Touristen ziehen weiterhin vor allem die romantischen Gaststätten vor, die es wohl immer im Stadtbild geben wird, und mit etwas Glück wird abends Musik gemacht.

im Ort, die sich in engen Gassen wie Perlen an einer Kette reihen. Doch Nussdorf hat noch anderes zu bieten als Wein. So liegt es am Donaukanal und hat mit der Schleuse eine Besichtigungsmöglichkeit, die sogar eine kleine Fischtreppe besitzt. Weiterhin lohnenswert ist das Lehár-Schikaneder-Schlössl. Es befindet sich zwar in Privatbesitz, ist aber einen Abstecher wert, ebenso wie der Aussichtspunkt Nasenweg.

6 Heiligenstadt

Eine Wohnung der Probusgasse 9 zieht heute Besucher wie ein Magnet an: Dort wohnte Ludwig van Beethoven 1802 und beschrieb seine Verzweiflung und Suizidgedanken in einem langen Brief, heute als das »Heiligenstädter Testament« bekannt. Der Musiker war in den Sommerfrischeort gekommen, um sich von seiner fortschreitenden Taubheit heilen zu lassen – leider ohne Erfolg. Nicht nur Beethoven hat in Heiligenstadt gewirkt, auch Johann Strauß, er schrieb dort seine »Heiligenstädter Rendez-vous-Polka«. Neben den vielen Beethovenplätzen wie etwa dem Beethovengang ist die neugotische Michaelskirche ebenso einen Blick wert wie das Ensemble rund um den Pfarrhof der Jakobskirche.

7 Grinzing

Wolfgang Amadeus Mozart, Ludwig van Beethoven oder Franz Schubert – sie alle mochten den Heurigen aus Grinzing und kehrten gerne in den Buschenschänken ein. Weil Beethoven einige Monate in dem Ort wohnte, ist sogar ein Haus nach ihm benannt. Die Straßenbahnlinie 38 bringt viele Heurigen-Touristen nach Grinzing. Es lohnt sich, auch jenseits der Lokale in die Schönheit des Ortes einzutauchen, etwa bei der Habsburgwarte, einem Turm im Historismus auf dem Hermannskogel. Kunsthistoriker sollten sich nicht die Orgel in der Pfarrkirche entgehen lassen. Ebensowenig wie den Stadtfriedhof mit den Gräbern von Gustav Mahler, Peter Alexander und Attila Hörbiger.

8 Klosterneuburg

Auf fast 900 Jahre ununterbrochene Weinbautradition blickt der Weinkel-

Unten: Blick auf Stift Klosterneuburg, das eine hervoragende Vinothek besitzt. Bereits seit 1114 wird hier Wein angebaut.

ler des Stiftes Klosterneuburg zurück. Damit ist das Kloster das älteste Weingut Österreichs. Erhaben thront das Kloster mit der doppeltürmigen Kirche über dem Ort, umgeben von Weinbergen. Neben dem reich bestückten Weinkeller ist das Gelände selbst eine Erkundung wert. Kreuzgang und barocker Kaisertrakt erzählen Geschichten von Habsburgern, die schon an dieser Stelle residiert haben. Vor allem der Marmorsaal ist ausgestattet mit wertvollen Fresken. Der wohl größte Schatz der Anlage ist der Verduner Altar mit seinen 51 Goldtafeln. Das angeschlossene Stiftsmuseum (1774) zählt zu den ältesten Museen der Welt. Im Ort selbst ist auch das Museum Gugging ein Höhepunkt. Dort wird Kunst von Autodidakten oder Menschen mit Einschränkungen gezeigt.

GEMISCHTER SATZ

Der Gemischte Satz – was für Unkundige auf den ersten Eindruck klingt wie der Abschnitt eines Tennismatches beschreibt in Wirklichkeit eine uralte Weinbautradition in der Wiener Region. Im Gegensatz zur Cuvée, die meist aus verschiedenen Weinbergen unterschiedliche Rebsorten verschnitten wird, liegen beim Gemischten Satz die verschiedenen Rebsorten in einem Weingarten. Mit dieser Technik wollten die Winzer ursprünglich gleichbleibende Qualität generieren. Heute ist der Gemischte Satz vor allem seiner Vielschichtigkeit wegen beliebt. Er ist ein Markenzeichen der Winzer der Wiener Region und wird aus bis zu sieben Sorten gemischt.

9 Sievering/ Neustift am Walde

Gediegen leuchten die eleganten Fassaden der Villen in der Sonne. Auf den ersten Blick sieht der Hackenberg aus wie einer jener typischen Wiener Edelvororte. Wären da nicht die Weingärten, die den Ort umgeben wie ein grüner Rahmen. Die Städter kommen gerne am Wochenende zum Wandern her, genießen die Panoramablicke und belohnen ihre Mühen mit einem guten Glas. Der Heurige aus Sievering zählt zu den bekanntesten und besten der Stadt. Auch im Nachbarort Neustift am Walde produzieren die Winzer hervorragende Weine, die sich vor allem durch ihre eleganten Noten auszeichnen. Das liegt an der geschützten Lage, die eine starke Reife und ein hohes Aroma aufweisen.

10 Dornbach

Steile Südhänge und der nahe Wienerwald prägen das Klima der Weingärten in Dornbach. Der nahe Wienerwald bringt hohe Temperaturschwankungen zwischen Tag und Nacht hervor, das verleiht den Weinen eine fruchtige Note. Wer im 17. Bezirk durch die Weinberge wandert, kommt an manchen Stellen aufgrund der Steigungen ganz schön ins Schnaufen. Dabei bleibt immer das urbane Leben mit den Wohnblöcken und der sich durch die Straßen rumpelnden Tram im Blickfeld. Die Linie 43 umrundet bei ihrer letzten Schleife am Endbahnhof dabei die St.-Anna-Kapelle, die mit ihrer barocken Ausstattung und den Glasfenstern bezaubert. Gartenliebhaber sollten sich auf jeden Fall Heidis Zauberpark in der Villa Warchalowski anschauen.

11 Penzing

Der Name klingt eher morbid als nach einem Ort mit schönen Wohnungen: Die Sargfabrik zählt zu den angesagtesten Orten in Penzing. Wo einst Särge gefertigt wurden, locken nun trendige Cafés und Restaurants. Aber auch mit der Villa Vojcsik und Kirche am Steinhof zeigt Penzing einige der schönsten Jugendstilbauten der Stadt. Der Architekt Otto Wagner hat überall im Viertel seine Spuren hinterlassen und

Großes Bild und links: Die Kirche am Steinhof baute Otto Wagner 1904 bis 1907. Sie ist ein herausragendes Beispiel für Wiens Jugendstilarchitektur. Kleines Bild oben rechts: Technisches Museum, Penzing. Kleines Bild oben links: Innenansicht der Stiftskirche von Klosterneuburg.

sogar den Bahnhof im nahe gelegenen Hütteldorf entworfen. Auch die Fuchs-Villa mit dem angeschlossenen Kunstmuseum stammt aus seinem Ideenschatz. Mit dem Schloss Laudon verfügt Penzing zudem über einen Prachtbau. Doch die meisten Besucher kommen wegen des Technischen Museums, um Dampfmaschinen oder das Schaubergwerk zu bewundern.

12 Hietzing

Der Name dieses Viertels steht im Schatten seiner größten Sehenswürdigkeit: Hietzing wird klar dominiert von Schloss Schönbrunn. Die gelbe Residenz zählt zu den schönsten Barockanlagen Europas. Dort hatten die Habsburger insgesamt 1441 Räume zur Verfügung. Mozart musizierte dort, und Kaiserin Maria Theresia hielt geheime Konferenzen ab. Zu den Höhepunkten zählt auch der Park sowie der angeschlossene Zoo. Hietzing war im 19. Jahrhundert das High-Society-Viertel der Stadt; davon erzählt etwa das Café Dommayer, in dem Johann Strauß mit seinem Vater schon auftrat. Auch der Maler Gustav Klimt hat sich in Hietzing wohlgefühlt. Sein ehemaliges Wohnhaus ist heute ein Museum.

13 Mauer

Ein Beton gewordenes Zeugnis dafür, dass Armut nicht gleich hässlich sein muss, markiert die Wotrubakirche am Georgenberg. Betonblöcke stapeln sich wie Legosteine aufeinander und fügen sich zu einem Kirchengebäude zusammen. Die Idee stammt aus den 1970er-Jahren. Der österreichische Bildhauer Fritz Wotruba hat damit ein Gebäude im Stile des Brutalismus er-

schaffen, das für viele Diskussionen gesorgt hat, heute aber eine der wichtigsten Sehenswürdigkeiten des Viertels ist. Bekannt ist Mauer aber auch für seine kräftigen Rotweine. Das jedoch eher unter den Einheimischen, in den vielen Heurigen in der Lange Gasse sind kaum Touristen zu finden. Interessant ist auch das benachbarte Rodaun mit dem Hofmannsthal-Schlössl, dem ehemaligen Wohnsitz des Dichters Hugo von Hofmannsthal.

14 Oberlaa

Schwere Böden und warmes Kontinentalklima beherrschen den Laaer Berg und bringen eine samtige Note in die Rotweintrauben dieses Viertels. Oberlaa ist bekannt für seine Rotweine, etwa den Zweigelt, den Pinot Noir oder den St. Laurent. Im 10. Wiener Bezirk dominieren die Roten und werden in den örtlichen Heurigenlokalen gerne ausgeschenkt. Nicht fehlen auf der Karte darf dann auch die Suppe, denn die Bauern des Viertels produzieren typischerweise nicht nur Wein, sondern auch Suppengrün und wurden deswegen auch lange »Pesibauan« (Petersilienbauern) genannt. Einzigartig in diesem Bezirk ist zudem die Therme: Sie ist bis heute die einzige Thermalquelle der Stadt.

15 Favoriten

Favoriten ist der bevölkerungsreichste Stadtteil Wiens. Angrenzend an den Hauptbahnhof, reihen sich dort zahlreiche Sehenswürdigkeiten aneinander. Markant ist beispielsweise der Wasserturm, der in seiner gelb-roten Färbung fast wie ein Leuchtturm aus dem Häusermeer ragt. Am Antonsplatz zeigt sich die Antonskirche mit ihren zwei Türmen und ihrer grünen Kuppel oder die modernen Vienna Twin Towers am Wiener Berg. Favoriten ist zugleich ein sehr grünes Viertel, der Wienerberg lädt zur Erholung ein.

16 Laaer Berg

Es ist, als schicke der Wienerwald einen Gruß in die Stadt: Der Laaer Berg erhebt sich 251 Meter aus der Landschaft und bietet an seiner östlichen Flanke beste Bedingungen für Reben. Die Donau schickt ihre Nebel den Berg hinauf und schafft so gute Wachstumsbedingungen. Einst pflegten sogar die Mönche von Kloster Neuburg dort ihre Weingärten. Später wurde das Gelände allerdings zum Truppenübungsplatz für die k.u.k-Soldaten. In den 1920er-Jahren erlangte der Laaer Berg Filmruhm, denn dort wurden berühmte Stummfilme gedreht wie etwa »Sodom und Gomorrha«. Heute ist der Laaer Berg umgeben von vielen gut besuchten Heurigenlokalen.

17 Simmering

Der Wiener Zentralfriedhof ist das, was viele Menschen mit diesem Stadtteil als Erstes verbinden. Was muss man also in Simmering unternehmen? Das runde Gebäude Gasometer mit der schönen Backsteinfassade besuchen wäre eine Möglichkeit. Oder das Renaissanceschloss Neugebäude mit seinem schönen Garten. Vor allem im Frühjahr verwandeln sich die Alleen in blühende Farblinien. Kultstatus hat auch das Restaurant »Concordia Schlössl« mit seinen vielen ungewöhnlichen Schnitzelvariationen. Und natürlich gehört ein Gang über den Zentralfriedhof mit Gräbern von Johann Strauss oder Curd Jürgens dazu.

WEINFESTE

FEBRUAR
»Weinkost« auf Schloss Bisamberg

MÄRZ
Eröffnung der Heurigen-Gärten

JUNI
Weinmesse »VieVinum« Wiener Hofburg

AUGUST
»Kirtag«, Neustift am Walde, »Gumpoltskirchener Weinsommer«

SEPTEMBER
»Wiener Weinwandertag«

Linke Seite oben: Schloss Schönbrunn.
Links unten: Kurpark Oberlaa.
Unten: Gasometer-City.

WEINGÜTER

Wieninger
Der Wiener Gemischte Satz zählt zu den liebsten Weinen des Winzers Fritz Wieninger; dieser Winzer legt viel Wert auf Nachhaltigkeit.
Stammersdorfer Straße 31
Stammersdorf, 1210 Wien
Tel. +43 1290/10 12
www.wieninger.at

Weingut Mayer am Pfarrplatz & Rotes Haus
Seit 1683 wird hier Wein gekeltert. Das nachhaltig zertifizierte Haus produziert u. a. Wiener Gemischten Satz. Im Hinterhof wohnte Beethoven während seines Wienaufenthaltes.
Pfarrplatz 2, Heiligenstadt
1190 Wien
Tel. +43 133/60 197
www.pfarrplatz.at

Mayer am Nussberg
Eingebettet in die Weinberge findet sich dieses Weingut, an das eine beliebte Buschenschänke angeschlossen ist. In den Liegestuhl legen, Wein genießen und den Blick über Wien schweifen lassen.
Kahlenberger Straße bei Nr. 210
1190 Wien
Tel. +43 664/755 566 67
www.mayeramnussberg.at

Weingut Wien Cobenzl
Gemischten Satz als Wein kennt man ja, hier ist er auch als Sekt erhältlich. Das Weingut hat ein großes Augenmerk auf Nachhaltigkeit und ist dafür zertifiziert.
Am Cobenzl 96, Grinzing
1190 Wien
Tel. +43 1320/58 05
www.weingutcobenzl.at

Stift Klosterneuburg
Österreichs ältestes Weingut stammt von 1114 und bietet einen bildschönen traditionsreichen Keller in Kombination mit moderner Bewirtung. Die Weine sind vielfach preisgekrönt.
Stiftsplatz 1, 3400 Klosterneuburg
Tel. +43 2243/411 548
www.stift-klosterneuburg.at

Villon Weinkeller
Einer der ältesten Weinkeller der Stadt: Er ist mehr als 500 Jahre alt und führt über vier Etagen ins Herz der Weinlagerung. Ein einmaliges Erlebnis!
Habsburgergasse 4, 1010 Wien
Tel. +43 1967/91 29
www.villon.at

Weinkeller im Palais Coburg
Das Stadtpalais Coburg ist Weinkennern vor allem wegen seines großen Weinarchives ein Begriff. Es gehört zu den besten seiner Art, viele Raritäten sind ebenso wie edle Champagner Teil der Sammlung.
Coburgbastei 4, 1010 Wien
Tel. +43 1518/180
www.palais-coburg.com

Schlumberger Sektkellerei
Diese Sektkellerei ist die älteste Österreichs und hat einen beeindruckenden Keller. Kilometerlange Gänge führen durch die Gewölbe und werden bei Führungen gezeigt.
Heiligenstädter Straße 39
1190 Wien
www.schlumberger.at/kellerwelten

Linke Seite: Weingut Fritz Wieninger in Stammersdorf; Palais Coburg. Unten: Klosterneuburg; Champagnerkeller im Palais Coburg; bei der Kontrolle im Weingut Wieninger.

BURGENLAND

Liebhaber edler Tropfen kommen in Österreichs östlichstem Weinbaugebiet voll und ganz auf ihre Kosten.

WEINROUTE 13

Österreichs heißeste Region ist geprägt vom Steppenklima der Pannonischen Tiefebene rund um den Neusiedler See. Er dient als natürlicher Wärmespeicher und reguliert die Luftfeuchtigkeit in der Umgebung. Zusammen mit den fruchtbaren Böden sorgt dieses Klima für beste Anbaubedingungen.

Im Norden liegt das Anbaugebiet Neusiedler See, wo die Rebsorte des Blauen Zweigelt dominiert. Die Weinstraße führt in den Seewinkel, der im Westen durch den Neusiedler See, im Osten durch die Grenze zu Ungarn markiert wird. Diese Steppenlandschaft mit ihren reetgedeckten Häusern und Ziehbrunnen erinnert an die ungarische Puszta, hier entstehen hervorragende Süßweine. Im Westen des Binnensees verläuft eine weitere Straße durch das Gebiet Neusiedlersee-Hügelland. Hier wird der Rotweinanbau von der edlen Sorte Blaufränkisch dominiert. Rust am Südwestufer des Sees bildet eine Ausnahme, denn hier gedeiht der Ruster Ausbruch, ein süßer Weißwein. Weiter südlich schlängelt sich die Route Mittelburgenland durch die Landschaft. Die Region zwischen Ödenburger Gebirge und Günser Bergen wird auch gern Blaufränkischland genannt, weil diese rote Rebsorte hier so beliebt ist. Die Weinstraße des Südburgenlandes schließlich schlängelt sich durch eine sanft gewellte Hügellandschaft, ihr Aushängeschild ist der berühmte Uhudler.

Routenlänge: ca. 350 km
Zeitbedarf: mind. 5 Tage
Start: Edelstalt
Ziel: Jennersdorf
Routenverlauf: Man startet im Norden des Neusiedler Sees, fährt von dort nach Süden, am Ostufer und anschließend am Westufer entlang und wendet sich dann nach Süden bis ins Südburgenland.

Besondere Hinweise: In Rust befindet sich Europas größte Weinschule, die Weinakademie Österreich.

Auskünfte:
Österreich Werbung Deutschland
Klosterstraße 64, 10179 Berlin
Tel. +49 30/219 14 80
www.austria.info

1 Edelstal

Unweit des Dorfes liegt die Römerquelle, wo eines der bekanntesten Mineralwasser Österreichs aus der Erde sprudelt. Die Quelle findet sich auch im Wappen des Ortes wieder, genau wie eine goldene Traube – das Symbol für die jahrhundertealte Weinanbautradition von Edelstal.

2 Kittsee

In Kittsee spielt neben der Weinrebe auch die Marille eine große Rolle: Auf etwa 110 Hektar Fläche wachsen hier 30000 Bäume, die meisten gehören zur heimischen Zuchtsorte »Kittseer Marille«. Kulturgeschichtlich hat der Ort gleich zwei Schlösser zu bieten, das Alte Schloss aus dem 14. Jahrhundert mit dem angrenzenden Judenfriedhof sowie das Neue Schloss, ein prächtiger Barockbau mit Parkanlage aus dem 17. Jahrhundert

3 Halbturn

Das Barockschloss mit seinen herrlichen Gärten prägt diesen Ort. Der einstige Gartendirektor des Schlosses Schönbrunn gestaltete diesen Park, der heute unter Denkmalschutz steht. Jeden Samstag finden im Sommer die Halbturner Schlosskonzerte statt, ein kultureller Höhepunkt in der Region. Wein kann im alten Pfarrhaus im Ortskern verkostet werden: Dort befindet sich auch die Halbturner Ortsvinothek. Von dort aus startet jedes Jahr beim »Martiniloben« der Halbturner Winzer Führungen zu den hiesigen Weingütern.

4 Frauenkirchen

Vortreffliche Weine gedeihen hier, einige Lagen gehören zu den besten des Burgenlandes. Bekannt ist der Ort aber auch als Hotspot der Tomatenzucht in Europa. Niemand baut mehr unterschiedliche Sorten an als der »Kaiser der Paradeiser«, Erich Stekovic. »Paradeiser« werden Tomaten in Österreich genannt. In der Nähe von Frauenkirchen wurde außerdem eine ergiebige Thermalquelle entdeckt und daraufhin eine Therme mit angeschlossenem Hotel gebaut.

5 Sankt-Andrä

Das Dorf liegt idyllisch am Zicksee im Seewinkel. Dieser kleine Steppensee ist ungewöhnlich flach mit seinen maximal 1,20 Metern Wassertiefe. Daher heizt er sich im Sommer auf angenehme Temperaturen auf und ist ein be-

Oben: Was für ein Ausblick – Weinfeld in Neusiedl am See. Rechts: Eingang zum Barockschloss Halbturn. Kleines Bild oben: Neues Schloss Kittsee.

ABSTECHER: Bratislava *Die Hauptstadt der Slowakei liegt nur wenige Kilometer hinter der Grenze zu Österreich und bietet zahlreiche kulturelle Highlights, zum Beispiel das Slowakische Nationalmuseum.*

ABSTECHER: Őrség-Nationalpark *Von Jennersdorf sind es nur ein paar Kilometer bis zur Grenze zu Ungarn, wo ein einzigartiger Lebensraum aus Flüssen, Mooren und Wäldern seltenen Arten eine Heimat gibt.*

liebtes Badeziel für Familien und ein Surfrevier für Anfänger. Der Heilschlamm am Boden des Sees enthält u.a. Schwefel, Soda und Glaubersalz.

6 Andau

Heute steht sie wieder, die berühmte Brücke von Andau. Über sie schrieb der US-amerikanische Schriftsteller James A. Michener einen Bestseller; dieser basiert auf einer wahren Geschichte: Nachdem in den 1950er-Jahren der Volksaufstand in Ungarn blutig niedergeschlagen worden war, machten sich viele Menschen über diese kleine Holzbrücke auf in den Westen – ihre letzte Fluchtmöglichkeit. Die Einwohner von Andau befanden sich damals für die ungarischen Flüchtlinge im Dauereinsatz, bis die Brücke gesprengt wurde. Der Verein »Gesellschaft für internationale Verständigung – die Brücke von Andau« ließ sie im Jahr 2006 als Symbol für Frieden, Toleranz und Menschlichkeit wiederaufbauen.

7 Tadten

Im Süden des Dorfes erstreckt sich die Niedermoorlandschaft des Hanság (Waasen). Dort lebt heute noch die Großtrappe, ein Vogel, der in vielen Ländern der Welt bereits ausgestorben ist. Mit bis zu 16 Kilogramm Lebendgewicht gilt er als einer der schwersten flugfähigen Vögel der Welt. Ein großer Teil des Hanság ist deswegen heute eine Bewahrungszone des Nationalparks Neusiedler See-Seewinkel. Zum Weinbaugebiet Neusiedler See gehören die kleinen Weingüter rund um Tadten.

8 Wallern

Dieser Ort markiert das südliche Eintrittstor zum Nationalpark und gilt außerdem als Gemüsegarten Österreichs. Ob Paprika oder Kopfsalat,

Ziehbrunnen und Burgenlandhaus in Apetlon im Seewinkel (links oben) und Leuchtturm in Podersdorf am See (links unten).

Grünspargel oder Kohl – dank des fruchtbaren Bodens wächst hier auf zahlreichen Feldern sämtliches Gemüse in Folientunneln und im Freien heran. Hiesige Gärtnereibetriebe beliefern auch die großen Lebensmittelketten Österreichs mit ihrem Gemüse.

9 Pamhagen

Auf rund 13 Hektar Puszta-Landschaft breitet sich der Steppentierpark Pamhagen aus, das wohl bekannteste Ausflugsziel des Ortes. Wer auf der Hauptstraße entlangfährt, wird sicher auch auf das ungewöhnliche Wahrzeichen von Pamhagen aufmerksam: Da steht ein einsamer Kirchturm an der Straße, der geheimnisvolle Türkenturm aus dem 17. Jahrhundert, um den sich viele Sagen ranken. Von einer ruhigen und weiten Landschaft umgeben, findet der Besucher hier Erholung. Und auch der Weingenuss kommt nicht zu kurz, denn Pamhagen kann mehr als zehn Winzer und Weingüter verzeichnen.

10 Apetlon

Das ist doch mal ein ganz anderer Höhenrekord der Alpenrepublik: In Apetlon befindet sich auf 114 Metern über dem Meeresspiegel der tiefste Punkt Österreichs. Sehenswert ist an diesem Ort beispielsweise das barocke Hufnaglhaus im Ortszentrum. Das reetgedeckte Schmuckstück ist eines der letzten erhaltenen Häuser im typischen Seewinkel-Baustil.

11 Illmitz

Weltweit ist Illmitz für seine prämierten Süßweine bekannt, hier wissen die Winzer besonders gut mit Edelfäule umzugehen: Bereits vier Mal ging der Preis »Wine Maker of the Year« an einen hiesigen Winzer. Hier befindet sich zudem das Nationalpark-Informationszentrum zum Neusiedler See-Seewinkel.

12 Podersdorf

In Podersdorf steht eine Kuriosität: einer der wenigen Leuchttürme von Österreich. Dieser ist auch der touristische Höhepunkt des Strandbades. Das rot-weiße Leuchtfeuer gleicht den Kollegen an der Nordsee sehr, allerdings dient der Turm nicht der Navigation der Ausflugsschiffe auf dem See, sondern als Orientierungspunkt für Wassersportler bei Sturmwarnungen.

13 Weiden am See

Südlich von Weiden am See, auf den sogenannten Zitzmannsdorfer Wiesen, liegt das größte zusammenhängende Wiesengebiet des Nationalparks Neusiedler See-Seewinkel. Auf einem schönen Wiesenwanderweg von rund 14 Kilometer Länge informiert die Gemeinde über die reiche Fauna und Flora dieses besonderen Schutzgebietes. Die Weinkultur in Weiden hat eine mehr als 2700 Jahre alte Geschichte. Rund 150 Familienbetriebe keltern heute edle Tropfen.

WEINFESTE

APRIL
»Golser Weinfrühling«

JULI
»Winzerkirtag« in Kleinhöflein
»Fest der 1000 Weine« in Eisenstadt

SEPTEMBER
»Uhudlerfest« in Jennersdorf

NOVEMBER
»Martiniloben« am Neusiedler See

14 Neusiedl am See

Im Sommer bevölkern viele Besucher aus Wien den Ort, befindet sich hier doch das Strandbad am Neusiedler See. Seinen Namen erhielt Neusiedl im 13. Jahrhundert, als Mongolen das Vorgängerdorf dem Erdboden gleich-

Die Brücke von Andau (unten: eine Rekonstruktion) war ein Fluchtweg für viele Menschen nach dem Ungarnaufstand. Oben, kleines Bild: Graureiher im Nationalpark Neusiedler See.

NATIONALPARK NEUSIEDLER SEE-SEEWINKEL

Überall starten und landen Vogelschwärme. Dieser Nationalpark ist ein Paradies für (Hobby-)Ornithologen, weil es nicht nur den Neusiedler See gibt, sondern auch die sogenannten Salzlacken: Daher pausieren sowohl Meeres- als auch Süßwasservögel in diesem Gebiet, bevor sie nach Norden weiterziehen. Auch der seltene Goldschakal streift noch durch den Park.

machten und die neue Siedlung »Niusidel« nannten. Später wurde der Ort erneut zerstört, als die Türken in die Region einfielen.

15 Jois

Obwohl die Gegend rund um Jois vorwiegend vom Rebenanbau geprägt ist und die Winzer zahlreiche Buschenschanken betreiben, ist der Ort auch für eine ganz andere Frucht bekannt: Von hier stammt auch die Schwarze Joiser Herzkirsche, eine edle Süßkirschensorte mit einem besonders dunklen Fruchtfleisch.

16 Winden am See

In diesem Örtchen wurde die älteste Weinpresse Österreichs entdeckt – aus dem Jahr 200 n. Chr. Heute befindet sich genau auf dem Fundort, rund um die Grundmauern einer alten römischen Villa, ein Freilichtmuseum. Der Bildhauer Wander Bertoni erwarb das Terrain zusammen mit einer alten Wassermühle und stellt hier ganzjährig seine Kunstwerke aus.

17 Breitenbrunn

Der trutzige Wehrturm ist das Wahrzeichen des Ortes und das Turmmuseum zeigt auf drei Stockwerken interessante Exponate aus der Region. Weinliebhaber können entweder einen Besuch in der Ortsvinothek machen oder eines der umliegenden Weingüter besuchen. Das Sommerfest und der Bauernkirtag sorgen alljährlich im August für kulturelle und kulinarische Highlights.

18 Donnerskirchen

Das Wahrzeichen von Donnerskirchen ist die auf einem Hügel über dem Ort thronende Martinskirche, eine Wehrkirche, die Fürst Esterházy im 17. Jahrhundert erbauen ließ. 1526 konnten hiesige Winzer die erste Trockenbeerenauslese keltern, den Lutherwein. Mehrere Jahrhunderte später, 1976, wurde sein Nachfolgerwein sogar »World Champion«. Auch die Genussakademie Burgenland hat in hier ihren Sitz; es finden regelmäßig Workshops und Kochkurse statt.

19 Oggau

Dieses Dorf darf sich ganz offiziell »älteste Rotweingemeinde Österreichs« nennen, denn hier fand man eine braun glasierte Tonschale aus dem 4. Jahrhundert n. Chr. Ihr Boden war mit einem rätselhaften rotbraunen Belag bedeckt. Wie chemische Analysen ergaben, handelte es sich um Rotwein. Ein Weinwanderweg informiert über die lange Tradition des Reben-Anbaus.

Das prächtige Schloss Esterházy in Eisenstadt zählt zu den schönsten Barockschlössern Österreichs und ist ein Wahrzeichen des Burgenlands.

20 Oslip
Wie in Mörbisch hat sich auch in Oslip der altburgenländische Baustil mit seinen gestaffelten Streckhöfen bewahrt. Bekannt ist zudem die jahrhundertealte Cselley-Mühle, die heute ein Kulturzentrum beherbergt. Die Böden rund um das Dorf sind fruchtbar; entsprechend groß ist die Vielfalt an Qualitätsweinen.

21 Rust
Die gesamte Altstadt wirkt wie ein Freilichtmuseum und ist daher denkmalgeschützt: Rust mit seinen malerischen Bürgerhäusern, den Barock- und Renaissancefassaden, den Erkern und Stuckdekorationen hat schon mehrfach den Titel »Schönste Stadt des Burgenlandes« verliehen bekommen. Bekannt ist sie auch für ihren hervorragen

22 Mörbisch am See
Die Weingärten von Mörbisch ziehen sich terrassenförmig entlang des Ruster Hügellandes bis zum Schilfgürtel des Neusiedler Sees. Hobbyfotografen lieben besonders die Mörbischer Hofgassen als Bildmotiv: Die alten Streckhöfe mit ihren klassizistischen Stiegenvorbauten sind liebevoll mit Blumen geschmückt, besonders schön ist das Ensemble aus Heimathaus und altem Winzerhaus aus der Zeit Ende des 19., Anfang des 20. Jahrhunderts. Der Weingenuss kommt hier nicht zu kurz: Besucher können die edlen Tropfen aus den etwa 400 Hektar Weinbaufläche der hiesigen 40 Weingüter in der Ortsvinothek, in den Weinkellern sowie den zahlreichen Buschenschanken von Mörbisch verkosten. Und Unterhaltung ist auf der Seebühne geboten.

23 St. Magarethen
Die meisten Besucher lassen sich den Römersteinbruch mit seinen Felswänden nicht entgehen. Der Kalksandstein diente u. a. als Baumaterial des Wiener Stephansdoms. In St. Margarethen liegt auch Österreichs größter Freizeitpark, der Familypark Neusiedler See.

24 Eisenstadt
Auch die Landeshauptstadt des Burgenlandes profitiert von ihrer günstigen Lage am Südhang des Leithagebirges. Die Stadt ist umgeben von Weinreben, so weit das Auge reicht. Sehenswert sind hier beispielsweise das Landesmuseum Burgenland, die einstige Fürstenresidenz Schloss Esterházy und das Haydn-Haus. Der Komponist hat lange Zeit hier gelebt, alljährlich finden an zehn Tagen im September auch die Haydn-Festspiele statt.

Ganz oben: Ein von Weinreben geschmückter Aussichtspunkt in Oggau. Links: Alte Häuser in der Kellergasse am Kellerring in Breitenbrunn.

25 Großhöflein/ Kleinhöflein

Diese beiden Nachbargemeinden liegen im Süden des Leithagebirges. Durch die hervorragende Lage am Südhang und die kalkhaltigen Böden gedeihen hier Spitzenweine, die regelmäßig zu den besten Österreichs gekürt werden. Jedes Jahr findet Anfang Juli in der 2000-Einwohner-Gemeinde Kleinhöflein der »Winzerkirtag« statt, ein zehntägiges Fest, das auch als der »größte Heurige des Burgenlandes« bezeichnet wird.

26 Zagersdorf

Zwei Dinge prägen diesen Ort: Wein und Zweisprachigkeit. Weil viele Burgenlandkroaten hier leben, gehört das Dorf zu den wenigen kroatisch-deutschsprachigen Gemeinden in der Region. Seit Kurzem kann es auch mit einem zweisprachig ausgeschilderten Weinwanderweg aufwarten, der durch die Anbaugebiete führt.

27 Pöttelsdorf

Hier im Wulkatal gibt es fruchtbaren Braunerdeboden mit Lößuntergrund – ideal für den Anbau des »Blaufränkischen«. Dieser Wein gehörte einst zu den Lieblingstropfen von Otto von Bismarck und wurde lange Zeit auch als »Pöttelsdorfer Fürst-Bismarck-Wein« verkauft.

28 Lackenbach

300 Sonnentage im Jahr, sanfte Hügel und Weinreben, wohin das Auge schaut – ein solcher Ort ist nicht nur

Bildleiste von oben: Bunte Häuserfassaden zieren den Stadtplatz von Rust; Blick auf den Neusiedler See bei Mörbisch; Gasse in Mörbisch.

perfekt für den Anbau von Rotwein, sondern auch für das Errichten eines Schlosses. 1548 entstand dort ein Wasserschloss, das schon bald in den Besitz der Familie Esterházy kam. Das Schloss lockte Handwerker und Händler an, und Lackenbach begann, eine kleine, florierende Stadt zu werden. Doch es gibt auch ein dunkles Kapitel in der Geschichte des Ortes: Während des Zweiten Weltkriegs befand sich dort ein Konzentrationslager, in dem vornehmlich Sinti und Roma unter schlimmsten Bedingungen hausen und arbeiten mussten. Ein Gedenkstein erinnert an diese furchtbare Zeit.

29 Horitschon

Dieser Ort lebt vom und für den Weinanbau, wobei die Rebsorte Blaufränkisch in den hiesigen Pflanzungen die größte Rolle spielt. Außerdem hat die Gemeinde vor einigen Jahren auch den ersten Rotweinlehrpfad des Burgenlandes ins Leben gerufen, den »Blaufränkischweg«. Er ist 3,5 Kilometer lang und informiert auf Tafeln über die Traditionen und den Weinbau vor Ort, lebendiger lässt er sich bei einer Führung erleben. Start- und Endpunkt des schönen Rundwegs durch die Weingärten ist die Vinothek im Ort. Dort finden Besucher edle Tropfen von 21 Winzern aus der Umgebung zur Verkostung. Gleich nach dem Start des Weges lockt auch schon einer der Höhepunkte: Die hölzerne Aussichtsplattform gibt einen wunderbaren Panoramablick über die schier unendlichen Weiten der hiesigen Reblandschaft.

30 Neckenmarkt

Neckenmarkt ist stolz darauf, sich »höchstprämierte Rotweingemeinde Österreichs« nennen zu können: Hiesige Tropfen feiern bei Landes- und Bundesbewertungen regelmäßig Erfolge. Es dominiert die Sorte Blaufränkisch, allen voran der »Blaufränkisch-Necken-

In weniger als 30 Autominuten erreicht man von Lackenbach aus (links oben: sein Schloss) die ungarische Stadt Sopron (links Mitte und unten).

»IRON CURTAIN TRAIL«

Von Finnland bis zum Schwarzen Meer trennte der eiserne Vorhang fast ein halbes Jahrhundert lang Europa in zwei politische Systeme: Den kommunistischen Osten und den marktwirtschaftlichen Westen. Entlang dieser einstigen Grenze macht ein besonderer Themenradweg die Trennung heute erfahrbar: der »Iron Curtain Trail«. Etwa 270 Kilometer der Strecke führen durch Österreich. Von Bratislava kommend, geht sie mitten durch das Burgendland, mal durch Ungarn, etwa in Sopron, und viel öfter durch Österreich, etwa in Schattendorf und Neckenmarkt. Wer Gefallen gefunden hat, radelt gleich bis nach Slowenien weiter. In Sopron erinnert noch heute ein Denkmal an das Paneuropäisches Picknick, das 1989 ein Meilenstein zur Öffnung des Eisernen Vorhangs war. Infos unter: www.eurovelo.com

markter Fahnenschwingern«. Dieser kostbare Rotwein trägt florale Noten und erinnert an Hagebutte, Nelken und rote Beeren; gepriesen wird er besonders wegen seines duftig-saftigen Aromas und seiner edlen Mineralik. Viele Winzer dieses Ortes stellen ihre Weine der Vinothek im Ortszentrum zur Verfügung, wo man sie dann verkosten kann. Bekannt ist der Ort auch, weil in der Nähe das »Haschendorfer Kultgerät«, eine Scheibe aus der Bronzezeit, gefunden wurde, deren Nutzen sich bis heute niemand so recht erklären kann. Die Bronzescheibe ist in einem Museum in Sopron (Ungarn) zu sehen.

31 Sopron (Ödenburg, Ungarn)

Sie vereint beide Sprachen, Deutsch und Ungarisch, auf ihren Schildern: Als Grenzstadt vereint Sopron beide Kulturen. Schon die Römer haben dort eine Siedlung gegründet, heute gilt sie als eine der ältesten und schönsten Städte Ungarns. Der Ausgangspunkt der Besichtigungen ist der Feuerturm, das Wahrzeichen befindet sich direkt im mittelalterlichen Stadtkern. Von der Aussichtsplattform gleitet der Blick auf die nahe Geißkirche, die einst Teil eines Klosters war, sowie das Rathaus. In den Straßen selbst fällt vor allem das Ensemble des Fabriciushauses am Főtér auf. Auch Teile der Stadtmauer sind zu sehen. Nicht nur christliche Sakralbauten sind erhalten geblieben, sondern auch zwei Synagogen.

32 Deutschkreutz

Die Reben des Blaufränkisch dominieren diese Umgebung, der Rotwein ist die Leitsorte des Burgenlandes. Das wussten auch die ungarischen Fürsten, die das vierflügelige Schloss Deutschkreutz 1560 im Renaissancestil umbauen ließen. Bis heute prägt es die Gemeinde. Könige und Fürsten residieren dort längst nicht mehr. Der Maler und ehemalige Professor an der Wiener Akademie der Bildenden Künste, Anton Lehmden, hat das Schloss gekauft und organisiert hier gemeinsam mit seiner Tochter Ausstellungen und Kunstevents. Im Vinatrium, der Gebietsvinothek Deutschkreutz, sind alle Weinbaugemeinden des Mittelburgenlandes vertreten. Rund 50 Winzer bieten dort ihre Weine an.

33 Nikitsch

Nur fünf Kilometer von der Staatsgrenze zu Ungarn entfernt liegt dieser österreichische Ort, in dem mehr Menschen kroatische Wurzeln haben als österreichische oder ungarische. Burgenlandkroaten heißt die Bevölkerungsgruppe, die in diesem Teil Österreichs 87 Prozent der Bevölkerung ausmacht. Kein Wunder also, dass in den Schulen und Behörden dort auch Kroatisch gesprochen wird. Die Menschen sind während der Türkenkriege aus Kroatien nach Ungarn geflohen und in diesem Gebiet angesiedelt wor-

Blaufänkischland wird die Gegend um Oberpullendorf auch genannt (unten). Kleines Bild: Feuerwachturm von Sopron.

UHUDLER

Dieser ungewöhnliche Wein darf nur im Südburgenland verkauft werden: Er ergibt je nach Verschnitt einen hellen Rotwein oder Rosé. Angeblich bekam er diesen Namen, weil die Augen am Morgen nach übermäßigem Genuss denen eines Uhus gleichen. Nur in Heiligenbrunn, Eltendorf und Moschendorf sowie in Betrieben mit der Uhudler-Fahne wird der Wein vertrieben.

den. Seitdem hat sich eine kroatische Kulturinsel erhalten. Bauten wie ein Schloss sowie die Kirche sorgen für eine anheimelnde Stimmung im Dorf.

34 Lutzmannsburg

Es zählt zu den ältesten Dörfern des Burgenlandes: Lutzmannsburg schmiegt sich an die Lutschburger Weingebirge. In den sanften Hügeln lässt es sich nicht nur gut wandern, sondern auch in die Historie eintauchen. Die Römische Bernsteinstraße bildete schon vor 2000 Jahren einen Handelsweg. In dieser Weinbaugemeinde dreht es sich vorrangig um Rotweinreben, allen voran Blaufränkisch. Jeden Samstag findet in den Sommermonaten ein besuchenswerter Weinmarkt am Dorfanger statt. Bei Familienausflüglern und Spa-Freunden ist vor allem die Sonnentherme Lutzmannsburg-Frankenau ein beliebtes Freizeitziel. Der nahe Golfplatz lockt ebenfalls viele Gäste an.

Links oben: typische Weinlandschaft des Südburgenlandes bei Rechnitz; links: Deutsch Schützen-Eisenberg; kleines Bild: Pfarrkirche Lockenhaus.

35 Lockenhaus

Auf einem Felssporn liegt die Ritterburg Lockenhaus. Mit ihrem Bergfried und den dicken Mauern eine wahre Bilderbuchburg. Sie geht auf das 13. Jahrhundert zurück und ist das Wahrzeichen der gleichnamigen Stadt. Doch nicht nur wegen der Burg lohnt sich ein Abstecher nach Lockenhaus. Jedes Jahr im Juli lädt die Burg zum Kammermusikfest und stellt ein Programm mit hochrangigen Musikern auf die Beine. Wer außerhalb dieses Festivals in den Ort kommt, freut sich auf ein Bad im Burgsee oder im örtlichen Schwimmbad, wandelt durch den Skulpturenpark oder unternimmt Wanderungen durch den Naturpark Geschriebenstein, der bis nach Ungarn hineinreicht.

36 Rechnitz

Die Gemeinde liegt im grenzübergreifenden Naturpark Geschriebenstein. Bei Besuchern beliebt ist die Aussichtswarte, die genau an der Grenze zu Ungarn liegt und einen weiten Blick über die Landschaft bietet. Die Vinothek dieses Weinortes befindet sich in der urigen Reichermühle, die der Heimatdichter Emmerich Csanits der Gemeinde Rechnitz einst geschenkt hat. Rund um den Ort gedeiht allen voran der Welschriesling, aber auch Sorten wie Weißburgunder, Grüner Veltliner und Chardonnay werden hier gekeltert. Jedes Jahr im September findet im Schlosspark ein Weinlesefest mit musikalischer Untermalung statt.

37 Deutsch Schützen-Eisenberg

In dieser kleinen Gemeinde können Besucher förmlich über den Weinbergen schweben – und die Aussicht über das Pinkatal genießen. Eine eigens auf Stelzen gebaute Plattform, Weinblick genannt, bietet vom Südhang des Eisenbergs aus herrliche Aussichten über das Pinkatal. Hier befindet sich auch das kleinste Anbaugebiet, das sich mit einer geschützten Herkunftskennzeichnung schmücken kann: »Eisenberg DAC« darf sich der Blaufränkische aus dieser Region stolz nennen.

38 Moschendorf

Das Gemeindegebiet von Moschendorf ragt wie eine Pfeilspitze in ungarisches Staatsgebiet hinein, nur im Westen grenzt die Gemeinde an das Inland. Sehenswert ist hier vor allem das Freilicht-Weinmuseum Moschendorf. Mehrere Originalgebäude aus dem 17. bis 19. Jahrhundert wurden andernorts ab- und hier wieder aufgebaut. In den oberirdischen Weinkellern sind zudem zahlreiche historische Gerätschaften wie Weinpressen oder Brennkessel zur Schnapserzeugung zu besichtigen. Vier Vinotheken befinden sich ebenfalls im Museum, darunter die einzige Uhudler-Vinothek der Welt, die den besonderen, nur im Südburgenland hergestellten und gehandelten Wein anbietet.

39 Jennersdorf

Die Hauptattraktion dieser im Raabtal gelegenen Kleinstadt ist die Therme Loipersdorf. Einen Ausflug lohnt aber auch das malerische Künstlerdorf Neumarkt mit seinen strohgedeckten Bauernhäusern, das ganz in der Nähe von Jennersdorf liegt. Seit den 1960er-Jahren ist diese beschauliche Gemeinde der Zufluchtsort zahlreicher Dichter, Maler und Musiker. Besucher sind eingeladen, an den regelmäßig angebotenen Veranstaltungen wie Kunstkursen und Ausstellungen teilzunehmen oder sich in einem der gemütlichen kleinen Künstlerzimmer einzuquartieren. Bei Jennersdorf gibt es auch zum Kanufahren auf der Raab viele Möglichkeiten, zum Beispiel die beliebte Strecke von Neumarkt bis zur ungarischen Grenze.

Weinfreunde besuchen gerne das Weinmuseum Moschendorf, ein ganz besonderes Freilichtmuseum. Kleines Bild oben: Edle Tropfen aus dem Weingut Krutzler (s. Kasten).

WEINGÜTER

Weingut Giefing
Ein 500 Jahre altes Weinbauernhaus im historischen Stadtkern ist der Sitz des Weinguts von Claudia und Erich Giefing.
Hauptstr. 13, 7071 Rust
Tel. +43 2685/379
www.wein-rust.at

Weingut Juris
Die Geschichte reicht bis ins Jahr 1571 zurück. Familie Stiegelmar baut vor allem Rotweintrauben an.
Marktgasse 12–18, 7122 Gols
Tel. +43 2173/27 48
www.juris.at

Weingut Kerschbaum
Paul Kerschbaum war 2007 »Falstaff Winzer des Jahres«. Sein Weingut im Mittelburgenland baut auf dem Großteil seiner Flächen Blaufränkischen an.
Hauptstraße 37, 7312 Horitschon
Tel. +43 2610/423 92
www.kerschbaum.at

Weingut Krutzler
Im Südburgenland arbeitet diese renommierte Winzerfamilie inzwischen in der fünften Generation.
Untere Hauptstraße 6
7474 Deutsch-Schützen
Tel. +43 3365/22 42
www.krutzler.at

Weingut Ernst Triebaumer
Besonders mit ihrem »Ruster Ausbruch« kann die Familie Triebaumer Auszeichnungen einheimsen.
Raiffeisenstraße 9, 7071 Rust
Tel. +43 2685/528
www.triebaumer.com

Weingut Gesellmann
»Opus Eximium« heißt das Flaggschiff des internationalen Vorzeigebetriebes. Tradition seit 1767. Doch auch die anderen Weine können sich sehen lassen.
Langegasse 65
7301 Deutschkreutz
Tel. +43 2613/80 36 00
www.gesellmann.at

Weingut Heinrich
Biodynamischer Anbau. Kompletter Verzicht auf Pestizide. Verkostung und Besichtigung nach telefonischer Vereinbarung, sonn- und feiertags geschlossen.
Baumgarten 60, 7122 Gols
Tel. +43 2173/31 76
www.nittnaus.at

Weingut Tesch
Die Blaufränkisch-Trauben stammen teils von 40 bis 60 Jahre alten Rebstöcken. Zudem gibt es fast 2000 Sonnenstunden im Jahr.
Herrengasse 26
7311 Neckenmarkt
Tel. +43 2610/436 10
www.tesch.at

Weingut Feiler-Artinger
Wunderschönes Barockhaus. Zahlreiche Top-Weine. 60 Prozent der Reben sind rot. Der Keller stammt teilweise aus dem 14. Jahrhundert. Rust war übrigens Drehort einiger Staffeln der Serie »Der Winzerkönig« mit Harald Krassnitzer.
Hauptstraße 3
7071 Rust
Tel. +43 2685/237
www.feiler-artinger.at

Im Weingut Krutzler (oben) lagern manche Weine in Barrique (unten).

STEIRISCHE WEINSTRASSE

Schmale Straßen winden sich hier entlang steiler Hänge und durch liebliche Täler – und überall kann Wein verkostet werden.

WEINROUTE 14

Wie hingetupft stehen Bäume auf Streuobstwiesen, daneben Weinberge mit ordentlich aufgereihten, gepflegten Pflanzen, immer wieder unterbrochen von Mischwäldern und Kürbisfeldern für das berühmte Kürbiskernöl – die Steiermark ist ein Garten voller Köstlichkeiten. Im Frühling überziehen die Weinpflanzen die Hänge mit frischem Grün, im Herbst leuchtet die Landschaft in knalligen Rot- und Gelbtönen. Die hohe Qualität und die frische Fruchtigkeit der hier kultivierten Reben begeistern Kenner. Wesentlichen Anteil daran haben neben dem ausgesprochen guten Klima die Böden mit ihren 20 Millionen alten Schiefer- und Urgesteinen. Als »Steirische Weinstraßen« hat die Marktgemeinschaft Steirischer Wein acht Weinstraßen eingerichtet, an denen mehr als 200 Winzer ihre Gärten bewirtschaften. Die hier behandelte Route bewegt sich vor allem in der Südsteiermark auf der »Südsteirischen Weinstraße«, der »Klapotetz-Weinstraße« und der »Sausaler Weinstraße«. Besonders Riesling gedeiht in dieser Region in hervorragender Qualität. Entlang der Straßen und Wege gibt es viele der für die Region typischen Buschenschanken, die eigenen Wein ausschenken und deftige, meist kalte Spezialitäten der Steiermark anbieten. Eine Vielzahl an Wander- und Radwegen durchzieht die hügelige Landschaft und lädt zum Entdecken von Land, Leuten und Weinen im Grenzland zu Slowenien und Ungarn ein.

Routenlänge: ca. 100 km
Zeitbedarf: ca. 3 Tage
Start: Ehrenhausen
Ziel: Leibnitz
Routenverlauf: Die Route führt in einer großen Schleife zunächst nach Westen und endet schließlich in der Weinstadt Leibnitz.

Besondere Hinweise: Wenn frische Zweige oder auch ein Licht über dem Eingang eines Buschenschanks hängen, hat sie geöffnet und bietet heurigen Wein an.

Auskünfte:
Österreich Werbung Deutschland
Klosterstraße 64, 10179 Berlin
Tel. +49 30/219 14 80
www.austria.info

1 Ehrenhausen

Der kleine Ort Ehrenhausen hat nur gut tausend Einwohner, aber eine Reihe interessanter Bauwerke. Die Rokoko-Pfarr- und Wallfahrtskirche Schmerzhafte Mutter Maria im Zentrum stammt von 1755. Oberhalb von Ehrenhausen liegt auf einem Hügel das Renaissanceschloss Ehrenhausen aus dem 16. Jahrhundert. Zuvor befand sich an dieser Stelle eine Burganlage mit Bergfried. Gegenüber steht das gelbe Georgi-Schloss Ehrenhausen aus dem 19. Jahrhundert. Sehenswert ist auch das Mausoleum des Ruprecht von Eggenberg, einem der Hauptwerke manieristischer Architektur in Österreich, das ab dem Jahr 1609 mit Unterbrechungen erbaut wurde und 1693 fertiggestellt war. Weinkenner kommen im Restaurant »Die Weinbank« auf ihre Kosten, in dem Sommelier Christian Zach in Zusammenarbeit mit Winzer Manfred Tement und Küchenchef Gerhard Fuchs regionale Tropfen und lokale Hochgenüsse anbietet. Fuchs ist auch Vorreiter für die frische vegetarische und vegane Küche in der Süd-

Auf der Südsteirischen Weinstraße findet man sowohl Natur (oben: Ratsch) als auch Kultur (unten: Mausoleum des Ruprecht von Eggenberg in Ehrenhausen).

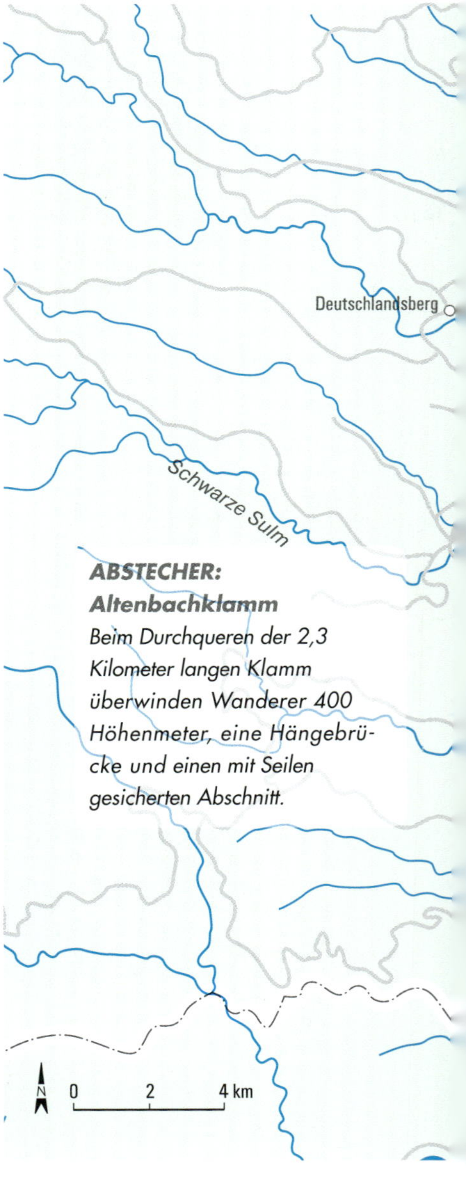

ABSTECHER: Altenbachklamm

Beim Durchqueren der 2,3 Kilometer langen Klamm überwinden Wanderer 400 Höhenmeter, eine Hängebrücke und einen mit Seilen gesicherten Abschnitt.

steiermark unter dem Label »Gmias di«, eine zeitgemäße Variante der traditionellen, in der Regel fleischlastigen Brettljause mit Geselchtem, Schweinebraten, Trockenwürsten, Käse und Eiern.

2 Ratsch an der Weinstraße

Schon früh hat man in dieser Gegend Weinbau betrieben; erstmalig urkundlich erwähnt wurde die Gemeinde Ratsch im 11. Jahrhundert, damals unter der Bezeichnung »Rats«. Die Legende erzählt, dieser Name sei darauf zurückzuführen, dass der Ort in einem Kessel liegt und man sich hier gern zu Ratsversammlungen zusammengefunden habe. Ratsch an der Weinstraße hat sich besonders für die Einrichtung der südsteirischen Weinstraße eingesetzt und trägt deren Markenzeichen – eine Traube und ein Klapotetz-Windrad – seit dem Jahr 1961 sogar im Wappen. Eine Vielzahl an Wanderwegen lädt dazu ein, die hügelige Landschaft, die im Süden an Slowenien grenzt, zu erkunden.

3 Gamlitz

Gamlitz ist die größte Weinbaugemeinde der Steiermark. Die sie umgebende sanft hügelige Landschaft verspricht jedem Gast sein ganz spezielles Plätzchen im »Steirischen Himmelreich«. Im ganzjährig milden Klima wachsen nicht nur vielfach ausgezeichnete Weine, sondern auch die

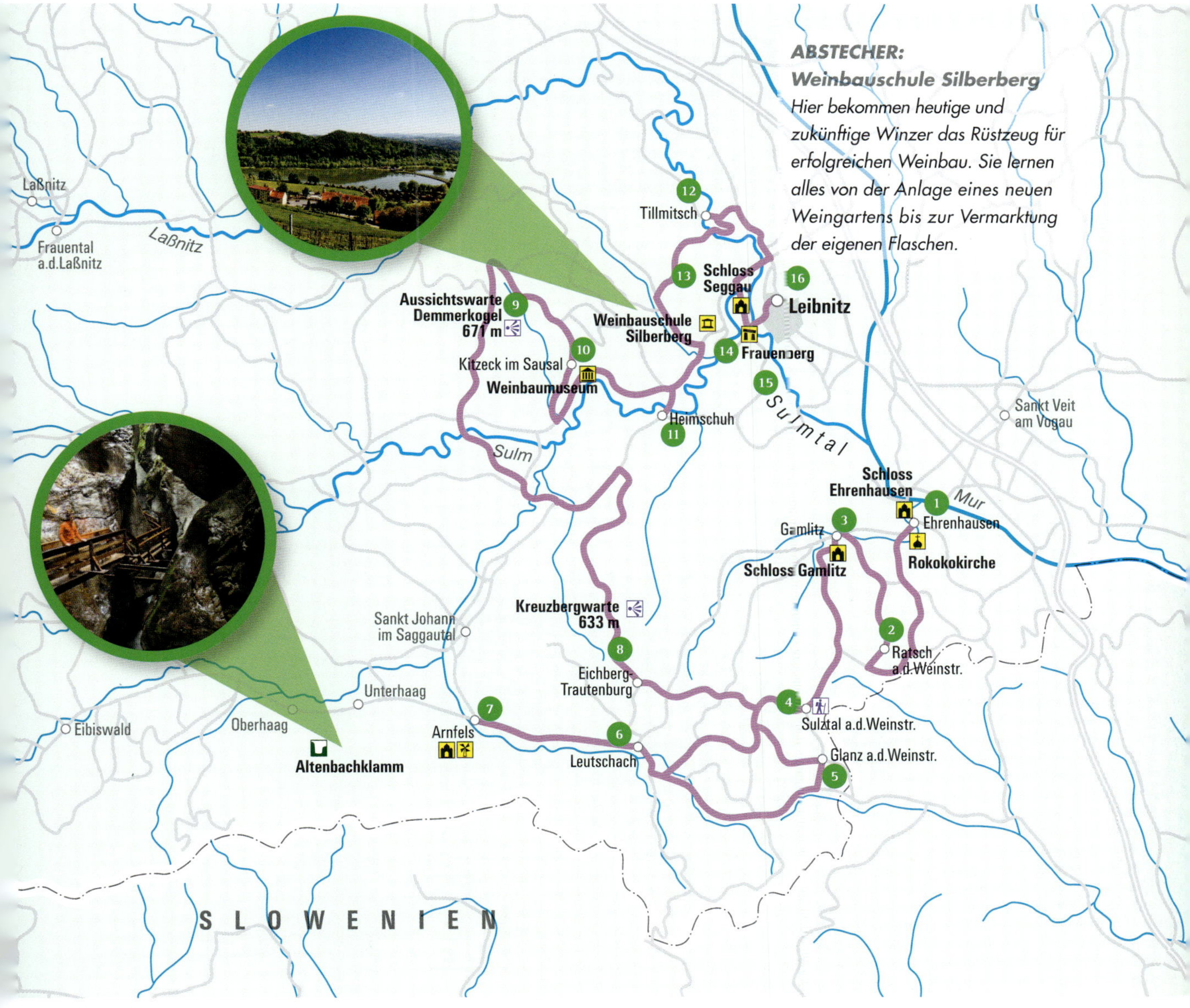

Sulztal an der Weinstraße (oben) liegt an der slowenischen Grenze und gehört seit 2015 zur Gemeinde Gamlitz.

WEINFESTE

JUNI
»Die Tafel an der Südsteirischen Weinstraße« in Ehrenhausen

SEPTEMBER
»Hopfen- und Weinlesefest« Leutschach

OKTOBER
»Gamlitzer Weinlesefest«
»Herbstfest« in Leibnitz

aromatischen steirischen Marillen, Kirschen, Äpfel und Zwetschgen, aus denen schmackhafte Obstbrände destilliert werden. In den für die Gegend typischen Buschenschanken fließt heuriger, selbst produzierter Wein. Ein Weinmuseum im Schloss Gamlitz informiert über den steirischen Weinbau. Das Schloss wurde zwischen den Jahren 1111 und 1113 erbaut und kam durch eine Schenkung in den Besitz des Stiftes St. Paul im Lavanttal, dessen Äbten es als Sommersitz diente. Seit dieser Zeit dreht sich hier alles um die Reben, auch den Messwein für das Stift hat man in Gamlitz gekeltert.

4 Sulztal

Wer nach Sulztal kommt, sollte ein paar Stunden Zeit für eine Rundwanderung mitbringen. Zu malerisch ist die Landschaft mit ihren Obst- und Weingärten, und am schönsten ist sie zu Fuß oder auf dem Fahrrad erlebbar. Beim Buschenschank Prettner startet ein sechs Kilometer langer Rundweg, der bis zum Sulzbach ins Tal absteigt, später dann durch Gärten und Wald führt. Gelbe Schilder weisen den Weg. Besonders erfreulich für Weinfreunde: Immer wieder ergibt sich die Möglichkeit, in einem der zahlreichen Wirtshäuser am Weg einzukehren und lokale Tropfen nebst einer zünftigen Jause mit lokalen Produkten zu probieren.

5 Glanz an der Weinstraße

Die Gemeinde Glanz an der Weinstraße hat nur etwa 1500 Bewohner, ist aber die zweitgrößte steirische Weinbaugemeinde. Auf rund 400 Hektar Rebfläche entstehen jährlich 1,5 Milliarden Liter Wein höchster Qualität. Seit dem Jahr 2001 ist der Traube auch künstlerisch ein Denkmal gesetzt: Der ortsansässige Künstler Willibald Trojan hat auf dem Berg Eorykogel die mit fünf Metern Höhe größte Weintraube der Welt aus Edelstahl und verschmolzenen Farbglasfüllungen geschaffen. Ihre 365 Traubenperlen stehen für die Jahrestage, Blätter symbolisieren die zwölf Monate und 52 Wochen. Am Kunstwerk startet zudem der Hoftourwanderweg, der viele Bauernläden in der Region verbindet. Wie auch an vielen anderen Orten begleitet das Klappern der Klapotetze, mal aus weiter Ferne, mal von nah, die Wanderer – das monotone Geräusch dominiert stimmungsvoll die südsteirischen Weinberge.

6 Leutschach

Der heutige Hauptort des steirischen Rebenlandes blickt auf eine lange Handelstradition zurück. Schon im Jahr 1421 erhielt er Marktrechte; der heutige Marktplatz stammt aus dem 17. Jahrhundert. Unter den gut erhaltenen Häusern am Hauptplatz war das älteste die Trappenburg. Im Rathaus informiert die Weingalerie Leutschach über die mühsame Arbeit der Winzer. Hier haben Besucher auch die Möglichkeit zu Verkostungen und zum Einkaufen. Das Umland besteht aus Obst- und Weingärten, Mischwäldern und Hopfenanlagen. Wer hier unterwegs ist, findet zahlreiche Buschenschanken zur Einkehr und Direktvermarkter, um sich mit lokalen Produkten einzudecken. Als »Rebenland« haben sich die Weinbaugemeinden

Leutschach, EichbergTrautenburg, Glanz an der Weinstraße und Schlossberg zusammengeschlossen.

7 Arnfels

Auf der Klapotetz-Weinstraße dominieren klappernde Windmühlen die Landschaft. Schon von Weitem zu erkennen ist Arnfels mit seinem weißen Schloss, das sich auf einem Hügel über dem Ort erhebt. Von hier sind der alte Ortskern von Markt Arnfels mit seinen Bürgerhäusern und die Pfarrkirche im südsteirischen Barock gut zu sehen. Bekannt ist der Prachtbau auch als Spielstätte für die Freiluftvorstellungen der Arnfelder Schlossspiele. Eine Reihe schöner Wanderwege beginnt in dem Ort, etwa zum Höhenzug im Süden, der die Grenze zu Slowenien bildet, oder zum Eichberg im Norden mitten zwischen schönen Weinbergen. Die namengebenden »Klapotetze« sind nichts anderes als lärmende Vogelscheuchen, die als windgetriebene Räder mit Welle und Schlägeln ein rhythmisches Klappern erzeugen. Dies soll die Vögel aus den Weinbergen verscheuchen. Die Klapotetze werden traditionell in jedem Jahr zu Jakobi am 25. Juli aufgestellt und nach der Weinlese, meist zu Allerheiligen oder Martini Anfang November, wieder abgebaut. Dann kehrt Ruhe über dem Land ein, viele Vögel sind weiter gen Süden gezogen. Meist sind die Klappermühlen nur wenige Meter hoch; mit 19 Metern steht die höchste der Welt in Schlossberg.

ESELWANDERN

Wer eine (Wein)-Wanderung machen möchte, die auch Kinder begeistert, nimmt einfach einen Esel mit. In Oberhaag verleiht Familie Winter Esel für Touren in die Umgebung, etwa auf dem Grenzpanoramaweg. Gemütlich trotten die grauen Begleiter neben den Wanderern her, tragen ihr Gepäck und bestimmen durch Fresspausen am Wegesrand das Tempo. Kraulen ausdrücklich erlaubt!

8 Eichberg-Trautenburg

Über die hügelige südweststeirische Landschaft, die Koralm und bis in die ungarische Tiefebene fällt der Blick von der Kreuzbergwarte am Monitkogel in 633 Metern Höhe. Der 30 Meter hohe Turm ist neben zahlreichen Buschenschanken eines der Ziele auf einer Wanderung in der Region Eichberg-Trautenburg. Ein besonderes Highlight für Freunde guter Tropfen ist der Wein-Kultur-Garten. Hier werden nicht nur Fragen wie »Wie viele Weinsorten gibt es eigentlich?« oder »Welche Arbeiten fallen im Weingarten an?« auf Schautafeln beantwortet, zahlreiche entlang des Weges gepflanzte Traubensorten laden außerdem zum Probieren ein. In der Nähe steht Schloss Trautenburg, das erstmals im Jahr 1234 urkundlich erwähnt ist. Besichtigen kann man es nur von außen.

Zahlreiche Aktivitäten bieten sich an: ein Besuch des Weinmuseums im Schloss Gamlitz (unten) oder Wanderungen im Sulztal (kleines Bild).

9 Demmerkogel

Der Demmerkogel ist mit seinen 671 Metern die höchste Erhebung des Sausal und liegt mitten im Naturpark Südsteirisches Weinland. Eine Aussichtswarte eröffnet weite Blicke über die Südsteiermark und an klaren Tagen sogar bis nach Slowenien. Der hier stehende Klapotetz mit 16 Metern Höhe war bis zum Jahr 2010 der höchste der Welt, dann wurde der drei Meter höhere in Schlossberg errichtet. Bekannt ist der Demmerkogel für seine Schmetterlingswiese, ein Halbtrockenrasen, auf dem Orchideen und andere heimische Pflanzenarten wachsen, die eine Vielzahl an Schmetterlingen und andere Insekten anlocken. Die Wiese liegt am Sausaler Rundwanderweg.

10 Kitzeck im Sausal

Besonders schön ist Kitzeck im Sommer, wenn leuchtend blauer Lavendel die Straßen säumt. Aber auch wenn im Herbst die Gehölze die Landschaft rot, orange und gelb leuchten lassen, zeigt sich die Ortschaft von ihrer schönsten Seite. Mit 546 Metern ist Kitzeck das höchstgelegene Weinbaudorf Europas. Es liegt zwischen der Kleinen Ungarischen Tiefebene, den Gebirgen der Obersteiermark, den Bergen Sloweniens und der Koralpe. Riesling-Anbau dominiert im Sausal die Weinberge. Die Hänge mit den Weingärten sind sehr steil. Kitzeck rühmt sich nicht nur, das erste Steirische Weinbaumuseum aus dem Jahr 1979 zu besitzen, es gibt auch einen Weinwanderweg, den ersten Südsteirischen Schau- und Patenschaftsgarten sowie einen Wald- und Wildlehrpfad. Und nicht nur hervorragende Weine entstehen hier, man braut auch gutes Bier und destilliert Hochprozentiges.

Links: Blick durch und über die Weinberge von Kitzeck im Sausal. Kleines Bild oben: Hinweisschild der Sausaler Weinstraße mit Figuren in Tracht.

★★★ BUSCHENSCHANKEN

Ein Bündel frischer Fichten- oder Kiefernzweige, »Buschen« genannt, hängt über der Tür der Gastwirtschaft und zeigt so an, dass »heuriger«, also selbst produzierter Wein im Ausschank ist. Dazu gibt es meist kalte Imbisse wie Brettljausen mit deftigen lokalen Spezialitäten. Buschenschanken sind in Österreich vor allem in der Steiermark und im Burgenland verbreitet.

11 Heimschuh

Im östlichen Kessel des Sulmtals liegt reizend und von Weingärten und Hügeln umgeben die kleine Gemeinde Heimschuh. Die hier gekelterten Weine zeichnen sich durch eine besondere Frische und Fruchtigkeit aus. Ein gut ausgebauter Rundwanderweg, die »Panoramagalerie«, führt Wanderer durch die liebliche Landschaft und zu den schönsten Aussichtspunkten, aber auch Radwanderer finden hier gut ausgeschilderte Wege vor. Zwischendurch locken immer wieder Einkehrmöglichkeiten des Weges.

12 Tillmitsch

Älter als Rom sei der kleine Ort Tillmitsch – so jedenfalls rühmt man sich hier. Das beweisen Funde in einer Ziegelei, die auf das Jahr 1000 v. Chr. datiert sind. Die Illyrer betrieben damals dort, wo sich heute Tillmitsch befindet, eine Eisenschmelze. Im Norden des Ortsgebietes kennzeichnet die Eiserne Pforte den Beginn des Teufelsgrabens. Diese elf Meter breite und zwei Meter tiefe germanische Landwehr stammt aus den Jahren 750 bis 800. Damals begannen die Germanen in den Ausläufern des Sausaler Hügellands zu siedeln.

13 Schloss Seggau

Auf einem bewaldeten Hügel über der Stadt Leibnitz steht umgeben von Weinbergen und einer wunderschönen Landschaft Schloss Seggau. Vom Schloss kann man nicht nur hinab in den Ort Leibnitz und weit ins Sulmtal blicken, sondern an klaren Tagen über die Murebene auch bis nach Slowenien. Schon die Kelten und die Römer siedelten in dem Gebiet rund um das Schloss, das belegen steinerne Zeugnisse aus dieser Zeit. Das Oberschloss gaben die Salzburger Erzbischöfe im 12. Jahrhundert als Missions- und Verwaltungsbastion zur Kolonialisierung der südlichen Steiermark in Auftrag; ab 1218 erweiterten die Bischöfe von Seckau dann die Anlage. Später entwickelten sich hier gleich drei Schlösser und Burgen nebeneinander: die Burg Leibnitz im Besitz der Salzburger Erzbischöfe, die Burg der Bischöfe von Seckau und das Schloss Polheim, Sitz von Salzburger Ministerialien und Burggrafen. Ende des 16. Jahrhunderts kamen alle drei Gebäude in den Besitz des Bistums Seckau und man verband die Burg Leibnitz mit der Burg der Bischöfe von Seckau. »Seggau« ersetzte in der Folge die alte Schreibweise »Seckau«. Heute befindet sich im Schloss neben einem Tagungshotel und einem tollen Restaurant auch der 300 Jahre alte Weinkeller – der übrigens der größte der ganzen Steiermark ist. Dieser lockt mit Verkostungsmöglichkeiten und einer eigenen Weintaverne.

14 Frauenberg

In der Steiermark gehört der Frauenberg bei Leibnitz zu den wichtigsten archäologischen Stätten. Von der Jungsteinzeit bis hinein ins frühe Mittelalter konnte hier menschliche Besiedlung nachgewiesen werden. Auf dem bedeutendsten römerzeitlichen Tempelberg der Steiermark in der einstigen Stadt Flavia Solva hat man unter anderem einen keltischen Kultplatz, ein spätantikes Gräberfeld mit 550 Gräbern und einen Tempel zu Ehren einer griechisch-römischen Göttin gefunden. Ein Museum informiert über die vielschichtigen und bedeutenden Funde. In der Nähe steht noch dazu die reich mit Fresken geschmückte römisch-katholische Wallfahrtskirche Mariä Himmelfahrt auf dem Frauenberg, deren Bau auf eine spätgotische Kirche (15. Jh.) zurückgeht. Zur Kapelle findet an jedem 13. des Monats eine Wallfahrt statt. Vom alten Namen des Pilgerziels »Unserer lieben Frauen Berg ob Leibnitz« leitet sich übrigens der heutige Name Frauenberg ab.

15 Sulmtal

Das Sulmtal erhält seinen besonderen klimatischen Charakter durch die warmen Winde, die für die hervorragenden Bedingungen sorgen, in denen die Trauben an den oft steilen Hängen besonders schmackhaft heranreifen. Auch der Boden in dieser Region ist außergewöhnlich: Der sogenannte Sausaler Stock, das Urgestein in dem Weinanbaugebiet, stammt aus dem Paläon und ist etwa 60 Millionen Jahre alt. Schiefer bildet die Grundlage für den besonderen Tiefgang, die Langlebigkeit und die elegante Mineralik der regionalen Weine aus dieser alten Kulturlandschaft. Als lokale Spezialität ist das Sulmtaler Hendl geschätzt; dieses ist nicht nur Festtagsbraten und Delikatesse, sondern wird generell wegen seines besonderen Fleischgeschmacks gerne verzehrt.

16 Leibnitz

Leibnitz ist eine ausgesprochene Weinstadt. Im Sommer spielt sich das Leben in und vor den gemütlichen Straßencafés, Restaurants und Schänken im Stadtkern ab. Bodenständige und internationale Küche serviert man zum passenden Tropfen aus der Region. In der Ferne sieht man das Schloss Seggau zwischen den Weinbergen aufragen. Der Jahreszeit entsprechend feiert Leibnitz Weinfeste, unter anderem das »Herbstfest«, das die Weinfeste der Südsteiermark beschließt. Im Herbst gibt es auch kulinarische Feste in der Stadt. Und wer nicht genug von den guten Tropfen bekommen kann, begibt sich auf den Lehrpfad der Weinbauschule Silberberg: Auf etwa 1,5 Kilometern führt ein Rundgang durch die Weingärten; noch dazu informieren zahlreiche Schautafeln und -objekte über die Geschichte des Weinbaus.

Schloss Seggau (oben) besitzt einen über 300 Jahre alten Bischöflichen Weinkeller. Der Sulmsee (links) ist ein Freizeit- und Erholungsparadies.

WEINGÜTER

Weingut Tement
Auf einem kleinen Bergplateau mit Blick nach Slowenien gelegen, wachsen auf dem Familienbetrieb im Weißweinland Südsteiermark vor allem weiße Traubensorten wie Welschriesling, Sauvignon Blanc, Gelber Muskateller, Weißburgunder, Morillon oder Traminer.
Zieregg 13, 8461 Berghausen
Tel. +43 3453/410 10
www.tement.at

Weingut Tauss
Biologisch-dynamisch bewirtschaftet das Weingut Tauss seine Flächen. Der Kalkmergelboden behält dort seine natürliche Decke aus Blumen, Gräsern und Wildkräutern.
Der Betrieb bietet seinen Besuchern und Gästen außerdem auch Gästezimmer an und verwöhnt mit Yoga und Meditation.
Alice und Roland Tauss
Schlossberg 80, 8463 Leutschach
Tel. + 43 3454/67 15
www.weingut-tauss.at

Weingut Sternat
Die Weine dieses Guts haben in den vergangenen Jahren einige Auszeichnungen erhalten, unter anderem hat der Welschriesling des Familienbetriebs im Wettbewerb »Salon Österreich Wein« den zweiten Platz erreicht.
Weingut Sternat
Eichberg Trautenburg 94
8454 Arnfels
Tel. +43 3455/442
www.sternat.at

Weingut Sattlerhof
Willi Sattler gilt in der Südsteiermark als Winzerlegende. Verkostungen und Verkauf ab Hof. Zum Gut gehören auch ein Hotel und ein Top-Restaurant.
Sernau 2, 8462 Gamlitz
Tel. +43 3453/25 56
www.sattlerhof.at

Weingut Erwin Sabathi
Die Geschichte des Weinguts reicht zurück bis ins Jahr 1650. Das Besondere: Hier werden Rebstöcke in Steillagen mit bis zu 75 Prozent Gefälle angebaut. Jede Traube wird per Hand geerntet. Die Weine erhalten regelmäßig Top-Auszeichnungen.
Pössnitz 48
8463 Leutschach an der Weinstraße
Tel. +43 3454/265
www.sabathi.com

Weingut Wohlmuth
Minimale Erträge und steilste Hanglagen in Höhen von bis zu 600 Metern zeichnen das Weingut aus,

das regelmäßig Preise bei Verkostungen einheimst.
Fresing 24
8441 Kitzeck im Sausal
Tel. +43 3456/23 03
www.wohlmuth.at

Weingut Gross
Die Familie kann eine der besten Lagen in der Südsteiermark ihr Eigen nennen. Vor allem Weißweinsorten sind im Angebot. Besucher sind nach Voranmeldung herzlich willkommen.
Ratsch an der Weinstraße 26
8461 Ehrenhausen
Tel. +43 3453/25 27
www.gross.at

Das Weingut von Alice und Roland Tauss (alle drei Bilder) produziert biologisch-dynamische Weine.

KÄRNTEN

Die Route schlängelt sich durch Österreichs sonnigen Süden, erreicht die Grenzen zu Slowenien und Italien und ist geprägt von jungen Weingütern.

WEINROUTE 15

Österreichs südlichstes Bundesland hat noch immer den Charakter eines Geheimtipps. Obwohl Kärnten in den Weinführern nicht an erster Stelle steht, blickt der Weinbau in Kärnten auf eine lange Tradition zurück. Als sonniger Süden des Landes eignet sich die Region eigentlich perfekt für den Anbau von Reben. Das haben schon die Mönche im Mittelalter gewusst. Einerseits brauchten sie den Wein für das Abendmahl in ihren Kirchen, andererseits brachten sie so manchen Kniff zur Kultivierung der Trauben mit nach Kärnten. Lange erlebte die Kultivierung der Reben eine Hochzeit, doch im 18. Jahrhundert bröckelte der Erfolg. Steuern und Zölle machten es den Winzern immer schwerer, und als dann noch die Pilzkrankheit Peronospora die Reben sterben ließ, starb die Begeisterung der Bauern für den Wein gleich mit. Erst seit den 1970er-Jahren erlebt der Weinbau eine Renaissance und mehr und mehr Bauern wagen sich vorsichtig an die Kunst der Traubenkultur. Begonnen hat der Trend zum Wein im Lavanttal mit der Initiative von Herbert Gartner. Der Landwirt setzte auf die Anpflanzung der Reben, kelterte einen vorzüglichen Tropfen und weckte damit die Weinkultur aus dem Dornröschenschlaf. Heute entstehen mehr und mehr Weingärten, die Weinberge wachsen kontinuierlich. Dennoch ist Wein aus Kärnten ein knappes Gut und wird vornehmlich in lokalen Geschäften und Restaurants gehandelt. Vor allem Weißweine werden gekeltert: Chardonnay, Weißburgunder, Grauburgunder oder Riesling.

Routenlänge: ca. 320 km
Zeitbedarf: 3–4 Tage
Start: Spittal an der Drau
Ziel: St. Georgen im Lavanttal
Routenverlauf: Spittal an der Drau, Millstatt, Treffen am Ossiacher See, Villach, Arnoldstein, Feldkirchen in Kärnten, Velden am Wörthersee, Pörtschach am Wörthersee, Klagenfurt, St. Veit an der Glan, Griffen, St. Andrä im Lavanttal, St. Georgen im Lavanttal

Auskünfte:
Kärnten Werbung
Völkermarkter Ring 21–23, 9020 Klagenfurt
Tel. +43 463/30 00
www.kaernten.at

1 Spittal an der Drau

Das wirtschaftliche und kulturelle Zentrum Oberkärntens liegt an der Mündung der Lieser, wo die uralte Fernhandelsroute vom Drautal in Richtung Katschberg und Salzburger Land abzweigt. Seine Geschichte ist untrennbar mit dem Freisinger Grafengeschlecht der Ortenburger verknüpft, die im Hochmittelalter von hier aus ein Riesengebiet bis nach Westslowenien beherrschten. Spittals Hauptattraktion ist, abgesehen von der Seilbahn auf den Hausberg Goldeck, Schloss Porcia – erbaut im 16. Jahrhundert von dem Spanier Gabriel Salamanca, dem Generalschatzmeister Erzherzog Ferdinands. In seinem lupenreinen Renaissancestil verleiht der dreigeschossige, filigran dekorierte Bau dem

Oben: Blick auf Millstatt und den Millstätter See; kleines Bild links: Schloss Porcia in Spittal an der Drau; unten: Ossiacher See.

Städtchen eine gehörige Prise luftig-lebensglühender Italianità. Sein von feingliedrigen Loggien eingefasster Innenhof bildet seit 1961 allsommerlich die Bühne für die bis heute populären Komödienspiele.

2 Millstatt

Der Sage nach soll einst ein Herzog die verloren geglaubte Leiche seines Sohnes im See gefunden haben. Aus Dankbarkeit wurde er Christ und ließ die Hunderte, vielleicht Tausende Götzenfiguren in den See werfen. Deswegen heißt der Ort heute Millstatt – abgeleitet von »mille statue«. Zu den touristischen Höhepunkten zählen nicht nur die Gründerzeitvillen sowie das Badehaus, sondern auch Benediktinerstift mit seinem angeschlossenen Museum. Im Garten des Klosters wächst eine 1000-jährige Linde. Gourmets schätzen nicht nur den Wein, sondern auch den fangfrischen Fisch aus dem See. Hoch über der Stadt findet sich die Lammersdorfer Hütte. Wer dort auf dem Enzian-Granat-Steig wandert, findet auf dem Weg echte Granatsteine.

3 Treffen am Ossiacher See

Zwischen der Gerlitzen Alpe und den Ossiacher Tauern, nur wenige Autominuten nordöstlich von Villach, erstreckt sich eines der schönsten Badegewässer Kärntens. Elf Kilometer lang, bis zu 1,5 Kilometer breit und maximal 52 Meter tief – der Ossiacher See mit seiner Vielzahl an Segel-, Surf- und Wasserskischulen ist ein ideales Revier für Wassersportfreunde. Der Ort Treffen am Westufer des Sees eignet sich perfekt als Ausgangspunkt für Ausflüge. Hoch über dem Nordufer laden die beiden Bergkuppen Kanzel und Gerlitzen zum Wandern. Sie sind zudem bei Paraglidern als Startplätze beliebt. Am Südufer erhebt sich mit Stift Ossiach eine kulturelle Keimzelle der Region, die dank des hier seit 1969 jeweils im Juli und August gefeierten Musikfestivals »Carinthischen Sommer« über Kärntens Grenzen hinaus weiterwirkt. Für erhebende Erlebnisse sorgen in der Region außerdem die Sternwarte auf der Gerlitzen und, im Sommer täglich, die Adlerschauen auf der Burgruine Landskron.

ABSTECHER: Biospährenpark Nockberge

Sie sind das krasse Gegenteil zu den schroffen himmelstürmenden Gipfeln der Hohen Tauern: jene bis 2400 Meter hohen Mittelgebirgskuppen, die, von den Einheimischen »Nocken« genannt, die Region östlich des Liesertals prägen. 1987 wurde die Almenlandschaft zum Nationalpark erklärt.

ABSTECHER: Klopeiner See

Willkommen an Österreichs wärmstem Badesee! Schon im 19. Jahrhundert strömten scharenweise Sommerfrischler an dieses Idyll. Kein Wunder, erreicht sein Wasser doch dank der windgeschützten Lage und geringen Durchflutung oft schon im Mai 22°C und im Hochsommer bis zu 29°C.

4 Villach

»Kärntens heimliche Hauptstadt«, wie die Villacher etwas kokett ihre Heimat gern nennen, liegt östlich des Dobratsch am Zusammenfluss von Gail und Drau. Für ihren Wohlstand sorgte seit alters die günstige Position am Schnittpunkt der Fernverkehrsrouten Salzburg-Venedig und Bozen-Lienz-Graz. Sein spezielles Flair verdankt der Ort der Synthese germanischer, italienischer und slawischer Einflüsse. Die adrette Altstadt mit ihren verkehrsbefreiten Gässchen um den lang gestreckten Hauptplatz lädt zum Flanieren und Shoppen ein. Museen wie das für Stadtgeschichte oder das Oldtimermuseum, aber auch das 182 Quadratmeter große 3-D-Relief von Kärnten und die schon von Paracelsus gerühmte Therme im Ortsteil Warmbad sorgen bei Schlechtwetter für Kurzweil. Die unmittelbare Nähe zu mehreren Badeseen und Aussichtsbergen erhöht zusätzlich den touristischen Reiz.

Oben: Segeltörn mit bester Sicht, hier auf das Schloss Velden. Links, Mitte und unten: die Kirche St. Jakob dominiert das Stadtbild von Villach.

5 Arnoldstein

Direkt an der Grenze zu drei Ländern liegt diese Gemeinde in der äußersten Ecke Österreichs. Wer gen Westen reist, kommt nach Italien, ostwärts geht es nach Slowenien. Vor allem Radfahrer mögen Arnoldstein, denn auch der Alpe-Adria-Radweg führt durch den Ort. Wanderer und vor allem Spaziergänger schätzen die Gondelbahn, die ihre Besucher in 15 Minuten auf 1506 Meter Höhe bringt. Wer nicht so weit hinauf möchte, sucht die Klosterruine auf, deren Mauern inzwischen schon 1000 Jahre alt sind. Spirituell inspirierte Besucher hingegen zieht es zur Kapelle Maria Siebenbrünn. Dort entspringen tatsächlich sieben Quellen, manche sollen Augenleiden lindern oder positiv auf die inneren Organe wirken.

6 Feldkirchen in Kärnten

In den Ausläufern der Nockberge liegt diese Gemeinde, deren Ausläufer sich fast bis zum Ossiacher See erstrecken. Prächtige Bürgerhäuser erzählen in der Innenstadt von der reichen Vergangenheit. Sie gründet nicht nur auf der Lage am einstigen Handelsweg nach Venedig, sondern auch auf Eisenerzvorkommen in den Bergen. Heute allerdings spielen die Bodenschätze keine Rolle mehr, die Gemeinde lebt vom Tourismus. Die edlen Bürgerhäuser in der Innenstadt, die prächtigen Kirchen, allen voran die Stadtpfarrkirche Mariä Himmelfahrt sind sehenswert. Einige Elemente dieser Kirche stammen sogar noch aus romanischer Zeit. Imposant sind auch die vielen Schlösser, die die Stadt umgeben, wie etwa der Bamberger Amtshof oder Burg Dietrichstein.

7 Velden am Wörthersee

Seit dem Fin de siècle ist Velden ein Synonym für einen High-Society-Treff. Hier, am Westende des Wörthersees, hatten um das Jahr 1900 schon Architekten mit Gespür für touristischen Zeitgeist reihenweise mondäne Villen und Hotels errichtet. Dort urlauben seit damals bevorzugt die Reichen und Schönen, Pioniere des Segelns und des Golfens. Am Wörthersee trug man stolz Cabrio und Surfbrett zur Schau. Nochmals bekannter und zugleich massentauglich wurde die malerische Bucht Anfang der 1990er-Jahre dank der Fernsehserie »Ein Schloss am Wörthersee«. Als zentraler Schauplatz für die insgesamt 34 Folgen mit Roy Black und Uschi Glas in den Hauptrollen fungierte jenes vierflügelige Renaissanceschloss, das sich Ende des 16. Jahrhunderts Bartholomäus Khevenhüller, Burggraf zu Klagenfurt, hatte bauen lassen und das findige Investoren vor einigen Jahren zu einem luxuriösen Fünf-Sterne-Plus-Hotel herausgeputzt haben. Noch heute heißt das Motto »Sehen und gesehen werden«.

WEINFESTE

JULI
»Vino Alpi – Biowein-festival« in Klagenfurt

SEPTEMBER
»Weinfest Kulinart« in Klagenfurt
»Sittersdorfer Weinfest«

OKTOBER
Weinfeste im Lavanttal, z. B. in St. Andrä, St. Paul oder Wolfsberg

NOVEMBER
»Junkerfest« in Millstatt

8 Pörtschach am Wörthersee

Vornehme Hotels, herrschaftliche Villen, ausgedehnte Parks mit alten Bäumen und von Blumenbeeten gesäumte Promenaden … Kaum vorstellbar, dass dieser westlich von Krumpendorf auf einer weit in den Wörthersee kragenden Halbinsel gelegene Ort noch vor

Der Wörthersee hält aus jeder Perspektive eine schöne Ansicht bereit (kleines Bild); unten: Pörtschach.

150 Jahren ein bescheidenes Bauern- und Fischerdorf war. Erst mit der Eröffnung der Südbahn kamen die ersten betuchten Sommerfrischler und bauten sich ihre Feriendomizile. Auch Johannes Brahms genoss drei Saisonen lang die geruhsam-elegante Atmosphäre und komponierte hier, wie eine Generation später drüben in Maiernigg Gustav Mahler, wichtige Werke. Ein Themenweg und ein stets im Frühherbst veranstalteter Musikwettbewerb erinnern daran.
Ungleich tiefer in die Geschichte führt ein Ausflug in das nahe Moosburg. In der dortigen Feste soll im späten 9. Jahrhundert ein Sohn Ludwigs des Deutschen eine karolingische Pfalz gegründet haben.

MINIMUNDUS

Roms Petersdom, Londons Tower, der Pariser Eiffelturm, Indiens Taj Mahal, Chinas Mauer und New Yorks Freiheitsstatue: Rund 150 Modelle berühmter Baudenkmäler, originalgetreu im Maßstab 1:25 aufgebaut, sieht, wer aus Klagenfurt Richtung Europapark spaziert. Gegründet wurde diese »kleine Welt am Wörthersee« in den 1950er-Jahren. Jährlich besuchen 20 Millionen Menschen den Park.

9 Klagenfurt

Seine Wurzeln liegen, glaubt man der Legende, in einer sumpfigen Furt des Flusses Glan. Dort sollen sagenhafte »klaga«, Totenfrauen, ihr Unwesen getrieben haben, ehe Herzog Hermann von Spanheim im ausgehenden 12. Jahrhundert an genau jenem Ort einen Markt gründete. Dank ihrer handelsstrategisch günstigen Lage wuchs die Siedlung alsbald zu einer ansehnlichen Stadt und in der frühen Neuzeit durch die Schenkung an die Stände zur Landesmetropole. Heute zählt Klagenfurt 100000 Einwohner und strahlt in seiner Bedeutung als Verwaltungszentrum, Wirtschaftsstandort, Universitäts- und Museumsstadt über Kärntens Grenzen weit hinaus. Die Gassen und Plätze seiner Fußgängerzone atmen mit ihren schmucken Häusern, Cafés und Boutiquen mediterranes Flair. Zusätzlich erhöht wird der Freizeitfaktor durch die unmittelbare Nähe des Wörthersees.

10 St. Veit an der Glan

Es ist schon einige Zeit her, dass in der sympathisch-quirligen Kleinstadt an der Glan Geschichte geschrieben wurde: nämlich mehr als 800 Jahre. Damals errichteten die Kärntner Herzöge derer von Spanheim hier ihren Sitz und machten sie damit zur ersten Hauptstadt des Landes. Diesen Status verlor St. Veit zwar 1518 an Klagenfurt. Doch das Erbe der großen Vergangenheit ist heute noch gut spür- und sichtbar. Zum Beispiel beim Gang über den lang gestreckten Hauptplatz: Dort stehen noch, integriert in ein geschlossenes Ensemble uralter Bürgerhäuser, das ehemalige Zeughaus, heute Stadtmuseum, und jenes im Kern gotische Rathaus, in dem einst die obersten Landesrichter tagten. Von der Blüte der Stadt im Spätmittelalter zeugen aber zum Beispiel auch die in die Stadtmauer integrierte Herzogsburg, die man heute für kulturelle Veranstaltungen nutzt, und, im Südwesten der Altstadt vorgelagert, das ehemalige Bürgerspital mit seiner sehr sehenswerten gotischen Kirche.

11 Griffen

Schon vor 20000 Jahren haben an diesem Ort Menschen gelebt. Das beweisen die Funde in der Tropfsteinhöhle. Sie soll übrigens die bunteste Schauhöhle Österreichs sein und reiht sich damit ein in eine Liste von Höhepunkten, die Griffen zu bieten hat. Etwas außerhalb des Ortes befindet sich eine der spektakulärsten Kletterwände des Landes, die mit steilen Abgründen Sportler begeistert, die einen Adrenalinkick suchen. Sehenswert ist auch die

Bildleiste links: Alter Platz, Neuer Platz, Lindwurmbrunnen und Denkmal von Kaiserin Maria Theresia in Klagenfurt. Kleines Bild oben: Marktbrunnen in St. Veit an der Glan. Links: Domkirche St. Peter und Paul in Klagenfurt.

Burgruine sowie das Prämonstratenserstift Sankt Maria im Griffental mit seinem Kreuzgang und der üppig ausgestatteten Kirche Maria Himmelfahrt. Als 1236 das Kloster St. Maria in Griffental errichtet wurde, brachte das Aufschwung in die Weinwirtschaft in Kärnten, denn die Mönche kultivierten in der Nähe von Griffen die ersten Reben.

12 St. Andrä im Lavanttal

Die ehemalige Bischofsstadt St. Andrä, einer der ältesten Orte ganz Kärntens, besticht durch ihre anmutige Lage inmitten sanft gewellter Wiesen und Felder. Ihre Pfarrkirche, ein gotischer, dreischiffiger Bau mit bemerkenswerten figürlichen Grabsteinen, fungierte über sechs Jahrhunderte lang, bis das hiesige Bistum 1859 teils nach Gurk verlegt, teils nach Marburg in der Krain übertragen wurde, als Kathedrale eigenständiger Lavanttaler Bischöfe. Ihre Vorgängerkirche wurde vermutlich schon im 8. Jahrhundert unter Bischof Modestus begründet und 890 in einer Urkunde Kaiser Arnulfs erstmals urkundlich erwähnt. Nähere Beachtung verdient auch die Wallfahrtskirche Maria Loretto mit ihren 60 Meter hohen Doppeltürmen. Im zugehörigen Kloster wirkten, bis sie von den Nationalsozialisten vertrieben wurden, Mönche des Jesuitenordens.

13 Stiftskirche St. Paul im Lavanttal

Wo der Granitzbach in die Lavant mündet, erhebt sich aus dem sanft gewellten Land auf einem Felshügel thronend das Benediktinerstift St. Paul. Im Jahr 1991, exakt zum 900-jährigen Jubiläum seiner Gründung durch Mönche aus dem berühmten Reformkloster Hirsau im Schwarzwald, fand hier die erste Kärntner Landesausstellung statt. Sie hieß treffend »Schatzhaus Kärnten« und rückte erstmals die immensen Bestände des Stiftmuseums und der Bibliothek öffentlich ins Rampenlicht. Sie umfassen, auf 4000 Quadratmetern permanent ausgestellt, unter anderem Handschriften aus den ersten nachchristlichen Jahrhunderten, Reliquien, frühmittelalterliche liturgische Geräte und Gewänder, Münzen und Medaillen sowie Gemälde von Dürer, Holbein, Brueghel & Co. Eine besondere architektonische Kostbarkeit stellt die im Wesentlichen romanische Stiftsbasilika mit ihrer weithin leuchtenden Doppelturmfassade dar.

14 St. Georgen im Lavanttal

Das Lavanttal zählt zu den beliebtesten Weinbauregionen in Kärnten. Vor allem das Benediktinerstift in St. Paul hat im 11. Jahrhundert den Weinbau enorm vorangetrieben. Gebeutelt von Zöllen und von Pilzkrankheiten nicht verschont, ließen viele Bauern den Weinbau sein und investierten lieber in Äpfel. So ist das Lavanttal heute auch bekannt als Apfelregion. Seit den 1970er-Jahren aber wird dort auch wieder Wein angebaut, vorwiegend weißer wie etwa Chardonnay. Die Weingärten schmücken die sanften Hänge, und wer Lust auf Mystisches hat, besucht den Lebensbaumpfad. Er ist ausgestattet mit 22 Bäumen, die die Kelten schon als heilige Bäume verehrt haben. Nahe der Stadt bildet Burg Stein einen nostalgischen Blickfang.

Oben: die Wallfahrtskirche Maria Loretto mit ihren Doppeltürmen; darunter: Stift St. Paul im Lavanttal.

WEINGÜTER

Weinbau Trippelgut
Modernes Ambiente prägt dieses Weingut. Durch eine Glasscheibe kann man in den Weinkeller und die Produktion blicken. Ein kleines Hotel sowie ein Restaurant bieten die Möglichkeit, vor Ort noch ein wenig länger in die Welt des Kärntner Weins einzutauchen.
Hubertusweg 4, Briefelsdorf am Maltschacher See
9560 Feldkirchen in Kärnten
Tel: +43 4276/930 80
www.trippelgut.at

Weingut Taggenbrunn
Das Weingut ist mit 40 Hektar Anbaufläche der größte Erzeuger in Kärnten. Es liegt idyllisch zwischen den Weinbergen und bietet ein Hotel sowie ein Restaurant.
Taggenbrunn 9
9300 St. Veit an der Glan
Tel. +43 4212/30 200
www.taggenbrunn.at

Vinum Virunum
Chardonnay, Sauvignon Blanc oder auch Zweigelt produziert dieses Weingut in St. Veit. Es ist ein junger Betrieb, die Jungfernlese war erst 2011. Der lehmige Boden eignet sich gut für den Chardonnay.
Altglandorf 23
9300 St. Veit an der Glan
Tel. +43 664/83 23 791
www.vinumvirunum.at

Weingut Georgium
Die Burgunderfamilie steht im Mittelpunkt dieser Winzer aus St. Georgen am Längsee. Marcus Gruze und seine Frau Uta stellen dabei auch Rote her, etwa einen würzigen Pinot Noir, aber auch Schaumweine bereichern das Angebot.
Längseestrasse 9
9313 St. Georgen am Längsee
Tel. +43 650/22 41 234
www.georgium.at

Weingut Gartner
Am Fuße der Saualpe thront Schloss Thürn über den Weinbergen. Herbert Gartner hat die Weinkultur in Kärnten aufleben lassen und zählt heute zu den bedeutenden Winzern der Region.
Schießstattstraße 26
9433 St. Andrä
Tel. +43 4358/552 92
www.weinbaugartner.at

Benediktinerstift St. Paul
Im Lavanttal gilt dieses Stift als eine der ersten Adressen, wenn es um Wein geht. Auf den sanften Südhängen wachsen Chardonnay, Riesling und Weißburgunder.
Hauptstraße 1
9470 St. Paul im Lavanttal
Tel. +43 4357/20 19 30
www.stift-stpaul.at

Rund um die Ruine von Burg Taggenbrunn gedeiht Wein.

SCHWEIZ

Das Weinland besticht mit Weinbauregionen zwischen Alpenlandschaft, tiefgrünen Tälern sowie in Flusstälern und an Seeufern.

WEINREGIONEN
SCHWEIZ

Klettgau
Schaffhausen
Rhein
Rhein
Limmathal
Zürcher Weinland
Bodensee
Zürich
Zürichsee
St. Gallen
Sankt Galler Rheintal
DEUTSCHSCHWEIZ
Zürichsee
Walensee
Rhein
Luzern
Bündner Herrschaft
Chur
Rhein
St. Moritz
Sopraceberi
TICINO
Lugano
Sottoceneri

SCHWEIZER WEIN- UND

CHASSELAS

Geschichte: Im Wallis »Fendant« genannt, im deutschsprachigen Raum »Gutedel«, war diese alte Weißwein- und Traubensorte ursprünglich weltweit verbreitet. Ihr Name verweist auf die mögliche Herkunft der Rebe aus der Nähe des Gemeinde Chasselas im Burgund. Sicher ist, dass eine genetische Ähnlichkeit mit den meisten alten Rebsorten des Alpenbogens besteht.
Anbau: Im schweizerischen Klima liefert der Gutedel je nach Region fruchtige, aromenreiche, aber säurearme Weine von leichten, süffigen, leicht spritzigen Typen bis hin zu Crus mit kräftigem, alkoholbestimmtem Charakter, wie beispielsweise auf den ton- und kalkreichen Böden der Lavauxschen Appellationen Dézaley. Eine nennenswerte Weinproduktion mit Gutedel hat sich außer in der Westschweiz nur noch im Markgräflerland erhalten. Im Lavaux macht der Chasselas etwa drei Viertel der gesamten Rebflächen aus; zusammen mit den beiden Rotweinsorten Pinot und Gamay fast 90 Prozent.
Genuss: In den großen Jahrgängen entfalten sich nach fünf bis zehn Jahren Lagerung Honigaromen sowie nussige Noten; im Glas funkelt der Chasselas grünlich- bis strohgelb. Chasselas-Weine eignen sich daher sowohl als Aperitif als auch zur Begleitung verschiedener Speisen.

CHARDONNAY

Anbau: Wenn überhaupt von einer zweiten Weißweinsorte im Lavaux die Rede sein kann, ist dies der Chardonnay. Im gesamten Kanton Waadt liegt seine Anbaufläche bislang nur im zweistelligen Bereich. Hervorragende Ergebnisse mit dieser im 16. Jahrhundert erstmals unter dem Namen »Beaunois« erwähnten Burgundertraube erzielten u. a. Winzer in den Appellationen St-Saphorin und Dézaley Grand Cru.

VIOGNIER

Anbau: Die ertragsschwache, im französischen Ort Condrieu beheimatete Sorte wird überwiegend an der Rhône kultiviert. In der gesamten Schweiz sind derzeit ca. 40 Hektar mit dieser Rebe bestockt; auch im Lavaux, z.B. in der Lage Calamin (0,5 Hektar), wird der Wein angebaut.
Genuss: Die Sorte ergibt meist alkoholreiche Weine von kräftiger Farbe und prägnantem Geschmack. Ihr Duft erinnert zuweilen an Aprikosen, Pfirsiche und Blüten wie Veilchen oder Maiglöckchen. Lange Zeit war der Anbau von Viognier rückläufig, inzwischen nimmt er wieder zu.

MÜLLER-THURGAU

Anbau: Natürlich wird in der Schweiz auch Müller-Thurgau angebaut, stammt diese Züchtung doch aus dem gleichnamigen Schweizer Kanton. Der Anspruch an Boden und Lage ist recht ambitioniert, sorgt bei Ertragsreduzierung aber auch für die entsprechende Qualität.
Genuss: Die oft feinfruchtigen Aromen sind meist sehr bekömmlich und dienen als unkomplizierte Essensbegleiter. Die Farbe zeigt sich eher blass. In der Regel sollten die Tropfen zügig getrunken werden, denn der Müller-Thurgau ist in der Regel kein Lagerwein.

SILVANER

Anbau: Im Kanton Wallis auch Johannisberg genannt, waren früher vor allem gesellschaftstaugliche Massenweine auf dem Markt. In der Schweiz gibt man sich deutlich mehr Mühe und produziert fruchtig-frische bis teils komplexe Tropfen – angesichts der Anbaufläche hält sich die Menge natürlich in überschaubaren Grenzen.
Genuss: Das Aroma reicht von frischer Wiese über Äpfel bis hin zu erdigen Tönen. Dementsprechend vielfältig zeigt sich der Geschmack im Mund. Mal leicht mit milder Säure, mal elegant-cremig. Auf schweren Böden angebaut, kann es im Glas sehr kraftvoll zugehen.

SAVAGNIN

Anbau: Im Wallis wird sie auch als »Heida« (Perle der Alpen) bezeichnet. Der Rebsorte wird eine Nähe zum Traminer nachgesagt und sie ist schwierig im Anbau. In der Lese bringt der Savagnin eher geringe Erträge.
Genuss: Honig und Vanille steigen als spontane Gedanken in Sachen Aroma in den Kopf, aber auch exotische Früchte. Der Geschmack ist voll, die Farbe eher von einem kräftigen Gelb gekennzeichnet. An die Eigenarten muss man sich als Konsument offen heranwagen.

REBSORTEN

PINOT NOIR

Anbau: Die empfindliche und anspruchsvolle Burgunderrebe ist auch in der Schweiz auf dem Vormarsch; sie wird in fast allen Weingebieten des Landes angebaut. Im Kanton Waadt, zu dem das Lavaux gehört, sind zur Zeit rund 500 Hektar mit ihr bestockt. Schwarzburgunder spiegelt das Terroir wie kaum eine andere Rebsorte wider. Die steinigen, kalkhaltigen Terrassen des Lavaux eignen sich sehr gut für den Anbau; der See strahlt Wärme ab und die Rebmauern schützen die Reben während der kühleren Nächte vor allzu viel Kälte. So bewirtschaftet etwa die knapp 50 Mitglieder zählende Winzergemeinschaft von Cully Pinotreben in der Lage Epesses.
Genuss: Der Rote wird gern als Begleiter zu Wild oder Käsespezialitäten getrunken.

GAMAY

Geschichte: Ein Weiler in der burgundischen Gemeinde Saint-Aubin in der Nähe von Puligny-Montrachet gab dieser Rebsorte ihren Namen.
Anbau: »Gamay noir à jus blanc«, wie er auch genannt wird, um auf seinen ursprünglich weißen Beerensaft zu verweisen, nimmt im gesamten Kanton Waadt derzeit etwa die gleiche Fläche ein wie die Reben des Pinot Noir. Er wird für diesen als Verschnittpartner genutzt; reinsortig wird Gamay im Lavaux kaum ausgebaut. Seine Varietät Plant Robert war in den 1960er-Jahren fast ausgestorben, dank eines Winzers aus Cully überlebte sie aber und wird heute wieder von einigen seiner Kollegen im Lavaux angebaut – ebenso wie die Sorten Diolinoir oder Garanoir.
Genuss: Seine feinwürzige Aromatik, die oft an dunkle Beeren erinnert, und sein saftiger Charakter machen den Wein zu einem vielseitig einsetzbaren Begleiter.

GARANOIR

Geschichte: Die gegen Botrytis widerständige, früh reifende Sorte ist eine Züchtung der Eidgenössischen Forschungsanstalt Changins im Kanton Waadt aus dem Jahr 1970. Es handelt sich dabei um eine Kreuzung zwischen den Sorten Gamay und Reichensteiner.
Genuss: Garanoir erbringt meist farbkräftige, fruchtige Rotweine mit Brombeeraroma, die Sorte wird jedoch meist als Verschnittpartner (für Pinot Noir) eingesetzt. Der Wein passt zu Fleischgerichten oder kalten Platten.
Anbau: Die Gesamtanbaufläche dieser Rebsorte beträgt in der Schweiz nur wenig mehr als 200 Hektar.

MERLOT

Geschichte: Erstmals im Anbau erwähnt wird die Merlot-Traube im Kanton Waadt bereits Mitte des 19. Jahrhunderts. Mittlerweile aber wird sie u.a. auch im Tessin angebaut, dort ist sie die dominierende Rebsorte.
Genuss: Der Duft und das Aroma dunkler Beeren sorgen für einen harmonischen Begleiter beim Käsefondue; genauso willkommen ist der Wein aber auch an einem lauen Sommerabend am Genfer See.

GAMANET

Anbau: Die Neuzüchtung entstammt einer Kreuzung aus Gamay sowie Reichensteiner und präsentiert sich sehr widerstandsfähig. Das Ziel dieser Züchtung war es, eine Rebsorte zu kreieren, die eine kräftigere Farbe als Gamay besitzt und zudem robuster ist. Die Trauben sind recht früh erntereif.
Genuss: Eine intensive Farbe und kräftige Tannine sorgen für einen opulenten Geschmack. Das Aroma ist würzig und erinnert oft an Kirschmarmelade und Pflaumen.

SYRAH

Anbau: In der Schweiz hat die Rebsorte vor allem im Wallis eine Heimat gefunden, wo hochkarätige Weine entstehen. Je nach Sonneneinstrahlung sind diese Weine kräftig wie aus Australien und Südafrika kommend oder eher elegant wie aus dem französischen Rhônetal.
Genuss: Oft würziger Duft nach Tabak, kräftige Aromen, opulenter Geschmack – was alles zusammen auch mal an Teer und Pfeffer erinnern kann. Die kräftigen Tannine sind dann allerdings auch nicht jedermanns Geschmack. Zum Essen eignet sich ein Syrah vor allem, wenn kräftige Fleischgerichte auf den Tisch kommen. In der Schweiz orientiert man sich geschmacklich eher am französischen Nachbarn.

GRAUBÜNDEN

Das kleinste Weinanbaugebiet der Schweiz bildet das Einfallstor nach Graubünden. Eine Landschaft, die mit den »Heidi«-Büchern und -Verfilmungen weltberühmt geworden ist – und eben mit ihren sonnenverwöhnten Weinen.

WEINROUTE 16

Der Föhn ist eigentlich nicht gerne gesehen: Dieser warme, trockene Wind bereitet manchen Menschen Kopfschmerzen, und wenn er zu sehr aufdreht, kann er zerstörerisch wirken. In Graubünden aber ist der Föhn ein wichtiger Helfer der Winzer. Der warme Fallwind wird dort auch als Traubenkocher bezeichnet, da er den Trauben zu ihrer sonnigen Reife verhilft. Vor allem der Pinot Noir profitiert davon, und so ist es kein Wunder, dass die kleine Weinbauregion auch als »Burgund der Schweiz« gilt. Der Saft der besten Trauben und der ältesten Reben wird mindestens zwölf Monate lang in den Holzfässern ausgebaut, um später als Blauburgunder Barrique zu edlen Speisen kredenzt zu werden. Auch Federweißer oder Schiller zählen zu den Spezialitäten der Gegend. Wer sich auf den Weg macht, das Gebiet zu erforschen, erlebt nicht nur eine abwechslungsreiche Landschaft, sondern auch einen Grenzübertritt. Die Route durchquert das Fürstentum Liechtenstein. Dessen Hauptstadt Vaduz bringt ein wenig Abwechslung in die idyllische Bergwelt, Urbanes steht dort auf dem Plan, ebenso wie am Zielort Chur, der ältesten Stadt der Schweiz. Zwischendurch aber will der Reisende die vielen Panoramen mit den kleinen Dörfern, dem sanft fließenden Rhein und die saftigen Bergwiesen nicht missen. Eine Welt, die dem Bilderbuch entsprungen zu sein scheint. Ist sie auch, denn dort wurde das berühmte Kinderbuch »Heidi« geschrieben.

Routenlänge: 90 km
Zeitbedarf: ca. 2 Tage
Start: Walenstadt
Ziel: Chur
Routenverlauf: Von Walenstadt aus biegt die Straße nach Liechtenstein und führt von dort aus am Rhein entlang nach Chur.

Besondere Hinweise: Es lohnt sich, öfter mal das Auto stehen zu lassen, denn die Weindörfer reihen sich die Perlen an einer Schnur. Ein Weinwanderweg verbindet sie. Besonders an klaren Herbsttagen ein Erlebnis mit vielen Einkehrmöglichkeiten.

Auskünfte:
Heidiland Tourismus AG
Am Platz 1, 7310 Bad Ragaz
Tel. +41 81 300 40 20

1 Walenstadt

Am westlichen Zipfel des Walensees erstreckt sich dieser sonnenreiche Ort. Einst befand sich hier ein wichtiger Hafen, denn Walenstadt markierte das Ende des Wasserweges des Rheins. Von dort mussten die Waren den Landweg nach Italien zurücklegen. Solche Fakten erfährt der Besucher im Heimatmuseum im Rathaus.

Doch eigentlich ist das an vielen Stellen fast senkrecht abfallende Panorama des Churfirsten die größte Attraktion des Ortes. In Wallenstadt selbst gibt es noch Teile der alten Stadtmauer, sie befinden sich mitten im historischen Kern. Etwas weiter entfernt liegt das Denkmal »Paxmal« mit seinen Säulen und Mosaiken. Im Sommer ist der Ort zudem beliebt für seine Aufführungen der Walensee-Bühne.

2 Sargans

Steil ragt das helle Schloss über dem Ort – es ist das Wahrzeichen von Sargans. Der Bau aus dem 13. Jahrhundert beherbergt eines der besten historischen Museen der Schweiz. Zu den wichtigsten Sehenswürdigkeiten zählt das Eisenbergwerk Gonzen. Als Besucherbergwerk gibt es Einblick in die einst schwere Arbeit unter Tage. Wer sich mit dem Thema Geologie weiter beschäftigen möchte, für den ist ein Besuch im Geopark Sarganserland-Walensee-Glarnerland unabdingbar. Doch eigentlich kommen die meisten Besucher zum Wandern. Das geht am besten entlang der Rebstöcke, etwa auf dem 2,5 Kilometer langen »Weinbau-Weg« von Sargans nach Mels.

3 Buchs

Als letztes Städtchen auf Schweizer Boden schmiegt sich Buchs an die Grenze zu Liechtenstein. Seine größte Attraktion ist der Ortsteil Werdenberg. Dort befindet sich eines der beliebtesten Ausflugsziele der Region: Das nahe gelegene Schloss Werdenberg mit dem kleinen See zu seinen Füßen. Familien pilgern auch gern zum Greifvogelgehege im Süden des Städtchens. Von Buchs aus führt die Weinstraße ins Fürstentum Liechtenstein. Zunächst aber lohnt sich noch ein Abstecher gen Norden, ins 16 Kilometer entfernte Sax. Dort gibt es eines der wenigen Demeter-Weingüter der Schweiz mit.

Der Gonzen (oben links: mit Rebbergen) erhebt sich über dem Schloss Sargans (oben Mitte). Rechts: Werdenbergersee.

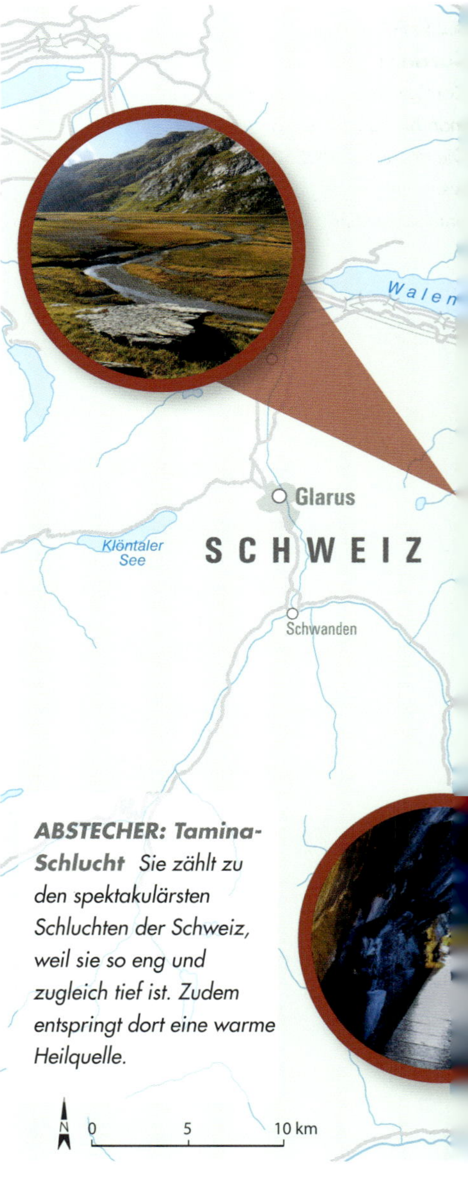

***ABSTECHER: Tamina-Schlucht** Sie zählt zu den spektakulärsten Schluchten der Schweiz, weil sie so eng und zugleich tief ist. Zudem entspringt dort eine warme Heilquelle.*

ABSTECHER: Tektonikarena Sardona *Den Zusammenstoß der Kontinente Europa und Afrika kann man hier besonders gut erkennen: Die Region ist UNESCO-Welterbe, weil sich hier zeigt, wie die Alpen entstanden sind.*

ABSTECHER: Davos
Die am höchsten gelegene Stadt der Alpen ist ein beliebter Ski- und Tagungsort, vor allem im Winter. Die Skipisten sind ebenso berühmt wie das Nachtleben. Ein Halt in Klosters sollte zudem unbedingt eingeplant werden.

★★★ HEIDI

Ob Johanna Spyri geahnt hat, was sie mit ihrem Kinderbuch auslösen würde, ist ungewiss. Sicher aber ist, dass die Autorin den Erfolg ihrer »Heidi«-Romane erlebte, denn der setzte schon gleich nach der Veröffentlichung im Jahr 1880 ein. Bis heute zeichnen die »Heidi«-Bücher ein idealtypisches Bild von der Schweiz und sind vor allem in Asien sehr beliebt. Kein Wunder also, dass das kleine Dorf oberhalb des Ortes Maienfeld, in dem der Roman spielt, heute zu einem der Publikumsmagnete der Schweiz geworden ist. In den späten 1990er-Jahren begannen die Schweizer, die Häuser aus der Heidigeschichte wieder aufzubauen. Entstanden ist nicht nur ein Museumshaus, sondern ein lebendiger Ort mit Streicheltierweiden und idyllischen Heidiwanderwegen.

4 Vaduz

Als Hauptstadt Liechtensteins verspricht Vaduz jede Menge Kultur. Sechs Museen bieten Themen zwischen Historie und moderner Kunst, aber auch das Uhrmacherhandwerk oder die Postgeschichte werden abgedeckt. Das Wahrzeichen bleibt das Schloss aus dem 12. Jahrhundert, das über dem Ort thront. Architektonisch interessant sind auch die aus Holz bestehende alte Rheinbrücke sowie der Platz mit dem Regierungsgebäude und dem Landtag. Etwas weiter entfernt zieht das Rote Haus im Mitteldorf die Blicke auf sich und der Engländerbau im Zentrum verbirgt in seinem Inneren die

Das Rote Haus ist eine Attraktion in Vaduz (links). Unten: Burg Gutenberg in Balzers. Rechte Seite: Blick auf Vaduz; kleines Bild: Weinanbau bei Fläsch.

beeindruckende Schatzkammer, in der sich nicht nur Mondgestein befindet, sondern auch eine Liechtensteinfahne, die auf dem Mond war.

5 Balzers

Sie sieht aus wie aus einem Märchen entsprungen: Auf einem sattgrünen Hügel thront Burg Gutenberg aus dem 12. Jahrhundert. Während die nördlichen Gebäude mit den steilen Felswänden eine Einheit zu bilden scheinen, fällt der Hügel im Süden ganz sanft in die Landschaft und ist von Weingärten geprägt. Der Ort selbst liegt unterhalb der Burg und ist die letzte Bastion Liechtensteins, bevor es wieder nach Graubünden geht. Vor allem die St.-Nikolaus-Kirche ergibt ein wunderschönes Panorama mit der dahinter liegenden Burg. Aber auch die Mariahilf-Kapelle lohnt einen Abstecher.

6 Fläsch

Der nördlichste Ort des Kantons Graubünden liegt wunderschön eingerahmt zwischen den steilen Hängen des Fläscherberges in den saftigen Wiesen des Churer Rheintals. Die Gegend ist ein ideales Weinbaugebiet. Auf den sonnigen Südhängen sind insgesamt 16 Weinbaubetriebe tätig; ihre Weingärten reichen teilweise bis in den Ortskern hinein, denn ein besonderes Bebauungskonzept der Gemeinde sorgt dafür, dass die alten Strukturen erhalten bleiben. Sehenswert ist vor allem der Pass St. Luzisteig mit seiner historischen Festung und der kleinen Kapelle. Der Zwiebelturm der reformierten Kirche von Fläsch (erbaut im 15. Jahrhundert) ist nicht nur ein beliebtes Fotomotiv, sondern er beherbergt auch eine der größten Fledermauskolonien der Schweiz.

WEINFESTE

APRIL–OKTOBER
»Wii-kend« in Maienfeld
Winzer öffnen ihre Tore für Besucher.

MAI
Offene Weinkeller im Bündner Rheintal

SEPTEMBER
„Weinerlebnis-Wochen« in Fläsch
»Weinfest« in Jenins

7 Bad Ragaz

Im St. Galler Rheintal liegt mit Bad Ragaz ein Kurort am Fuße des Pizol. Das einstige Bauerndorf avancierte ab 1840 zum Kurort, als damals das Thermalwasser aus dem schwerer zugänglichen Pfäfers nach Ragaz geleitet werden konnte. Noch heute lassen sich die prachtvollen Bauten von damals in Bad Ragaz bewundern wie etwa das Grandhotel Quellenhof oder das Dorfbad. Wanderer und Skifahrer transportiert die Bergbahn auf die Hänge des Pizol.

Von Bad Ragaz lockt ein Abstecher nach Pfäfers. Dort hat der berühmte Arzt Paracelsus im 16. Jahrhundert gearbeitet. Das örtliche Museum informiert über sein Wirken.

8 Maienfeld

Nach dem Abstecher in den Kanton St. Gallen führt diese Weinstraße zurück auf die andere Rheinseite nach Graubünden. Untrennbar mit Maienfeld verbunden ist die Kinderbuchfigur von Johanna Spyri. Das kleine Bergdorf Oberrofels oberhalb des Ortes

Der Heiditourismus lockt unzählige Besucher in das idyllische Maienfeld (links und oben). Rechts: Malans.

zieht nicht nur europäische Besucher, sondern vor allem auch Gäste aus Japan an. Jenseits der beliebten Kinderbuchfigur lässt sich einiges erkunden, etwa Schloss Brandis oder Schloss Salenegg, das älteste Weingut Europas. Wein spielt in Maienfeld eine wichtige Rolle. Weit über die Grenzen der Stadt hinaus bekannt ist der Maienfelder Beerliwein – ein Rotwein mit fruchtiger Note.

9 Jenins

Hier befindet sich der Reisende mitten in der Weinlandschaft der Schweiz, klein aber fein präsentiert sich das Anbaugebiet Bündner Herrschaft. Nicht nur Weinfreunden ist der Ort ein Begriff, sondern auch Fantasyliebhabern. Dort steht eines der wenigen Museen der Welt, das sich ganz der Welt des »Herr der Ringe«-Autors J. R. R. Tolkien widmet. Es zeigt Zeichnungen und Bücher und lockt Besucher vor allem mit dem einer Hobbithöhle nachempfundenen Äußeren an. Neben diesem privat betriebenem Museum ist es aber der Wein, der die Menschen in die Restaurants und zu den Winzern auf ein gutes Glas Blauburgunder lockt.

10 Malans

So stellt man sich ein ideales Dorf vor: In der Mitte die Kirche und den davorliegenden Platz und alle Straßen sternförmig vom Zentrum in die Randgebiete führend. Prägend im Ortsbild sind zudem die Weingärten, die teilweise bis ins Dorf reichen sowie die prächtigen Häuser aus dem 17. Jahrhundert, die teilweise an Minipaläste erinnern. Ein echtes Schloss gibt es auch im Ort: Schloss Bothmar. Es beeindruckt nicht nur durch den barocken Bau, sondern durch verspielte Gärten aus jener Zeit; leider ist die Anlage nicht öffentlich zugänglich. Beliebt im Ort ist ebenfalls die Älplibahn, deren fröhlich gelbe Gondeln auf das 1800 Meter hohe Älpli führen. Die Ruine Wynegg bietet sich als Ausflugsziel an.

11 Landquart

Ein Produkt aus diesem Ort hat fast jeder Mensch, der in der Schweiz war, schon in der Hand gehalten: In Landquart wird das Papier für die Geldnoten der Schweizer Franken hergestellt. Der quirlige Talort, der sich zwischen dem Rhein und dem Fluss Landquart am Fuße des Calanda erstreckt, ist geprägt von städtischen Ansiedelungen. Vor allem das Outlet-Center erfreut die shoppingfreudigen Besucher. Jenseits des Zentrums bildet Schloss Marschlins einen hübschen Anblick mit seinen vier Türmen und einer Architektur, die daran erinnert, dass es im 13. Jahrhundert als Wasserschloss konzipiert war. Landquart bietet einen guten Ausgangspunkt für

ÜBERNACHTEN IM WEINFASS

Für echte Weinfreunde bietet sich in den Orten Jenins und Maienfeld ein besonderes Übernachtungserlebnis: Sie können in einem ausgedienten Weinfass übernachten. Mit rot-weiß karierter Schweizer Bettwäsche und einem Gefühl, der Natur so nahe zu sein wie beim Camping – nur mit einer Portion Luxus mehr. Spielt das Wetter mit, wird auch draußen gepicknickt, ansonsten gibt es Ess- und Sanitärmöglichkeiten, ebenfalls stilecht im Weinfass. Mehr Informationen unter: www.schlaf-fass.ch

VIA FRANCISCA LUKMANIER

Der Jakobsweg hat viele Verzweigungen, und eine davon führt vom Bodensee nach Italien. Die Via Francisca Lukmanier ist ein uralter Handelsweg, der vor allem zwischen dem 7. und 12. Jahrhundert rege genutzt wurde, weil er so gut befahrbar war. Bischöfe und Päpste haben diese Route benutzt, um zu den Konzilen nach Konstanz zu gelangen. Kein Wunder, dass der Weg großes, spirituelles Erbe wie etwa das Kloster St. Gallen zu bieten hat. Heute ist er als Pilgerweg sehr beliebt und lässt sich gut in 15 Etappen überbrücken.

Wanderungen in die umliegenden Berge, etwa auf dem »Prättigauer Höhenweg« oder auch nur zur Ruine der Burg Falkenstein.

12 Untervaz, Zizers, Trimmis

Links des Rheins bietet Untervaz nicht nur hervorragende Pinot-Noir-Weine, sondern auch drei Burgruinen, die dem Verfall überlassen worden sind und sich malerisch unterhalb des alles beherrschenden Gipfels Calanda (2806 Meter) in die Landschaft fügen. Den zwei Quellen des Ortes wurde früher Heilkraft zugesprochen.

Auf der gegenüberliegenden Rheinseite erstreckt sich Zizers, das mit seiner speziellen Strecke vor allem Mountainbiker lockt. Kulturinteressierte zieht es mehr in das Untere Schloss aus dem 17. Jahrhundert, in dem Zita, die letzte österreichische Kaiserin, ihr Exil verbrachte.

Der Weinbau dominiert auch das benachbarte Trimmis mit den Mäuerchen und den großen Weingärten. Es ist bei Wanderern beliebt.

13 Chur

Die älteste Stadt der Schweiz blickt auf mehr als 5000 Jahre Geschichte zurück, einiges davon ist Stein geworden und prägt das Bild der Stadt. Die 800-jährige Kathedrale gehört ebenso zu den wichtigsten Sehenswürdigkeiten wie der Fontanapark, das Bischöfliche Schloss oder das Rathaus. Die Straßen der Altstadt sind gesäumt mit vielen Bürgerhäusern und haben verwinkelte Gassen, in denen sich so manches Restaurant versteckt. Auch die Museumslandschaft hat mit dem Bündner Kunstmuseum Hochkarätiges zu bieten; gezeigt werden Werke vom 18. Jahrhundert bis in die Gegenwart. Weinfreunde interessieren sich eher für das Weinbaumuseum. Unbedingt ausprobieren sollten Feriengäste die Berninabahn, an die Chur über einen Zubringer angebunden ist.

Die Kathedrale St. Mariä Himmelfahrt in Chur ist über 800 Jahre alt (links unten). Im Wesentlichen ist sie romanisch, auch die Gotik hat deutliche Spuren hinterlassen. Golden erstrahlt die Abendsonne, wenn sie sich hinter den Bergen um Chur zur Ruhe begibt (großes Bild). Oben: St. Johannes-Stift in Zizers.

WEINGÜTER

Demeter-Weingut Rohner
Gemeinsam mit seiner Frau Küngolt Bietenhard führt Otto Rohner das drei Hektar große Anwesen. Seit 2010 haben sie auf biodynamischen Anbau umgestellt und verzichten auf synthetische Pflanzenschutzmittel.
Wisflegge 6, 9468 Sax
Tel. +41 81 757 28 04
www.rohner-weine.ch

Weingut Daniel und Monika Marugg
Als Traditionsbetrieb produziert Thomas Marugg schon in dritter Generation charaktervolle Weine. Neben den Klassikern wie Blauburgunder begeistern vor allem der Federweiße mit seinem Roséschimmer und der Schiller.
Ausserdorf, 7306 Fläsch
Tel. +41 81 302 32 62
www.marugg-weine.ch

Weingut Donatsch
Thomas Donatsch war der Erste in der Gegend, der den Pinot Noir im Barrique ausbaute, dafür ist er ausgezeichnet worden.
Winzerstube »Zum Ochsen«,
Sternengasse 6, 7208 Malans
Tel. +41 81 322 11 17
www.donatsch.info

Weingut Georg Fromm
Georg Fromm war einige Zeit in Neuseeland und hat von dort Kniffe mitgebracht, die seinen Weinen ein reiches Aroma verleihen. Er ist spezialisiert auf Blauburgunder.
Oberdorfgasse 11, 7208 Malans
Tel. +41 081 322 53 51
www.weingut-fromm.ch

Schloss Salenegg
Die Weinbautradition geht mindestens bis ins Jahr 1068 zurück: Schloss Salenegg ist das älteste Weingut Europas. Die Rebflächen breiten sich am Fuße des Falknis aus, die kalkhaltigen Schieferböden und das sonnige Mikroklima sorgen für außergewöhnliches Aroma. Im Haus ist zudem eine Öl- und Essigmanufaktur untergebracht.
Steigstrasse 21, 7304 Maienfeld
Tel. +41 81 302 11 51
www.schloss-salenegg.ch

Weingut zur Alten Post
Georg Schlegel gehört zu den bekanntesten Winzern der Gegend, seine Weine erreichen schon durch den besonderen Duft die Sinne. Dennoch erfreut der vielfach ausgezeichnete Wein mit seiner Eleganz und seiner fruchtigen Note die Gaumen der Tester. Vor allem sein Pinot ist beliebt.
Alte Poststraße 1, 7307 Jenins
Tel. +41 81 302 55 85
www.georgschlegel.ch

Große Bilder linke Seite: Zum Weingut Fromm gehören etwa fünf Hektar (oben). Das Weingut Schloss Salenegg (unten) ist das älteste in Europa. Kleine Bilder: von der Ernte bis zur Produktion im Weingut Donatsch in Malans.

WEINSTRASSE IM LAVAUX

Zwischen Lausanne und Vevey erstreckt sich eine der schönsten Landschaften der Schweiz.

WEINROUTE 17

Seit fast 2000 Jahren wird an den Hängen des Genfer Sees Wein angebaut. Steil fallen die terrassierten Rebhänge des Lavaux zum nordöstlichen Ufer hin ab. Seit 2007 zählt die einst Ryf genannte, größte schweizerische Weinbauregion als Kulturlandschaft zum Welterbe der UNESCO. Sie erstreckt sich auf rund 800 Hektar zwischen Lausanne und Vevey und grenzt an die kleineren Gebiete La Côte (im Westen) und Chablais (im Osten). Erste Reben in der Region pflanzten wohl bereits die Römer; doch die eigentliche Entwicklung des Weinanbaus verdankt sich den Bischöfen von Lausanne, zu deren Besitz die Orte Lutry, Chexbres und Corsier ab dem späten 11. Jahrhundert zählen, und den Zisterziensermönchen, die das Land dort urbar machen und terrassieren. In einem Dokument aus dem Jahre 1331 ist erstmals von diesen mauergestützten Hangterrassen (charmus) die Rede; allerdings erfolgte ihre Anlage nicht kontinuierlich. So entstanden z. B. die renommierten Domänen von Dézaley, Clos-des-Abbayes und Clos-des-Moines erst zwischen 1750 und 1830. Schon früh aber baten die Klosterbrüder die Einheimischen um Hilfe in Sachen Weinbau. Diese verdingten sich gleichermaßen im Weinberg wie als Transporteur, Maurer, Fassmacher und Händler. Zudem arbeiteten sie in der Landwirtschaft. Unter den Berner Autoritäten wurde dann bereits 1706 eine »Weinkammer« (Chambre de Vins) im Lavaux gegründet und somit die Weine als Referenzprodukt in der Schweizer Konföderation anerkannt.

Routenlänge: ca. 25 km
Zeitbedarf: 1–2 Tage
Start: Lutry
Ziel: Chardonne
Routenverlauf: Die Strecke verläuft entlang des nordöstlichen Ufers des Genfer Sees zwischen Lutry und Vevey.

Besonderheiten: Es verkehrt ein touristisches Weinberg-Bähnchen; große Teile der Rebhänge durchziehen auch Wanderwege.

Auskünfte:
Montreux-Vevey Tourisme
Rue du Théâtre 5, 1820 Montreux
www.montreuxriviera.com, www.lavaux.ch

1 Lutry

Früheste Zeugnisse der Besiedlung der heute ca. 10 000 Einwohner zählenden Gemeinde sind zwei Dutzend Menhire aus dem Neolitikum. Sie wurden bei Aushubarbeiten für ein Parkhaus entdeckt. Die erste urkundliche Erwähnung des östlich der Mündung der Lutrive gelegenen Ortes erfolgte im Jahr 516 unter dem Namen Lustriacum; es handelt sich dabei um ein römisches Fischerdorf. Im Hochmittelalter gehörte das Gebiet zum Königreich Burgund; im frühen 11. Jahrhundert erfolgte die Gründung eines Benediktinerpriorats, das der Abtei Savigny-en-Lyonnais unterstand. Die Priorats-Siedlung fiel wenig später unter die Hoheit des Bischofs von Lausanne. Anfang des 13. Jahrhunderts wurde Lutry befestigt; mit der Eroberung der Waadt durch Bern 1536 gelangte es unter die Verwaltung der Vogtei Lausanne. Im Zuge der Einführung der Reformation durch die Berner Herrschaft wurde das Priorat säkularisiert. Der einzige erhaltene Teil ist die (mehrfach umgebaute) heutige Pfarrkirche Saint-Martin. Von der Stadtmauer steht heu-

Wunderschön liegt Lutry am Genfer See (oben). Belebt ist der Hafen vor allem beim Weinfest (unten).

te nur noch der Tour du Bourg-Neuf. Der mittelalterliche Stadtkern mit seinen schmalen Gassen und Bürger- und Patrizierhäusern aus dem 15.–18. Jahrhundert (Maison du Simplon, Maison des De Prez) steht unter Denkmalschutz. Das Schloss (heute Sitz der Gemeindeverwaltung) geht zurück auf das 14. Jahrhundert und war Sitz des Meiers, der den Bischof von Lausanne in Lutry vertrat. Am Saum der Weinberge steht der Tour de Berthold (13. Jh.), ursprünglich Sitz des bischöflichen Verwalters, mit einem angebauten Wohnhaus (17. Jh.) Der Turm mit seinen weißroten Fensterläden befindet sich heute im Besitz der Stadt Payerne, die unter der Appellation Lutry einen eigenen Wein erzeugt. Insgesamt umfassen die Weinberge Lutrys 122 Hektar; davon liegen 69 unmittelbar um den Ort.

2 Villette

Als schmaler Streifen erstreckt sich die Gemeindefläche des Winzer- und Bauerndorfs vom Seeufer die Rebhänge hinauf über die Terrasse von Jordillon bis auf das angrenzende Hochplateau (734 Meter). Seit dem 11. Jahrhundert unterstand Villette dem Bischof von Lausanne. Sein bereits um 1134 erwähntes Gotteshaus Saint-Saturnin, das seine heutige Gestalt im 13./14. Jahrhundert erhielt, war Pfarrkirche des gesamten Cercle de Cully. Am Dorfeingang steht das spätgotische Landvogthaus. Mit seinen 185 Hektar Rebflächen (zu 80 Prozent mit Chas-

selas bestockt) ist Villette die größte ACC des Lavaux; auf den eigentlichen Ort entfallen davon 45 Hektar. Die anderen Weinberge liegen auf dem Gebiet von Grandvaux (60 Hektar), östlich von Cully (30 Hektar) sowie in Zone Châtelard in der Gemeinde (Lutry (50 Hektar). 2011 fusionierte Villette (ca. 600 Einwohner) mit Cully, Epesses, Grandvaux und Riex zur Gemeinde Bourg-en-Lavaux.

3 Epesses

Bis hinauf zu den Waldhöhen des Mont de Gourze (ca. 870 Meter) erstreckt sich der 330-Seelen-Ort am Steilhang beiderseits des Höllen-Baches (Rio d'Enfer). Spuren einer Römerstraße und Münzfunde deuten auf eine frühe Besiedlung des Gemeindegebietes hin. Die erste urkundliche Erwähnung des Ortes erfolgte 1166 unter dem Namen Espesses; abgeleitet vom lateinischen »spissa« (»dicht, dick«). Gemeint ist wahrscheinlich der dichte Rottannenbewuchs auf den Höhen. Im Mittelalter unterstand Epesses der Benediktinerabtei Lutry. Im Dorfkern drängen sich die Winzerhäuser (17. bis 19. Jahrhundert) dicht an dicht; oft sind sie regelrecht aneinandergebaut. Die mehrfach restaurierte Kapelle Saint-Jacques stammt aus dem 14./16. Jahrhundert, das denkmalgeschützte Haus Bovard stammt aus dem 15. Zur Gemeinde gehören gut 50 Hektar Rebland mit drei bekannten, als AOC bzw. als Grand Cru klassifizierte Lagen: Epesses (nördlich und westlich des Dorfkerns, teilweise in der Gemeinde Riex gelegen), Calamin (südlich des Dorfkerns) und Le Dézaley (im Osten; teilweise bereits in den Gemeinden Puidoux und Rivaz). Produziert werden vor allem trockene Weißweine aus der Rebsorte Chasselas sowie Rotwein.

4 Puidoux

Die Gemeinde ist bekannt für die sowohl ältesten als auch steilsten Rebterrassen des Lavaux (ca. 40 Prozent Neigung) und die dort angesiedelte Grand-Cru-Lage Dézalay. Sie erstreckt sich auf 50 Hektar im südlichen Gemeindeteil, unterhalb des mittelalterlichen Tour de Marsens, der lange Zeit als Signalposten diente, und des Rocher-de-la-Croix-de-Notre-Dame. Ein Teil von ihr wird auch als Clos des Abbayes und Clos des Moines bezeichnet; bestockt ist sie vor allem mit Weißweinreben. Insgesamt umfasst die 75 Hektar Rebfläche rund 10000 Terrassen; für die Arbeit im Weinberg wurden Standseilbahnen gebaut und Monorails angelegt. Puidoux selbst erstreckt sich im Tal des Baches Forestay, in einer weiten Geländemulde zwischen dem Mont de Gourze und dem Mont Pèlerin. Die unter Denkmalschutz stehende Kapelle Saint-Nicolas im Weiler Vers la Chapelle geht auf das 11. Jahrhundert zurück und wurde 1746 vergrößert. Oberhalb des Ortes liegt der Lac de Bret mit einem Golfplatz.

WEINFESTE

APRIL/MAI
Weinfest in Espesses (alle zwei Jahre Ende April),
»Marché de Vin« in Chardonne (Ende Mai; www.chardonne.ch)

JULI/AUGUST
Tracasset-Weltmeisterschaft in Epesses,
»Fête des Vignerons« in Vevey (Infos unter: www.fetedesvignerons.ch)

SEPTEMBER
»Fête des vendanges« in Lutry

5 Sain-Saphorin

Charakteristische Winzerhäuser des 16.–19. Jahrhunderts prägen den 300-Seelen-Ort; sein origineller Kirchturm ziert bis heute zahlreiche Weinetiketten. Die erste urkundliche Erwähnung des Ortes erfolgte 1134 als Sancto Sufforiano – bezugnehmend auf den heiligen Symphorianus. Nach ihm ist auch die Kirche (16. Jh.) benannt, in deren Nähe Reste einer römischen Villa gefunden wurden. Im Gotteshaus selbst ist ein römischer Meilenstein eingemauert. Das Pfarrhaus stammt aus dem 16. Jahrhundert. Die Auberge de l'Onde trägt noch ein Wirtshausschild von 1750. Am Seeufer westlich des Ortes befand sich früher der Weiler Glérolles. Heute steht nur noch das Schloss Glérolles; vom Ursprungsbau (14. Jh.) ist aber nur der Turm erhalten. In Saint-Saphorin werden auf ca. 40 Hektar Rebfläche Qualitätsweine der Appellationen Saint-

Saphorin, Dézalay und Calamin erzeugt. Der Gemeindeweinberg Domaine de la St-Germandaz umfasst ca. 1,2 Hektar und ist zu zwei Dritteln bestockt mit Chasselas; das andere Drittel teilen sich Pinot Noir, Gamay und Merlot.

6 Chardonne

Unter dem Namen Cardona (vom lat. »carduna«, »Distel«) anno 1001 erstmals erwähnt, aber bereits zur Bronzezeit besiedelt, wie Reste einer Nekropole beweisen, war der heute 3000 Seelen zählende Ort am Fuß des Mont Pèlerin zunächst im Besitz der Abtei Saint Maurice, dann u. a. der Zisterzienser von Haut-Crêt. Im alten Ortskern sind noch einige typische Winzerhäuser erhalten; die Pfarrkirche Saint-Jean-Baptiste geht zurück auf das 15. Jahrhundert. Ebenfalls aus dieser Zeit stammt das Château de Chardonne; es ist seit dem 17. Jahrhundert Weingut und Privatresidenz. Der ca. 120 Meter hohe Fernsehturm auf dem zur Gemeinde zählenden Mont Pèlerin ist seit 1995 zugleich Aussichtsturm; auf seine Spitze führt ein Panorama-Aufzug. Chardonne ist noch heute weitgehend landwirtschaftlich geprägt; seine Appellation umfasst ca. 100 Hektar. Sie ist bekannt für die Rasse und Eleganz ihrer feinen Gewächse, die hauptsächlich auf der weißen Chasselas-Traube basieren; zu einem kleinen Teil auch auf roten Sorten.

7 Vevey

Reste neolithischer Pfahlbauten verweisen auf eine frühe Besiedlung des Ortes, dem die Römer den Namen Vibiscus gaben. Damals lag die Siedlung an der wichtigen Heerstraße vom Großen Sankt Bernhard nach Aventicum (Avenches). Der um 1000 dann zum Königreich Hochburgund gehörende Fischerflecken entwickelte sich in der Folgezeit rasch zu einem wichtigen Handelsplatz für Waren von Frankreich ins Greyerzerland und nach Bern. Im 19. Jahrhundert sorgten Industrie und Fremdenverkehr für einen beträchtlichen Aufschwung; Henri Nestlé legte hier 1866 den Grundstein für den heute größten Lebensmittelkonzern der Welt. Damals wurden auch die umliegenden Höhen durch Bergbahnen erschlossen und die Riviera-Strandpromenade bis nach Montreux erbaut. Das ehemalige Schloss (16.–18. Jh.) und Landvogtssitz birgt das Historische Museum und das Musée de la vigne et du vin; an der Grande Place stehen das im Jahr 1830 erbaute Casino sowie das aufwändig restaurierte Château de l'Aile (19. Jh.), in dem u. a. schon Felix Mendelssohn und Henri Bergson residierten. Älteste Kirche von Vevey ist Saint-Martin (13. Jh.). Neben dem Hôtel de Ville (Rathaus, 18. Jh.) steht der mittelalterliche Tour Saint-Jean. Im Stadtpalais Cour-au-Chantre (1728) ist heute die Präfektur untergebracht. In der Altstadt der Gemeinde sind außerdem einige charakteristische Bürger- und Patrizierhäuser aus dem 17.–19. Jahrhundert erhalten.

★★★

LES DÔMES

Ein architektonisches Merkmal des Lavaux sind seine »dômes« – »Kuppeln« genannte Mansarden auf den schmalen Winzerhäusern, in denen man früher Holz und Weinranken als Brennstoff lagerte. Mit einem speziellen System wurde beides mit einer Winde am Seil hochgehievt. In manchen Dörfern kann man sie noch sehen.

Reizvolle Naturlandschaften wie bei Epesses (linke Seite) und Saint-Saphorin (unten) durchziehen das Lavaux.

Sotheby's
INTERNATIONAL REALTY
BOULANGERIE
M. SALEY
PATISSERIE
Barbour

WEINGÜTER

Domaine Porta
Neben Chasselas-Varianten bietet das Gut u. a. einen Plant Robert und einen Süßwein, v. a. aus der Lage Villette.
Les Daillettes
1091 Aran-sur-Villette
Tel. +41 21799/23 63
www.vins-porta.ch

Domaine du Daley
Mehr als fünf Jahrhunderte gehörte das 1392 gegründete Gut dem Stift Saint Nicolas von Freiburg. Heute werden in den Lagen Villette, Epesses, St-Saphorin und Lutry ein Dutzend Rebsorten angebaut (13 Hektar) und verarbeitet zu Grand Crus in Weiß und Rot.
Chemin Des Moines 8
1095 Lutry
Tel. +41 21791/15 94
www.daley.ch

Domaine d'Aucrêt
Vom berühmten Calamin über die Grand Crus Dézaley und St. Saphorin bis hin zum Epesses »Réserve« reicht das Angebot; in der AOC-Reihe gibt es eine Rosé Pinot.
Chemin de Bahyse-Dessus 2
1096 Cully
Tel. +41 021799/36 75
www.aucret.ch

Gaillard & Fils
Winzer seit vier Generationen, inzwischen u. a. Weine aus raren Trauben wie Gamaret und Savagnin.
Chemin du Mont 11
La Cornallaz
1098 Epesses
Tel. +41 21946/19 65
www.gaillard-vins.ch

Longet
Patricia und Denis Longet führen das familiäre Weingut, das idyllisch am Genfersee gelegen ist. Gerne nehmen sie ihre Gäste mit auf einen Spaziergang durch den Weinberg und erklären den Vinifizierungsprozess. Weinproben nach Voranmedlung. Übernachtungsmöglichkeit in einer renovierten Scheune.
1096 Cully
Tel. +41 79645/40 66
www.cavedemoratel.ch

Cellier de la Pierraz
Weinkeller mitten in Chardonne mit einem atemberaubenden Panoramablick auf und über den Genfer See sowie die Alpen. Weinkeller aus dem 15. Jahrhundert. Klassische Weinprobe ab 20 Franken.
Vignoble 16b, 1803 Chardonne
Tel. +41 79207/24 65
www.vins-forestier.ch

Caveau Corto
Caveau Corto wird abwechselnd von zwölf dynamischen Weinbaubetrieben bewirtschaftet. Von April bis Oktober (Freitagabend bis Sonntagabend) ist einer der Weinbauern vor Ort.
Route du Four
1091 Grandvaux
Tel. +41 21799/28 96
www.caveaucorto.ch

Vevey besitzt nicht nur einen schönen Hafen (links oben), sondern auch eine schmucke Altstadt (darunter). Oben: Epesses; rechts: historischer Tanz bei der Fête des Vignerons in Vevey.

WALLIS

Etwa ein Drittel der Schweizer Weine stammt von den steilen Hängen des Wallis. Über 100 Kilometer die Rhone entlang erstreckt sich eine der wohl malerischsten Weinregionen Europas.

WEINROUTE 18

Zwischen den steilsten Rebhängen der Welt wandern – derartige Superlative bietet das Wallis nicht nur Weinkennern. Wenn der Dunst zwischen Tal und Berghang flimmert und die Flanke des Berges fast senkrecht nach unten fällt, dann steht man mittendrin. Meistens säumen fein angeordnete Rebenreihen den Weg und lassen die Landschaft wie gekämmt wirken. Doch das Wallis hat nicht nur Weinfreunden einiges zu bieten, sondern diese Weinstraße ist auch kulturell sehr interessant. So kann man in den Bergdörfern die Menschen alte Kartenspiele spielen sehen, die dem Rest der Welt unbekannt sind, etwa das »Troggu«, und manchmal kämpfen sogar die Kühe vor Publikum. Immer wieder aber locken die schönen Ausblicke vor allem auf den Mont Blanc mit seiner weißen Kappe. Selbst wenn sich der König der Walliser Berge nicht zeigt, sind auch die anderen Gipfel nicht zu verachten. Immer ist auch ein Hauch Schnee in der Luft zu spüren, was am nahen Aletschgletscher liegt, der das Klima der Gegend maßgeblich beeinflusst. Aber nicht der Schneehauch in der Luft ist es, der die Menschen begeistert, sondern eher diese Mischung aus Alpen und südlichem Lebensstil. Schon Rainer Maria Rilke hat sich in das Wallis verliebt, wo er seine letzten Lebensjahre verbrachte. Selbst wer nicht, wie der Dichter, auf einem Schloss lebt, kann nach einem Aufenthalt im Wallis nachempfinden, was diese Gegend so besonders macht: die dramatisch steilen Hänge, die kleinen Dörfer und die Extreme, wie etwa der höchst gelegene Weinberg Europas.

Routenlänge: 95 km
Zeitbedarf: mindestens 3 Tage
Start: Saint-Maurice
Ziel: Brig

Besondere Hinweise: Es kann im Sommer sehr heiß werden, zudem ist dann aufgrund der Höhenlage auch mit extremer Sonneneinstrahlung zu rechnen.

Auskünfte:
Valais/Wallis Promotion
Rue Pré Fleuri 6, CH-1951 Sion
Tel +41 27 327 35 90
www.valais.ch
www.chemincuvignoble.ch

1 Martigny

Modern und quirlig – diese beiden Attribute treffen auf Martigny zu, das sich in der Grenzregion zu Frankreich befindet. Mit dem Erreichen dieses Ortes werden auch die Ansammlungen von Rebstöcken dichter, denn Wein dominiert die Region. Er ist es auch, auf den sich der Wohlstand der Stadt begründet, die mit ihrem kulturellen Angebot punktet, etwa mit dem Kunstmuseum Fondation Pierre Gianadda mit wechselnden Ausstellungen und dem großen Skulpturenpark. Hundefreunde werden wohl eher das Bernhardinermuseum aufsuchen, das sich mit der Geschichte der St. Bernhardshunde beschäftigt. Das Amphitheater und das Château de la Bâtiaz, das wie eine Zollstation auf dem Hügel am Ortseingang liegt, bieten ebenso schöne Anblicke wie die Laubengänge in der Innenstadt und die Wassermühle.

Oben: Martigny; unten: Fully. Kleines Bild: das Museum Fondation Pierre Gianadda in Martigny.

Außerhalb der Stadt lohnt sich der Abstecher nach Plan-Cerisier: In einer Almhütte befindet sich das kleinste Heimatmuseum der Schweiz.

2 Fully

Auf dem Weg über die Weinstraße schimmern hin und wieder die Schneefelder des Mont Blanc in der Ferne. Fully bildet das Tor zum mittleren Wallis und überrascht mit einem außerordentlich trockenen, warmen Klima, das sogar Kakteen und Feigen wachsen lässt. Der majestätische Grand Chavalard überragt den Ort mit seinen 2899 Metern. Am schönsten ist es, wenn sich sein Gipfel in dem smaragdgrünen Stausee von Fully spiegelt. Im Panorama eingeschlossen sind die Weinfelder, in denen die alte Rebsorte Petite Arvine angebaut wird. Die Hänge sind besonders steil, sodass das Gestein die Sonnenwärme länger speichert, was den Weinen ihr unverwechselbares Aroma verleiht. Die perfekte Dorfidylle findet sich übrigens in Branson, einem kleinen Ort in der Nachbarschaft, zu dem sich eine Wanderung lohnt.

★★★ KUHKÄMPFE

Die spanischen Stierkämpfe haben ein unblutiges Pendant in der Schweiz: Wenn die Eringer Kühe auf die Sommerweide getrieben werden, kämpfen sie um den Platz als Ranghöchste. Aus diesem natürlichen Verhalten haben die Walliser die Kuhkämpfe entstehen lassen, bei denen die Tiere ihre Köpfe gegeneinander stemmen oder einfach weglaufen. Wer sich durchsetzt, hat gewonnen und darf in die nächste Runde. Es gibt sogar ein Finale, bei dem die Königin der Kühe auserkoren wird. Die Kuhkämpfe finden nur zu bestimmten Daten statt, es lohnt sich, die Terminkalender von Sierre, Aproz, Raron oder Zermatt im Auge zu behalten.

ABSTECHER: Aletschgletscher
Der Gletscher ist etwa 23 Kilometer lang. Er schiebt sich als Eisstrom die Berner Alpen entlang und hat Täler geformt und Erhebungen glatt geschliffen. In der Nähe ist der alte Lärchenwald, der Aletschwald, einen Abstecher wert.

ABSTECHER: Saas-Fee
1800 Meter hoch liegt dieses Dorf, das vor allem als Winterskigebiet bekannt ist. Im Sommer locken die zahlreichen Wanderwege, die zahmen Murmeltiere sowie der Abenteuerwald.

ABSTECHER: Zermatt
Die Lage könnte spektakulärer nicht sein: Am Fuße des Matterhorns bietet dieser typische Ferienort nicht nur im Winter viele Sportmöglichkeiten. Im Sommer tuckert die Zahnradbahn durch die malerische Landschaft.

3 Saillon

Ein Turm als Rest einer mittelalterlichen Burg scheint über der Landschaft zu wachen. Die Hauptattraktion des Ortes ist aber die nahe gelegene Hängebrücke Passerelle à Farinet, die in 136 Meter Höhe über die enge Schlucht führt und sensationelle Ausblicke auf die sanften Konturen der von Weinreben geprägten Landschaft bietet. Weinliebhaber versäumen keinesfalls einen Besuch beim kleinsten Weinberg der Welt. Mit vier Rebstöcken wurde er einst vom Schmuggler Joseph Samuel Farinet gegründet, der als Legende die Historie des Ortes dominiert. Heute ist aus dem Stück Land, das nicht größer ist als ein Badetuch, der kleinste Weinberg der Welt geworden. Er gehört übrigens dem Dalai Lama, der den exquisiten Wein für gute Zwecke jedes Jahr versteigern lässt.

4 Chamoson

Wenn sich die Hänge der Berge gen Süden richten, bedeutet das meist eine exzellente Lage für die Reben. Kein Wunder also, dass diese Gemeinde das größte Weinbaugebiet des Wallis ist. Dank der fruchtbaren Böden ist es möglich, hier 39 verschiedene Reb-

Links: Das Wallis ist eine herrliche Weinregion; Chamoson (oben), Sitten (Mitte) und Saillon (unten).

sorten anzupflanzen, hauptsächlich Johanniberg und Pinot Noir. Jenseits des Weines lieben die Menschen rund um Chamoson Bücher, so ist St-Pierre-de-Clages das erste Bücherdorf der Schweiz. Antiquariate laden überall zum Lesen und Stöbern ein.

5 Ardon

Im Herbst ist diese Landschaft vielleicht am schönsten: Dann färben sich die Blätter der Rebstöcke goldgelb und leuchten von den steilen Südhängen den Besuchern entgegen. Aber auch zu anderen Jahreszeiten ist es vor allem die Landschaft, die hier ihren Zauber ausbreitet: Manchmal stehen die Felsen fast senkrecht und geben den Blick in enge Schluchten frei. Auf dem Weg nach Vétroz zeigt sich die Hauptattraktion für vinophile Menschen: Die Gegend markiert das größte Anbaugebiet der Amigne, einer einzigartigen Rebsorte, die schon die Römer zu schätzen wussten.

6 Savièse

Mit seiner exponierten Lage, 820 Meter hoch und dennoch unterhalb des klimadominierenden Tsanfleurongletschers, beeindruckt Savièse. Der Gletscher sorgt nicht nur für einen Hauch Schneeduft in der Luft, sondern für viele Bergseen, die das Wandern dort sehr attraktiv machen. Die Ruine des Château de la Soie sowie die Pfarrkirche, deren Historie bis ins 12. Jahrhundert zurückreicht, sind die Wahrzeichen des Ortes. Oberhalb des Dorfes zeigt die Suone (ein historischer Bewässerungskanal) wie spektakulär die Technik des 15. Jahrhunderts wirken kann.

7 Sion (Sitten)

Vor den schneebedeckten Gipfeln der Berner und Walliser Alpen erheben sich in Sitten zwei Felsen aus der sonst eher flachen Topografie. Auf dem einen Felsen thront malerisch die Basilique de Valère aus dem 12. und 13. Jahrhundert. Sie beherbergt eine der ältesten, noch spielbaren Orgeln der Welt. Auf der gegenüberliegenden Erhebung ist Schloss Tourbillon zu sehen. Doch auch der Blick in die Stadt lohnt sich, die mit ihren Plätzen, Brunnen und puderfarbigen Häusern ein leicht südliches Flair ausstrahlt. Die astronomische Uhr am Rathaus mit ihren Goldverzierungen inmitten der palaisähnlichen Häuser setzt der Schweizer Uhrmacherkunst ein Denkmal. In der Umgebung locken

WEINFESTE

APRIL
Barriquefass-Rennen mit Weindegustation, Salgesch

CHRISTI HIMMELFAHRT
»Tage der Offenen Weinkeller« im Wallis

AUGUST
»Tavolata«, Sierre

SEPTEMBER
»Wii-Grill Fäscht«, Visperterminen

Kleines Bild: Straße in der Altstadt von Sion. Unten: Blick auf Savièse.

WEINPASS

Wer durch das Wallis reist und Wein degustieren möchte, sollte über den Weinpass nachdenken. Einmal gekauft, enthält er zehn Gutscheine für ein Gläschen Wein beim Winzer der Wahl. Voraussetzung ist, dass der Winzer dem Zusammenschluss der am Weinpass teilnehmenden Weingüter angehört. Das Gutscheinheft kann bei den Tourist-Informationen erworben werden.
www.valais.ch

die Suonen zu ausgedehnten Wanderungen, vor allem die von Clavau.

8 Saint-Léonard

Wie eine Patchworkdecke verteilen sich die Weinfelder einem Flickwerk gleich über die Landschaft. Die oftmals als Terrassen angelegten Felder richten sich gen Süden. Niederschlagsarm und sonnenreich ist die Region, das schmeckt man auch in ihrem Wein. Ebenso wie die dezente, mineralische Note, die der kalkhaltige Boden den Weinen mitgibt. Angebaut werden in der Region vor allem Fendant und Pinot Noir. Aber nicht nur der Reben und ihrer feinen Tropfen wegen lohnt sich ein Besuch des Ortes. Mit dem Lac Souterrain findet sich dort der größte unterirdische See Europas. Das 300 Meter lange Gewässer kann sogar mit Booten befahren werden. Oberhalb des Ortes befinden sich die steinzeitlichen Felsritzungen von Crête-des-Barmes.

9 Lens

Nicht nur Rio de Janeiro wird von einer großen Christusstatue beschützt, auch im Schweizer Wallis wacht eine über diesem Ort. 15 Meter ragt sie auf dem Mont Châtelard empor. Lens überrascht aber auch mit einem architektonisch interessanten Kunstmuseum. Die Fondation Pierre Arnaud ist ein modernes Glasgebäude, das internationale Kunst in Wechselausstellungen zeigt. Weinkenner schätzen den Ort wegen seines Pinot Noir und Gamay.

10 Crans-Montana

In Serpentinen windet sich die Straße den Berg hoch in dieses malerische Örtchen, das vor allem bei Skisportlern sehr beliebt ist. Eine Mischung aus moderner Bergarchitektur und ursprünglichen alten Holzfassaden der Bauernhäuser mit üppig bepflanzten Blumenkästen erwartet den Besucher. Oberhalb des Zentrums überzieht ein großes Netz an Pisten die Hänge. Der Lac Moubra ist ein beliebtes Ziel für Spaziergänge im Sommer. Der Ort ist vor allem wegen seiner Aussicht so beliebt, denn oft sieht man die schneebedeckten schweizer Gletscher vom Matterhorn bis zum Montblanc. Crans-Montana liegt an der deutsch-französischen Sprachgrenze. In Richtung Siders überwiegt der deutschsprachige Anteil der Schweizer.

11 Siders

An diesem Ort treffen Spanien und die Provence aufeinander – so beschrieb Rainer Maria Rilke die Gemeinde. Der

Die »Bisse du Ro« ist ein spektakulärer Pfad (links oben) in der Nähe des Ortes Crans-Montana (links unten). Oben: der Lac souterrain de St-Léonard.

Dichter verbrachte seine letzten Lebensjahre im Schloss Muzot. Heute erinnert ein Rilkemuseum an das Schaffen und Werk des Lyrikers. Es ist nicht das einzige Museum in dem Ort. Das Musée du Vin informiert über die Geschichte des Weinbaus in der Gegend, die von Schlössern wie dem Château des Vidomnes geprägt ist. Es scheint, als läge auf jedem Hügel rund um den Ort ein Schloss. Aber auch die Innenstadt lohnt einen Blick, etwa das Rathaus mit seiner reich verzierten Fassade oder das Kloster Géronde. Ein Erlebnis ist es auf jeden Fall, sich in die längste Standseilbahn der Schweiz zu setzen, sie fährt mitten durch die Weinberge.

12 Venthône

Wie ein Amphitheater breitet sich das Rhonetal vor den steil aufragenden Hängen des Ortes aus: Venthône überrascht mit mittelalterlichem Flair, vor allem um den Turm mit seinem festungsähnlichen Begleitgebäude.

13 Salgesch

Zwischen dem Ober- und dem Unterwallis liegt diese Gemeinde, die nicht nur für ihre Weinberge bekannt ist, sondern das Einfallstor zum Naturpark Pfyn-Finges bildet, dem größten Föhrenpark der Alpen. Über den Park informiert das Zentrum in der 300-jährigen Johanniterkomturei. Ein Weinmuseum und ein Rebwanderweg dokumentieren die Tradition des Weinbaus in dem Ort. Wer sich eher für Sakrales interessiert, besucht die einsame Kapelle der Sieben Schmerzen Mariä.

14 Varen

Benannt nach einem Schmetterling, führt der Pfyfoltru-Weg mit panoramareichem Blick durch die Weinberge. Auf diesem Abschnitt sind die Hänge besonders steil und es scheint eine Meisterleistung, die Reben an den

Salgesch (links, Mitte) liegt malerisch in einem Tal (links oben). Auch in Visp (links unten) dominiert der Wein.

★★★

WALLISER REB- UND WEINMUSEUM

In Salgesch macht dieses Museum Lust auf die Welt der Winzer und die Tradition des Weinbaus. Mit historischen Ausstellungsstücken, aber auch Gipsabdrücken von den Nasen berühmter Weintester oder alten Weinflaschen zeigt das Museum ein breites Spektrum. Es informiert anschaulich und mit vielen Exponaten über die Kunst des Einkellerns, erklärt, wie Wein degustiert wird oder wie er getrunken wird. Im Mittelpunkt steht dabei natürlich immer das Anbaugebiet im Wallis, das beleuchtet wird. Zu dem Museum gehört ein Lehrpfad, der zur Außenstelle im Château de Villa in Sierre führt. Er ist sechs Kilometer lang und informiert auf vielen Tafeln über den Weinanbau, aber auch über die Traditionen und die landschaftlichen Besonderheiten der Gegend. Infos unter: www.museeduvin-valais.ch

Hängen zu bearbeiten, ohne ins Tal zu kullern. Manch einem Besucher wird schon beim Herunterschauen schlecht, doch die Weinbauern haben sich einen Trick einfallen lassen: Sie gehen stets rückwärts den Berg hinab. Der König der Weine rund um Varen ist der Pinot Noir mit seiner nussigen Kirschnote. Urkundlich erwähnt wurde Varen erstmals 1241 – wie sollte es anders sein – in einer Urkunde zum Kauf eines Weinbergs. Dass dennoch die Kirche in Varen nicht aus dieser Zeit stammt, liegt an dem Erdbeben, das 1960 den alten Bau zerstört hatte.

15 Leuk

An einem wichtigen Gebirgspass, dem Gemmipass, gelegen, wählten die Menschen diesen Flecken schon recht früh für Siedlungen. Bereits die Römer haben in Leuk Weinbau betrieben, und so ist es kaum verwunderlich, dass sich dort der älteste Weinstock der Schweiz befindet. Er wurde 1798 gepflanzt und bringt Cornalin hervor. Er bleibt nicht die einzige Sehenswürdigkeit der Stadt. Ein Rundgang durch Leuk gleicht einer Zeitreise in die Vergangenheit, durch enge Gassen, an einer alten Feuerstelle vorbei, führt er ganz bestimmt zum Bischofsschloss, das vom Architekt Mario Botta modernisiert wurde und heute das kulturelle Zentrum der Stadt ist. Zu Leuk gehört auch Leukerbad, ein berühmter Wintersportort, der wegen seiner Pisten und der Thermalbäder beliebt ist.

16 Turtmanntal

Steile Hänge, wenig Tourismus und alte Siedlungen – das Turtmanntal setzt auf sanften Tourismus. Naturverbundenheit und wenig Programm stehen auf dem Tagesplan. Wanderer versuchen, den Gipfel des Barrhorns zu erklimmen, Kletterer finden Herausforderungen an den Wänden rund um die Turtmannhütte. Im Winter lockt Eischoll mit einem kleinen Skigebiet.

17 Visp

Das Einfallstor zum Oberwallis ist vielen Schweizern aus den Verkehrsnachrichten bekannt, da es wie ein Nadelöhr in der Straße zwischen Brig und Leuk sitzt. Zum Vorbeifahren aber wäre der Ort zu schade. Die Häuser in der Altstadt sind ebenso sehenswert wie so mancher Weinkeller. Freitagnachmittags treffen sich die Einwohner auf dem »Pürumärt« – nicht nur, um auf dem Markt Obst und Gemüse zu kaufen, sondern auch zu einem Pläuschchen.

In der Stadt Leuk wächst die älteste Rebe der Schweiz: Cornalin (Rouge du Pays).

»TSCHÄGGÄTTÄ«

Eine schwarze Maske vor dem Gesicht mit übergroßen Zähnen und King-Kong-Optik, ein langes, zotteliges Tierfell als Haare und fürchterliche Geräusche, die aus dem Mund kommen: Wer den Gestalten des »Tschäggättä« im Dunkeln begegnet, fürchtet sich möglicherweise. Genau das ist beabsichtigt. Zwischen Maria Lichtmess und der Weiberfastnacht streifen die dunklen Gestalten durch das Lötschental und erschrecken jeden, der ihnen in den Weg kommt. Mit der Weiberfastnacht endet das Spektakel mit einem großen Festumzug.

18 Visperterminen

Der höchste Weinberg Europas begrüßt den Besucher schon bevor er in das Dorf einbiegt: Auf 650–1150 Meter Höhe fassen Hunderte von sorgfältig gestapelten Steinmauern die Anbauflächen ein. Der Großteil davon gehört den Heida-Reben, aber auch Pinot Noir wird gekeltert. Dinge wie diese bringt der Reblehrpfad den Besuchern näher. Im Dorf selbst beeindrucken die dunklen Holzhäuser, aber auch die vielen Kapellen, die sich mit einer Wanderung auf dem Kapellenweg verbinden lassen. Ein Heimatmuseum zeigt die Wohnverhältnisse vor 150 Jahren.

19 Brig

Zwischen den Berner und Waliser Alpen gelegen, markiert Brig einen idealen Ausgangspunkt für Ausflüge in die Schweizer Berglandschaft, allen voran zum Aletschgletscher. Zuvor lohnt sich ein Halt in der Stadt mit ihrem historischen Kern. Dort befindet sich auch das Stockalperschloss mit seinen großen Türmen und den vergoldeten Zwiebelhauben. Vor allem der Innenhof des Schlosses lohnt einen Abstecher. Der Ortsteil Brigerbad ist wegen seiner Thermalquellen beliebt. Im nahe gelegenen Bergdorf Mund lockt eine kulinarische Besonderheit: Der im nördlichsten Anbaugebiet Europas geerntete kostbare Safran verfeinert Speisen und Brot.

Steile Weinhänge prägen die Gegen um Visperterminen (links oben). Links, Mitte: Stockalperschloss in Brig; unten: Brig.

WEINGÜTER

Weingut Jean René Germanier SA
Malerisch liegen die Weingärten am steilen Tal, eingerahmt von alten Mauern: Seit 1896 wird an dem Weinberg Weißer und Roter angebaut. In der Weinstube kann vor Ort degustiert werden.
Jean-René Germanier Balavaud,
Route Cantonale 285
1963 Vétroz
Tel. +41 27 346 12 16
www.jrgermanier.ch

Domaines Rouvinez
Zwischen Leukerbad und Fully hat Familie Rouvinez ihre Weinberge auf insgesamt 12 Orte verteilt. Dadurch entsteht eine einzigartige Vielfalt von Aromen und Trauben. Viele der Weine werden biologisch angebaut.
Colline de Géronde,
Chemin des Bernardines 45
3960 Sierre
Tel. +41 27 452 22 52
www.famillerouvinez.com

Cave du Vieux Pressoir
Seit 550 Jahren ist dieses Weingut in Familienbesitz. Die Weine tragen das AOC-Zeichen, und die Winzerin Gishlaine Crittins steckt ihre Besucher mit ihrer Leidenschaft für guten Wein gerne an, ob bei Veranstaltungen oder bei Degustationen.
Rue Pommey 6, 1955 Chamoson
Tel. + 41 78 865 53 14
www.caveduvieuxpressoir.ch

Domaine Cornulus
Sie haben klein angefangen, die Winzer Stéphane Reynard und Dany Varone. Was einst mit einem Hektar begann, ist heute 14,5 Hektar groß und bringt 21 Sorten hervor. Die Winzer lieben die Unterschiedlichkeit der einzelnen Sorten, die auf den sonnigen Terrassenhängen gedeihen.
Route de Savièse 17
1965 Savièse
Tel. +41 27 395 25 45
www.cornulus.ch

Cave Colline et Castel de Daval
Degustieren, Weinwandern und abends auf dem Hof mit 4-Sterne-Komfort in einem ehemaligen Wasserturm schlafen – das bietet dieses Weingut, das aussieht, als wäre es dem Märchen entsprungen.
Colline de Daval 5, 3960 Sierre
Tel. +41 27 458 45 15
www.collinededaval.ch

Diroso Kellerei
Naturnaher Anbau ist das Anliegen dieser jungen Winzer, die ganz auf Pflanzenschutzmittel verzichten.
Kantonsstrasse 12
3946 Turtmann
Tel. +41 27 932 33 03
www.lesvinsduvalais.ch

Cave de l'Etat du Valais – Domaine du Grand Brûlé
Die Staatskellerei des Wallis liegt bei Leytron in bester Lage, die 22 Weine hervorbringt. Neben Degustation gibt es Weinbergführungen.
1912 Leytron
Tel. +41 27 606 76 80

St. Jodem
Die Spitzenweine von Europas höchstem Weinberg werden genossenschaftlich ausgebaut und auf den Markt gebracht.
Unterstalden, 3932 Visperterminen
Tel. +41 27 948 43 48
www.jodernkellerei.ch

Das Castell de Daval ist kein mittelalterlicher Bau, sondern ein 1949 errichteter Wasserturm, der die Weinberge mit ausreichend Feuchtigkeit versorgte. Heute kann man in dem Schlösschen übernachten.

C = Corbis, G = Getty Images, Look = Look Images, M = Mauritius Images

Cover:
Vorderseite: G/Sepp Friedhuber, Look/Rainer Mirau, G/Hiroshi Higuchi;
Rückseite: Look/Rainer Mirau, Look/Ulf Böttcher, Look/Hendrik Holler, Look/Jürgen Richter, Look/Age Fotostock

S. 2-3 M/Alamy, S. 4-5 G/Yves Marcoux, S. 6-7 G/Jorg Greuel, S. 8-9 G/Danita Delimont, S. 12-13 M/Udo Siebig, S. 16 G/Rostislav_Sedlacek, S. 17 G/Adrian Seliga, S. 18-19 M/Andreas Vitting, S. 20 M/Mandy Stegen, S. 20 M/Novarc, S. 21 Look/Andreas Strauß, S. 21 M/Andreas Vitting, S. 22 M/Alamy, S. 22 H. & D. Zielske, S. 23 M/Alamy, S. 24 Look/Ulf Böttcher, S. 24 M/Michael Weber, S. 25 M/Alamy, S. 25 M/Andreas Vitting, S. 26-27 Look/Heinz Wohner, S. 29 Look/Hendrik Holler, S. 30 G/Westend61 , S. 30 H. & D. Zielske, S. 31 Look/Heinz Wohner, S. 31 M/Manfred Mehlig, S. 31 H. & D. Zielske, S. 32-33 H. & D. Zielske, S. 34 H. & D. Zielske, S. 35 G/Torsten Becker, S. 35 G/Atlantide Phototravel, S. 36-37 H. & D. Zielske, S. 38 M/Foodcollection, S. 38 Look/Arthur F.Selbach, S. 39 M/Andreas Vitting, S. 39 H. & D. Zielske, S. 40 Look/Heinz Wohner, S. 40 H. & D. Zielske, S. 40 Look/Avalon.red2, S. 41 M/Alamy, S. 41 G/Marc Dozier, S. 42 Look/Hans Georg Eiben, S. 43 H. & D. Zielske, S. 44 Look/Hans Georg Eiben, S. 44 M/Bernd Rohrschneider, S. 45 M/Ernst Wrba, S. 45 G/www.bridgetdavey.com, S. 46-47 G/Jon Boyes, S. 48 Look/Heinz Wohner, S. 48 H. & D. Zielske, S. 49 Look/Age Fotostock, S. 49 M/Alamy, S. 49 M/Chris Seba, S. 50-51 H. & D. Zielske, S. 52 Look/Brigitte Merz, S. 52 C/Sopa Rf, S. 53 H. & D. Zielske, S. 53 M/Hans Blossey, S. 53 M/Alamy, S. 54 M/Friedel Gierth, S. 54 Look/Brigitte Merz, S. 55 M/Chris Seba, S. 55 Look/Brigitte Merz, S. 56 M/Christian Bäck, S. 57 H. & D. Zielske, S. 57 Look/Age Fotostock, S. 57 M/Christian Bäck, S. 58 G/Sabine Lubenow, S. 58 Look/Heinz Wohner, S. 59 M/Alamy, S. 59 G/Westend61, S. 60-61 Look/Hendrik Holler, S. 62 Look/Hendrik Holler, S. 62 M/Alamy, S. 62 M/Alamy, S. 62-63 M/Erhard Hess, S. 63 M/Werner Otto, S. 63 M/Alamy, S. 64 M/Erhard Hess, S. 65 G/Sky_Sajjaphot, S. 65 G/Denis Skliarov, S. 65 Weingut Dönnhoff, S. 66 M/Michael Mucha, S. 66 Look/Hendrik Holler, S. 67 M/RoederPhotography, S. 67 M/Werner Otto, S. 68 G/Travelview, S. 68 G/Hans Georg Eiben, S. 68 Look/Brigitte Merz, S. 69 G/Hans-Peter Merten, S. 69 Dieth & Schröder Fotografie, St. Johann, S. 69 M/Dieter Heinemann, S. 70 Weingut Prinz Salm, S. 70 Weingut Dönnhoff, S. 71 Weingut Dönnhoff, S. 71 Dieth & Schröder Fotografie, St. Johann, S. 71 Weingut Dönnhoff, S. 72-73 G/Jana Loesch, S. 74 M/W.Korall, S. 74 M/Pure.Passion.Photography, S. 74 H. & D. Zielske, S. 75 M/Udo Siebig, S. 75 M/Dr.Wilfried Bahnmüller, S. 76 G/Kamisoka, S. 76 M/Udo Siebig, S. 77 M/Udo Siebig, S. 77 Weingut Keller, S. 77 M/Alamy, S. 78 Look/Heinz Wohner, S. 78 Look/Brigitte Merz, S. 79 Look/Hendrik Holler, S. 79 G/Matthias Lindner, S. 80 M/Kerstin Bittner, S. 80 M/Kerstin Bittner, S. 81 Look/Brigitte Merz, S. 81 M/Alamy, S. 81 Look/Brigitte Merz, S. 82 M/Erhard Hess, S. 82 G/Peer_Marlow, S. 83 David Maurer, S. 83 Weingut Keller, S. 84-85 M/Anna Reinert, S. 86 Look/Age Fotostock, S. 86 Look/Brigitte Merz, S. 87 G/Richard Fairless, S. 87 H. & D. Zielske, S. 88 M/Alamy, S. 88 Look/Brigitte Merz, S. 89 M/Dr.Wilfried Bahnmüller, S. 89 M/Friedel Gierth, S. 89 kgp.de/Stadt Neustadt an der Weinstraße/Kurt E. Groß, S. 90 M/Christian Bäck, S. 90 Look/Arthur F. Selbach, S. 91 M/Christian Bäck, S. 91 kgp.de/Stadt Neustadt an der Weinstraße/Kurt E. Groß, S. 92 Look/Brigitte Merz, S. 92 Look/Brigitte Merz, S. 93 G/Catherine Leblanc, S. 93 M/Photononstop, S. 94 G/John Elk III, S. 94 M/Friedel Gierth, S. 95 Look/Brigitte Merz, S. 96-97 C/Daniel Schoenen, S. 98 M/Imagebroker, S. 98 M/Markus Lange, S. 98 M/Markus Lange, S. 99 Look/robertharding , S. 99 M/Hans Blossey, S. 100 Look/Daniel Schoenen, S. 100 Look/Moritz Hoffmann, S. 100 C/Jose Fuste Raga, S. 100 M/Robert Knöll, S. 101 Look/Daniel Schoenen Fotografie, S. 101 Winzerkeller Hex vom Dasenstein eG, S. 102 Look/Heinz Wohner, S. 103 Look/Daniel Schoenen, S. 103 C/Larissa Veronesi, S. 104 Look/Heinz Wohner, S. 104 Look/Age Fotostock, S. 105 Winzerkeller Hex vom Dasenstein eG, S. 105 M/Stefan Kiefer, S. 105-107 Look/Heinz Wohner, S. 108 M/Alamy, S. 108 Look/Heinz Wohner, S. 103 M/Michael Mucha, S. 109 Look/Robert Harding, S. 109 G/Panoramic Images, S. 110 Look/Heinz Wohner, S. 110 Huber/Reinhard Schmid , S. 111 C/Ruggero Vanni, S. 111 Look/Andreas Strauß, S. 111 M/Martin Siepmann, S. 112-113 M/Martin Siepmann, S. 113 Look/Age Fotostock, S. 113 G/Holger Leue, S. 114 Weingut Juliusspital / koswig & schmidt gbr , S. 115 Winzergenossenschaft DIVINO Nordheim Thüngersheim eG, S. 115 M/Siepmann, S. 116 G/Heinz Wohner, S. 116 Look/Heinz Wohner, S. 117 M/Alamy, S. 117 Winzergenossenschaft DIVINO Nordheim Thüngersheim eG, S. 118-119 M/Chris Seba, S. 120 G/Michael Weber, S. 120 M/Ernst Wrba, S. 120 Look/Heinz Wohner, S. 121 G/Panoramic Images, S. 121 Look/Heinz Wohner, S. 121 M/Manfred Mehlig, S. 122 M/Markus Lange, S. 122 M/Caroline Kreutzer, S. 122 M/Alamy, S. 123 M/Caroline Kreutzer, S. 123 M/Alamy, S. 124 M/Markus Lange, S. 124 M/Alamy, S. 125 M/Michael Weber, S. 125 M/Lilly, S. 125 M/Alamy, S. 126 M/Michael Weber, S. 126 H. & D. Zielske, S. 126 M/Alamy, S. 127 M/Thomas Ferber, S. 127 M/Franziska Maier , S. 128-129 M/Markus Lange, S. 128 M/Michael Runkel, S. 129 M/Imagebroker, S. 130 Look/Robert Harding , S. 130 M/Alamy, S. 130 M/Stefan Schurr, S. 131 M/Peter Oppenländer, S. 131 Huber/Reinhard Schmid, S. 132 G/Ursula Sander, S. 132 G/Westend61, S. 133 H. & D. Zielske, S. 133 H. & D. Zielske, S. 134 Faber & Partner Düsseldorf, S. 134 Faber & Partner Düsseldorf, S. 134 Hohenbeilstein/Philip Freier, S. 135 Weingut Graf Adelmann, S. 135 Weingut Jürgen Ellwanger/Felix Pilz Fotografie, S. 136-137 G/Westend61, S. 140 G/Rostislav_Sedlacek, S. 141 G/Adrian Seliga, S. 142-143 G/Martin Siepmann, S. 144 M/Alfred Schauhuber, S. 144 M/Martin Siepmann, S. 145 M/Gerhard Wild, S. 145 M/volker Preusser, S. 146 G/Karl Thomas, S. 147 M/Rainer Mirau , S. 147 G/By Ah_Fotobox-Andreas*H, S. 148 G/Peter Adams, S. 148 G/Martin Siepmann, S. 149 G/Michael Weber, S. 149 M/Michael Weber, S. 150-151 M/Alamy, S. 152 M/Gerhard Wild, S. 152 M/Gerhard Wild, S. 153 M/

Christian Handl, S. 153 M/Alamy, S. 153 Look/Rainer Mirau, S. 154 M/Udo Bernhart, S. 154 M/JIRI, S. 155 M/Alamy, S. 155 M/Alamy, S. 156 M/Alamy, S. 157 M/Rainer Hackenberg, S. 157 M/Alamy, S. 157 M/imageBROKER, S. 158 G/Sergio Mendoza Hochmann, S. 158 G/PleskyRoman, S. 159 Weingut Fritz Wieninger, S. 159 M/Dieter Schewig, S. 160 Palais Coburg Hotel Residenz/Tina Herzl für moodley, S. 160 Weingut Fritz Wieninger/Herbert Lehmann, S. 161 Vinothek Weingut Stift Klosterneuburg/Jakob Gsöllpointner, S. 161 Weingut Fritz Wieninger, S. 161 Palais Coburg Hotel Residenz/Tina Herzl für moodley, S. 162-163 M/Rainer Mirau, S. 164 Look/Brown Cannon, S. 164 Look/Rainer Mirau, S. 164 M/Martin Siepmann, S. 165 C/Rudy Sulgan, S. 165 G/Reinhard Holzl, S. 166 Look/Rainer Mirau, S. 166 M/Martin Siepmann, S. 167 Weingut Krutzler/Herbert Lehmann, S. 167 M/Alamy, S. 167 M/Ottfried Schreiter, S. 168 M/Gerhard Wild, S. 168-169 M/Rainer Mirau, S. 170 M/Alamy, S. 170 G/Martin Siepmann, S. 171 Look/Age Fotostock, S. 171 Look/Age Fotostock, S. 171 G/RenePi, S. 172 G/Mac99, S. 172 Look/age fotostock, S. 172 M/Alamy, S. 173 M/Alamy, S. 173 G/Tamás Böröcz, S. 173 M/Westend61, S. 174-175 M/Alamy, S. 174-175 M/Alamy, S. 175 M/Martin Siepmann, S. 175 G/Franz Aberham, S. 176 M/Westend61, S. 176 Weingut Krutzler/Herbert Lehmann, S. 177 Weingut Krutzler/Herbert Lehmann, S. 177 Weingut Krutzler/Herbert Lehmann, S. 178-179 Look/Rainer Mirau, S. 180 Look/Franz Marc Frei, S. 180 M/Alamy, S. 180-181 Look/Rainer Mirau, S. 181 Look/Rainer Mirau, S. 181 Look/Tom Lamm, S. 182 Look/Franz Marc Frei , S. 183 G/Max Paoli, S. 183 M/Bahnmueller, S. 183 Look/Franz Marc Frei , S. 184 Look/Franz Marc Frei , S. 185 Look/TerraVista, S. 185 G/Westend61, S. 186 Look/TerraVista, S. 186 G/Franz Marc Frei , S. 187 WeingutTauss, S. 187 WeingutTauss, S. 187 WeingutTauss/Tom Lamm, S. 188-189 M/Daniel Waschnig Photography, S. 190 G/Westend61, S. 190 M/Alamy, S. 190 M/Alamy, S. 191 G/DieterMeyrl , S. 191 G/Martin Siepmann, S. 192 Look/Hans Georg Eiben, S. 192 M/Martin Siepmann, S. 192 G/Benkrut, S. 193 M/Edwin Stranner, S. 193 G/Pkazmierczak, S. 193 G/Martin Steinthaler, S. 194 G/Henryk Sadura, S. 194 Look/Andreas Strauß, S. 194 Look/Andreas Strauß, S. 195 G/Borisb17, S. 195 M/Günter Lenz, S. 195 M/United Archives , S. 196 M/Martin Siepmann, S. 196 M/Günter Lenz, S. 197 M/Alamy, S. 198-199 G/Westend61, S. 202 G/Rostislav_Sedlacek, S. 203 G/Adrian Seliga, S. 204-205 G/Makasana, S. 206 M/Alamy, S. 206 M/Alamy, S. 207 G/Yuelan, S. 207 G/Prisma by Dukas, S. 207 Look/Brigitte Merz, S. 207 G/Montipora, S. 207 M/Michael Szönyi, S. 208 M/Alamy, S. 208 M/Alamy, S. 208 M/Herbert Haltmeier, S. 209 M/Michael Peuckert, S. 209 G/RuslanKaln, S. 209 M/Alamy, S. 210 G/Bruce Yuanyue Bi, S. 210 G/Cezary Wojtkowski, S. 211 M/Roland Gerth , S. 212 M/Roland Gerth , S. 212-213 G/Bastian Bodyl, S. 212 G/Greg Dale, S. 213 Look/Juergen Richter, S. 213 M/ALamy, S. 214 Schloss Salenegg, S. 214 Marco Fromm, S. 215 Weingut Donatsch, S. 215 Weingut Donatsch/Nicola Pitaro, S. 215 Weingut Donatsch/Nicola Pitaro, S. 216-217 M/Alamy, S. 218 M/Alamy, S. 218-219 G/Westend61, S. 218 M/Alamy, S. 218 G/Werner Dieterich, S. 219 M/Werner Dieterich, S. 220 M/Alamy, S. 221 G/Samuel Gachet, S. 222 M/Werner Dieterich, S. 222 M/Werner Dieterich, S. 223 M/Alamy, S. 223 M/Alamy, S. 224-225 M/Stephan Engler, S. 226 M/Alamy, S. 226 M/Alamy, S. 226 G/Assalve, S. 226 G/Rhkamen, S. 227 M/Werner Dieterich, S. 227 M/Alamy, S. 228 G/Hiroshi Higuchi, S. 228 G/Werner Dieterich, S. 228 M/Alamy, S. 229 G/Roman Babakin, S. 229 G/José Simões, S. 229 M/Alamy, S. 230-231 M/Rene van der Meer, S. 230-231 G/Elenarts, S. 231 M/Imagebroker, S. 232 M/Alamy, S. 232 G/Adrian Wojcik, S. 232 M/Alamy, S. 233 G/Kuonen Beat, S. 233 M/Udo Bernhart, S. 233 G/Benoitbruchez, S. 234 M/Udo Bernhart, S. 234 M/Guenter Fischer, S. 234 M/Chromorange, S. 234 M/Stephan Engler, S. 235 Castel de Daval/Charly Cavin

St.-Cajetan-Straße 41
81669 München
Telefon +49.89.45 80 20-0
Fax +49.89.45 80 20-21
www.kunth-verlag.de
info@kunth-verlag.de

Texte: Anke Benstem, Rita Henss, Andrea Lammert, Randolf Leyk, Kerstin Majewski, Christa Pöppelmann, Iris Schaper

Printed in Italy